Christiane Hoffmann

ALLES, WAS WIR NICHT ERINNERN

Christiane Hoffmann

ALLES, WAS WIR NICHT ERINNERN

Zu Fuß auf dem Fluchtweg meines Vaters

C.H.Beck

Mit 12 Abbildungen aus dem Archiv der Autorin
und einer Karte von Peter Palm, Berlin

1.–3. Auflage. 2022
4., durchgesehene Auflage. 2022
5. Auflage. 2022

6., durchgesehene Auflage. 2022

www.chbeck.de
Umschlaggestaltung: Rothfos & Gabler, Hamburg
Umschlagabbildung: Composing aus Fotografien von © Shutterstock
und © Ekko von Schwichow
Satz: C.H.Beck.Media.Solutions, Nördlingen
Druck und Bindung: CPI books GmbH, Ulm
Gedruckt auf säurefreiem und alterungsbeständigem Papier
(hergestellt aus chlorfrei gebleichtem Zellstoff)
Printed in Germany
ISBN 978 3406 78493 4

myclimate

klimaneutral produziert
www.chbeck.de/nachhaltig

Für meinen Vater

1

Bittet aber, dass Eure Flucht
nicht im Winter geschehe.
Math 24, 20

Flucht ist die letzte und radikalste Entscheidung,
die man in einem Leben treffen kann.
Aleida Assmann

Gegen acht Uhr morgens gehe ich los. Nach wenigen Schritten liegt das Dorf hinter mir, die grauen Häuser und die bunten, die verlassenen Häuser und die, in denen nur noch eine Alte lebt, die Häuser mit den jungen Familien, die Scheunen mit den eingefallenen Dächern und der helle Kirchturm. Das Dorf bleibt zurück wie es so oft zurückgeblieben ist, still und ergeben und voller Erbarmen für die Menschen, die fortmüssen, hierhin und dorthin.

Der steinerne Engel gibt mir seinen Segen, das zweibeinige Ortsschild nickt mir zu, grinst mit schiefem rotem Mund, Różyna, der Name des Dorfes, durchgestrichen von links unten nach rechts oben. Dann bin ich allein auf der Landstraße, und der Wind fällt über mich her.

Wie eine graue Steppdecke liegen die Wolken über dem weiten Land, nur am Horizont, wo die Kuppen des Riesengebirges den Himmel berühren, schimmert ein Streifen Blau. Die Eschen entlang der Straße lehnen sich nach Süden, in ihrem kahlen Geäst hängen Misteln, schwarz wie verkohlte Christbaumkugeln.

Es ist mild für Ende Januar.

Als Ihr damals aufgebrochen seid, war die Straße nach Lossen tief verschneit, die Luft eisig, sicher zwanzig Grad kälter. Es muss schon dunkel gewesen sein, nachmittags gegen fünf. Hinter Euch hörtet Ihr die sowjetische Artillerie über die Oder schießen, die Russen, wie Du immer sagtest.

Schon Tage zuvor hatte jenseits der Oder das Grollen begonnen. Der Krieg näherte sich dem Dorf als Lärm, als ein immer lauter werdender Donner jenseits des Flusses, wie ein großes Tier, ein Drache, der, nur durch das dünne Band der Oder zurückgehalten, am anderen Ufer raste und tobte. Tags zuvor hatte die Wehrmacht die Brücken gesprengt.

Als wir die Russen über die Oder schießen hörten, war einer Deiner Sätze. Sonst erinnertest Du Dich an fast nichts mehr.

Ich begann früh zu fragen, noch als Kind, aber auch damals waren schon mehr als drei Jahrzehnte vergangen seit jenem Tag, und Deine Erinnerung war geronnen wie das Blut über einer alten Wunde. Eine harte Kruste, die das, was geschehen war, mit immer gleichen Sätzen verdeckte. Ich fragte und fragte, aber Du erzähltest immer nur dieselbe Geschichte: Wie Ihr in der Hast des Aufbruchs das Oberteil Deines Matrosenanzugs vergessen hattet, die weiße Hemdbluse mit dem marineblauen Kragen, der Sonntagsstaat in einem schlesischen Bauerndorf. Er war neu, Du warst neun, Du hattest ihn zu Weihnachten bekommen und noch kein einziges Mal getragen, er lag, sagtest Du, noch in der guten Stube unter dem Christbaum.

Der Matrosenanzug, die Russen, die Oder, mehr war von Dir nicht zu erfahren, aber ich habe seither gelesen und mit anderen gesprochen, habe Schnipsel um Schnipsel zusammengetragen und mir ein Bild gemacht von jenem 22. Januar 1945. Es war ein Montag.

Ich weiß jetzt mehr als Du, weiß, dass schon zwei Tage zuvor, am Samstagabend, Wehrmachtssoldaten in das Dorf gekommen waren, eine motorisierte Kolonne, die sich in den Höfen entlang der Dorfstraße einquartierte. Ihr Jungen wart gerade beim Rodeln am Kirchberg, nun kamt Ihr herbeigelaufen, um die schweren Tornister der Soldaten mit Euren Schlitten in die Quartiere zu ziehen.

Am Sonntag wurde das Grollen lauter, nach der Kirche standen die Großen in Grüppchen auf der verschneiten Dorfstraße. Besorgte Gespräche: Würde man flüchten müssen? Die Angst kroch in die Bauernstuben, wo die Frauen nachts über ihre gefallenen Männer weinten und für die verschollenen Söhne beteten.

Am Montagmorgen verließ die Wehrmachtskolonne fluchtartig das Dorf, nun wurden alle unruhig. Scholzes hatten schon am Vortag gepackt und wollten sofort losfahren, aber Schütz, Bürgermeister und Parteimitglied, stand am Dorfausgang, die Pistole im Anschlag, und ließ niemanden raus. Erst am Nachmittag gegen vier kam der Befehl, das Dorf zu räumen, innerhalb einer Stunde. Nun lief Schütz von Hof zu Hof und verbreitete die Nachricht.

Deine Mutter hatte noch kaum damit begonnen, das Nötigste zusammenzupacken, es gab zu viel zu tun, jetzt stopfte sie Wäsche und Bettzeug in Kornsäcke und füllte eine Kiste mit Hafer für die Pferde. Die Menschen griffen, was ihnen vor die Augen kam, den geräucherten Schinken vom letzten Schweineschlachten, etwas Werkzeug, das wenige, was sie an Schmuck besaßen. Wer keinen eigenen Wagen hatte, barmte bei den Bauern darum, seine Habe auf einem der Fahrzeuge unterbringen zu dürfen.

Deine Mutter holte die Pferde aus dem Stall. Mit dem Braunen war Dein Vater vor wenigen Wochen zum Volkssturm eingezogen worden. Auf dem Hof waren nur zwei Pferde geblieben, so erzähltest Du, ein Lahmes und ein Junges, das noch nie vor dem Wagen gegangen war. Es gelang Deiner Mutter nicht, die Pferde einzuspannen. Der Matrosenanzug, die Russen, die Oder, die Pferde.

Der Donner der Geschütze wurde lauter. Der Drache bäumte sich auf über dem Dorf, spie Feuer und ließ die Menschen hastig durcheinanderrennen, die Luft rauschte, die Erde bebte, Granaten schlugen auf beiden Seiten der Häuser ein und rissen Krater in die hartgefrorenen Äcker. Die Panik des Aufbruchs ergriff die Tiere, die Kühe brüllten, die Hunde bellten und rissen an ihren Ketten. Die Mägde liefen noch einmal durch die Ställe und füllten die Tröge mit Futter, streuten den Hühnern Körner hin für drei Tage, länger würdet Ihr nicht fort sein, so hatte man Euch gesagt. Ihr solltet nur kurz aus dem Beschussbereich.

Es dämmerte. Der Nachbar half Euch beim Einspannen. Deine Mutter setzte ihre Schwiegermutter auf den Wagen und den Onkel, der lahm war wie das Pferd. Der lahme Onkel, das lahme Pferd – Ihr verwendetet für beide dasselbe Wort. Du würdest zu Fuß gehen.

Und in dieser Hast, im eiligen Zusammenraffen unter Geschützdonner und Feueratem geschah es, dass nur der halbe Matrosenanzug mit auf die Flucht kam. Das Oberteil blieb zurück und fiel den Russen in die Hände oder wurde vielleicht später von einem polnischen Jungen getragen, für Dich jedenfalls war es für immer verloren.

Der Matrosenanzug, die Russen, die Oder, die Pferde. Ich hörte nicht Dich in Deinen immer gleichen Sätzen, sondern andere, es waren fremde, tote Sätze, hinter die mein Fragen nicht drang. Trotzdem wollte ich die Geschichte immer wieder von Dir hören, die Erzählung über den Augenblick des Aufbruchs, den Augenblick, der alles veränderte und alles bestimmte, die Urszene unserer Familiengeschichte. Der Matrosenanzug, die Russen, die Oder, die Pferde. Nun werde ich mich an Deiner Stelle erinnern. Ich weiß jetzt mehr als Du, trotzdem habe ich noch immer den Wunsch, Dich zu fragen, auch jetzt, da das nicht mehr möglich ist.

Ich musste Schutzkleidung anziehen, wenn ich zu Dir ging. Sie lag in einem Regal im Vorraum des Krankenzimmers zwischen Schläuchen und Einwegspritzen, blassgelb, die Farbe wässrigen Nasenschleims. Die Schwester half, den Umhang zu binden, oben im Genick und hinter dem Rücken, wie einen OP-Kittel. Es war Wegwerfkleidung. Wenn man Dein Zimmer verließ, musste man sie in die große Mülltonne entsorgen, die in der Ecke stand. Einmal vergaß ich, den Umhang wegzuwerfen. Sofort bat mich eine Schwester auf dem Gang, achtsamer zu sein.

Der Mundschutz mit Gummizug um den Kopf ging bis über die Nase, am oberen Rand war ein Draht eingearbeitet, der sich in die Form der Nase biegen ließ, sodass der Mundschutz gut hielt. Ich kannte das damals noch nicht, anderthalb Jahre vor der Pandemie. Das Schlimmste waren die Gummihandschuhe. Mit Dir zu sprechen war gut, aber ich war gekommen, um Deine Hand zu halten.

Am ersten Tag beachtete ich die Regeln. So hattet Ihr es mir beigebracht. Jetzt bereue ich das, so viele Stunden, in denen ich Dich hätte berühren können. Noch ein Versäumnis.

Als meine Großmutter noch lebte, saßen die Erwachsenen manchmal abends um ihren Küchentisch: Du und Mutter, Dein Bruder Manfred und seine Frau, Großmutter, ihre Brüder und deren Söhne, die oft zu Besuch kamen. Der Zigarettenrauch mischte sich mit dem Käsegeruch der Schnittchen, die Lampe, ein Drahtgestell, das Mutter mit einem braun grundierten Blümchenstoff bezogen hatte, verbreitete schummriges Licht.

Unter dem Tisch war es fast dunkel. Dort spielten wir Kinder. Wir verglichen halb fasziniert, halb angeekelt die Beinbehaarung der Erwachsenen, die zwischen Strumpfrand und Hosensaum hervorschaute, Deine vereinzelten Strähnen und den dichten Pelz deines Bruders Manfred. Großmutters Füße steckten barfuß in Pantoffeln, ihre Schienbeine waren knorrig und übersät mit Narben und blauen Flecken, die nie mehr wegzugehen schienen. Wir rollten Deine Socken hinauf und hinunter, drehten die elastischen Bündchen zu weichen Würsten. Bei Manfred hätten wir das nie gewagt.

Es waren gemütliche und düstere Abende. In Großmutters Wohnung war von den Vorhängen bis zu den Pantoffeln alles in unbestimmbaren, dunklen Farben gehalten, auch die einfachen Möbel, die sie und Großvater sich Ende der fünfziger Jahre leisten konnten, als sie endlich eine eigene Wohnung bekommen hatten, von der «Neuen Heimat».

Es wurde Skat gekloppt und politisiert. Meist begannen die Gespräche bei der Tagespolitik, den Steuern, Willy Brandt, dann kamen sie auf die Nazizeit und den Krieg und alles, was man doch einmal sagen dürfen musste. Dass doch nicht alles schlecht gewesen war. Die Autobahnen und Arbeit für alle. Dass Hitlerdeutschland, ob es einem nun gefalle oder nicht, doch letztlich Europa vor dem Kommunismus bewahrt habe. Und dass die Zerstörung von Dresden doch nun wirklich nicht mehr nötig gewesen sei. Und wenn alles heraus war und zurechtgerückt, alles erlittene Unrecht aufgezählt, dann ließ die Heftigkeit des Gesprächs nach, der Eifer wich langsam der Wehmut, und es wurde Zeit für die Heimat.

Oben am Tisch wurde geseufzt. Unter dem Tisch bemühten wir uns, leise zu sein, denn gerade in Momenten der Schwermut konnte Dein Bruder Manfred aufbrausend werden. Ein lautes Lachen oder ein gestohlener Pantoffel würden ihn dann unerwartet und schmerzhaft ausschlagen lassen. Du saßt meist schweigend dabei. Oben am Tisch gedachten sie der Heimat und dieses Gedenken klang wie eine schwere, getragene Melodie, wie der Gefangenenchor aus Nabucco, der, das wusste ich, die Lieblingsmusik meines Großvaters gewesen war, Deines Vaters, während Deine Mutter «An der schönen blauen Donau» vorzog.

Für mich war Heimat der Klang von «Wir lagen vor Madagaskar»: Ohe, Kameraden, jene Stelle, an der die düstere Wirklichkeit,

die Pest, das verfaulte Wasser, abgelöst wird von der getragenen, fast heiteren Melodie des Refrains: Ja, wenn das Schifferklavier an Bord erklingt. Und wenn dann die Matrosen so still wurden, dann hatte ihr Heimweh bei aller Verlorenheit auf den Weltmeeren etwas Tröstliches, weil ein jeder nach seiner Heimat sich sehnt, die er gerne einmal wiedersehen will. Genau so war es.

Den Hang zum Sentimentalen habe ich von Dir geerbt.

Oben am Tisch wurde geseufzt. Unten spielten wir Gefangene oder Matrosen. Und so lernten wir die Heimat als etwas immer schon Verlorenes kennen, etwas, das nur unsere Vorfahren kannten, das wir selbst aber nie gehabt hatten und niemals haben würden. Die Heimat war ein Sehnsuchtsland, ein Paradies, aus dem wir immer schon vertrieben waren. Dazu passte auch ihr Name. Die Heimat hatte einen Namen wie aus dem Märchenbuch. Wunderschön stellten wir sie uns vor, einen verwunschenen Ort an einem Fluss, in einer Senke zwischen sanften Hügeln und weiten Feldern, umwuchert von Rosen. Die Heimat hieß Rosenthal.

Im Sommer nach Deinem Tod fahre ich nach Rosenthal, in das Dorf an der Oder, das jetzt Różyna heißt.

Was willst du da? fragt meine Polnischlehrerin. Es ist ein sehr kleines Dorf.

Bevor ich losfahre, googele ich noch ein paar polnische Vokabeln, wer weiß, wann ich das nächste Mal WLAN haben werde. Urszula hat mich angesteckt mit ihren Bedenken: Wo willst du denn schlafen? Ich habe mir darüber gar keine Gedanken gemacht. In Rosenthal.

Nimm einen Schlafsack mit, sagt Urszula. Ich lege auch Zelt und Isomatte in den Kofferraum, vielleicht kann ich hinten am Friedhof zelten, und eine Rolle Klopapier. Mieten – nająć, Badezimmer – łazienka und Steckdose – gniazdo, das heißt Nest, tatsächlich, das werde ich später merken, sagen sie gniazdko, Nestchen. Dann noch den Kurs des Zloty, etwa eins zu vier, und die Wetter-App. Es wird sehr heiß werden. Die ganze Woche.

Nimm etwas zu essen mit, rät eine Freundin. Aber das, da bin ich sicher, ist unnötig. Dafür kenne ich den Osten gut genug.

Ich fahre los. Wohin fahre ich? Ich fahre nach Polen. Ich fahre nach Schlesien, aber was soll das sein: Schlesien? Eine Provinz, eine Landschaft, ein untergegangenes Reich, ich fahre in meines Vaters Land. Mein Vater kam aus einem Land, das es nicht mehr gibt. Ich bin Schlesierin, bin ich Schlesierin? Meine Vorfahren waren Schlesier.

Ich wuchs in Wedel auf, einer Kleinstadt am Stadtrand von Hamburg, fast zwei Jahrzehnte lang lebte ich dort, so lange wie später nie wieder an einem Ort, aber Heimat wurde Wedel nie. Heimat war Rosenthal, Heimat gab es nicht. Rosenthal blieb der ferne Fluchtpunkt meines westdeutschen Lebens. Und wenn man mich fragte, woher ich komme, und ich antwortete: aus Wedel, erschien es mir immer nur als die halbe Wahrheit.

Ich fahre nach Osten. Hinter Cottbus werden die Schilder mit den Kilometerangaben an der Autobahn einzeilig. Jetzt kommt lange nichts und dann irgendwann Wrocław. Es gibt sehr wenig Verkehr, ab und zu überhole ich einen grünen Flixbus, Berlin-Wrocław 21 Euro, sonst bin ich mehr oder weniger allein auf der Trasse zwischen den Wäldern. Kilometer um Kilometer nichts als Wald, hier beginnt der Osten, ein gigantisches Niemandsland, ein Vorschuss auf Sibirien.

In Polen sind Geschwindigkeitsbegrenzungen keine realen Zahlen. Jeder fährt, so schnell es eben geht. Das kommt mir gelegen. Ich rase Rosenthal entgegen. Rase über die Grenze, da, wo wir früher viele Stunden lang auf die Kontrolle gewartet haben, mucksmäuschenstill, nicht lachen durften, nicht reden, nicht auffallen, wortkarge Uniformierte, zackige Anweisungen, Fenster runterkurbeln, Beeilung, Entschuldigungen, wenn das Fenster klemmte, strenge Blicke ins Innere des Wagens, seltsame Stempel in meinem Kinderpass, die Nervosität meiner Mutter, die Beflissenheit, alles recht zu machen, das Gefühl, Untertan zu sein.

Jetzt fahre ich weiter ohne anzuhalten, im Gegenteil, ich drücke noch mal auf's Gas, rase vorbei an den Grenzgebäuden, von denen die Farbe abblättert, und dass ich in Polen bin, merke ich nur daran, dass der geschmeidige deutsche Asphalt Betonplatten weicht mit breiten Ritzen dazwischen, dadack, dadack, dadack, Kopfschmerzen.

Das Vorstellungsgespräch für meine erste Redakteursstelle, ein großes Büro nicht weit vom Frankfurter Hauptbahnhof, der Herausgeber im dunkelgrünen Wollpullover. Waren Sie schon mal in den USA?

Ich war noch nie in den USA. Eine Westdeutsche, bald Ende 20, die noch nie in New York war. Ich war schon in Leningrad und Moskau, Kiew und Lemberg, in Riga, Tallinn und Tartu. Ich war im Altai und in Bischkek und auf der Krim. Ich war schon in Barnaul. Kennen Sie Barnaul? Das ist Westsibirien, in der Nähe gab es damals noch ein paar Wolgadeutsche, saubere Dörfer, Straßendörfer wie Rosenthal.

Ich war noch nie in New York, und ich habe es noch nicht einmal vermisst. Die USA konnten warten, sie blieben, wie sie sind, sie hatten kein Geheimnis. So dachte ich damals. Aber dann, vor dem großen Schreibtisch in Frankfurt, erschien es mir plötzlich als ein Makel. Wie sollte ich Redakteurin werden, Schwerpunkt Außenpolitik, wenn ich noch nie in den USA gewesen war?

Sie sind, sagte der Herausgeber, also ein östlicher Mensch.

Ein östlicher Mensch. Kein Vorfahre, weder mütterlicherseits noch väterlicherseits, wurde nennenswert westlich der Oder geboren, beide Eltern, vier Großeltern, acht Urgroßeltern, alles östliche Menschen, Danzig, Elbing, Königsberg, Heubude, Trunz und irgendwelche pommerschen Güter, das war die Linie der Mutter, und die des Vaters: Rosenthal, das, nun ja, anderthalb Kilometer westlich der Oder lag. Kein Ort unserer Familiengeschichte gehört heute noch zu Deutschland. Wohin sollte sich der Blick richten, wenn nicht nach Osten?

Nur Polen habe ich lange ausgelassen. Ich war dann irgendwann in New York. Und ich zog immer weiter nach Osten, an die Wolga und den Amur, nach Minsk und Kaluga, Irkutsk und Chabarowsk, ans Weiße Meer, ans Schwarze Meer und zum Baikalsee, in den Ural, zum Tienschan und in den Kaukasus, nach Tschetschenien, Straßendörfer auch dort. Nur nach Polen fuhr ich nicht.

Die drei Besuche in Rosenthal zählten nicht, das war nicht Polen, das war die Heimat, das Dorf hinter den sieben Bergen, ein Ort ohne Geografie.

Gegen fünf setzt sich der Treck in Bewegung, etwa fünfzig Gespanne, drei von Ochsen gezogen, vielleicht 300 Einwohner, die

Älteste fast neunzig, der Jüngste ein Neugeborenes, erst wenige Tage alt. Zurück bleiben eine Handvoll Alte, die lieber zu Hause sterben als flüchten wollen. 300 Einwohner, etwa die Hälfte der Rosenthaler, die andere Hälfte, Männer und Jungen zwischen sechzehn und sechzig, sind im Krieg, auch Manfred und Gotthard, Deine beiden älteren Brüder, und Dein Vater.

Manfred, Jahrgang 1925, ist in der Kreisstadt Brieg aufs Gymnasium gegangen, hat im Sommer 1943 Notabitur gemacht, kurzzeitig als Standortführer die Hitlerjugend der Dörfer Lossen, Jeschen, Jägerndorf, Koppen, Schwanowitz, Schönau, Pramsen, Frohnau und Rosenthal betreut und sich dann freiwillig zur Marine gemeldet. Er ist im April zuletzt in Rosenthal gewesen, sein erster und einziger Urlaub. In Fuhrmanns Gasthof haben sie lange Bretter auf Fässer gelegt und den Film «Reitet für Deutschland» mit Willy Birgel gezeigt. Das ist neun Monate her.

Jetzt ist Manfred in Gotenhafen. Und als sie Freiwillige für den Kampfverband der Kleinkampfmittel suchen, tritt er auf dem Exerzierplatz vor, weil er genug hat vom Exerzieren und den Gedanken nicht ertragen kann, dass sein jüngerer Bruder schon an der Front ist. Nun wird Manfred dazu ausgebildet, in einem Ein-Mann-U-Boot Sprengsätze an feindlichen Schiffen anzubringen, ein Einsatz, den man unmöglich überleben kann, ein Himmelfahrtskommando tief unten im Meer.

Dein Vater, Jahrgang 1898, ist Mitte Januar zum Volkssturm eingezogen worden, er hat schon im Ersten Weltkrieg an der Westfront gekämpft, aber das ist etwas anderes gewesen, er war damals sehr jung, gerade siebzehn, und der Krieg erreichte Schlesien nie.

An jenem Montag, dem 22. Januar 1945, als die Rote Armee bei Rosenthal bis an die Oder vorstößt und Deine Mutter vergeblich versucht, die Pferde für die Flucht einzuspannen, sitzt Dein Vater in einer Wachstube in Breslau und schreibt Euch einen Brief. Absender: Volkssturmmann Herbert Hoffmann, Festungsbatterie 3049, Leuthenkaserne, Breslau. An: Frau Olga Hoffmann, Rosenthal, Kr. Brieg.

Liebe Muttel, lieber Adolf.

Adolf, das bist Du.

Es ist ein langer Brief, zumal für einen Bauern, ein Matrosenbrief, voller Sehnsucht nach Zuhause und nach jenem Leben, das ihm gerade abhanden kommt.

Von mir kann ich berichten, dass von Gutgehen keine Rede sein kann, denn nirgends ist es so wie zu Hause. Für einen Alten macht halt das Militärische keinen Spaß mehr.

Mit seinen fast fünfzig Jahren fühlt sich Dein Vater tatsächlich schon alt, er hat mehr als dreißig Jahre vom Morgengrauen bis tief in die Nacht gearbeitet, hat den Hof entschuldet und neues Land dazu gepachtet. Er freut sich darauf, die Landwirtschaft an Gotthard zu übergeben, den mittleren Sohn, der im August siebzehn geworden ist, den Bauern unter den drei Brüdern. Aber nun ist Gotthard seit dem Herbst beim Volkssturm und soll die Oderlinie halten.

Es ist ein Brief voller Sorge um die Söhne an der Front.

Meine Gedanken sind ständig bei Euch und bei den Jungens.

Voller Sorge um den Hof und seine Frau, ein Brief voller schlimmer Ahnungen.

Ich denke immer, Ihr werdet von zu Hause nicht fortbrauchen. Aber wenn es die Not erfordern sollte, dann müsste es eben gehen.

Gauleiter Hanke hat Breslau am Vortag zur Festung erklärt, Hunderttausende Frauen und Kinder müssen die Stadt verlassen, man jagt sie hinaus in den Schneesturm. Der Krieg hat Breslau noch nicht erreicht, aber als Herbert da um drei Uhr morgens in der Wachstube sitzt und seinen Brief schreibt, hat der Drache seine Pranke schon erhoben. Der Drache wird Herbert ergreifen, er wird sein Leben zertrümmern und ihn erst viele Jahre später wieder aus seinen Klauen entlassen, halbtot und am anderen Ende von Deutschland.

Dein Vater wird die Macht über sein Leben verlieren, er wird Befehlen gehorchen, deutschen und sowjetischen, für viele Jahre werden Krieg und Gefangenschaft sein Schicksal bestimmen. Er wird nie wieder nach Rosenthal zurückkehren und nie wieder einen Fuß auf seinen Hof setzen. Seine Mutter, sein Bruder und einer der Söhne werden den Krieg nicht überleben, und seine Frau wird er erst viele Jahre später wiedersehen, nachdem er alles verloren hat und nichts mehr ist wie zuvor.

All das weiß Dein Vater nicht, aber er spürt das nahende Unheil, spürt, dass, was ihm *vor acht Tagen noch Großes bedeutete, nun ganz in den Hintergrund tritt.*

Man darf nur nicht verzagen, sondern auf Gott vertrauen, dann ist auch das Schwerste zu ertragen.

Dir, unserem lieben Adolf, gelten die zärtlichsten Zeilen.

Ich habe ihn immer vor Augen, wie er Schularbeiten macht, draußen rumtollt, dass die Hosen reißen und abends in Papas Bett verschwindet. Hat er das Seemannsbuch schon ausgelesen?

Es ist ein leiser Brief, der nach Vertrautem greift und sich an Kleinem festhält, der Hoffnung auf Post, vielleicht sogar Besuch – mit der 2 oder der 12 müsse sie bis zur Endstation fahren, erklärt er seiner Frau –, Grüße an die Bekannten und Verwandten im Dorf, der Wunsch, dass alles doch nicht so schlimm werden möge, wie er ahnt.

Einmal wird sich alles wieder wenden und wir können friedlich unserer Arbeit nachgehen.

Und am Schluss diese Formel: *Alles verrichtet, alles gut.*

Wie eine Beschwörung klingt das, denn es ist ja nichts gut, oder eine geheime Botschaft an seine Frau, vielleicht haben sie sich das, wenn sie in Rosenthal nach sechzehn oder achtzehn Stunden Arbeit auf Hof und Feldern ins Bett sanken, noch zugeflüstert: Alles verrichtet, alles gut.

Jener Montag, der 22. Januar 1945 verändert alles. Er wird für lange Zeit unser Schicksal bestimmen, für Jahrzehnte und Generationen, er verändert Dein Leben, Euer Leben, meines und das meiner Kinder. Danach gibt es für unsere Familie für sehr lange Zeit keinen festen Boden mehr.

Auch unter meiner Kindheit wird ein dunkler sumpfiger Grund liegen, wie ein Moor, in dem man leicht versinken kann, man muss sehr gut achtgeben, auf den ausgeschilderten Wegen zu bleiben, immer vor Einbruch der Dunkelheit zu Hause zu sein und nicht zu tief ins Schwarze zu schauen, es kann einen hinabziehen. Das ist die Gewissheit, dass man von heute auf morgen, von einer Stunde zu nächsten, von sechzehn auf siebzehn Uhr alles verlieren kann, Haus und Hof, Söhne, Brüder und Eltern, Heimat und sogar die Erinnerung.

Ihr reiht Euch ein, als der Treck Euren Hof passiert, den letzten, bevor die Felder beginnen. Es heißt, Ihr sollt nur kurz aus dem Beschussbereich, nur für ein paar Tage, bis sich alles wieder beruhigt hat. Das glauben nicht alle, aber die wenigsten ahnen, dass es ein Abschied für immer ist. Vielleicht habt Ihr den Matrosenanzug gar nicht vergessen, vielleicht habt Ihr ihn einfach nicht mitgenommen, weil Ihr glaubt, dass Ihr bald zurück sein werdet. Oder ahnt Ihr doch etwas? Seit wann? Seit dem Vortag, als die ersten Wehrmachtssoldaten ins Dorf gekommen sind? Eine Woche zuvor? Einen Monat? Habt Ihr Angst? Und wann habt Ihr begonnen, Euch zu fürchten? Kann man sich vor dem Unvorstellbaren fürchten?

Und wir, haben wir Angst?

Wenn uns die Luft unter Großmutters Küchentisch zu schwer wurde, kamen wir hervor und stellten uns oben zwischen die Erwachsenen an die Tischkante. Und während wir an der bläulichweißen Resopalverschalung herumpuhlten, die sich vom Sperrholz des Küchentisches zu lösen begann, versuchten wir, den Ge-

sprächen über die Heimat etwas Interessantes, etwas Greifbares abzugewinnen. Wie viele Schweine und Kühe es auf dem Hof gegeben hatte oder ob man im Winter auf dem Dorfteich Schlittschuh laufen konnte. Aber was uns interessierte, war nicht das, woran sich die Erwachsenen seufzend erinnerten. Großmutter schwieg ohnehin. Nur Dein Bruder Manfred geriet manchmal ins Erzählen. Der Dorfteich war wirklich jeden Winter zugefroren gewesen, sagte er, aber Schlittschuhe hatten sie nicht gehabt. Er erzählte vom Haus, dem Haupthaus und dem Auszugshaus, das Dein Vater selber gebaut hatte, dort lebte der lahme Onkel Walter, erzählte von der guten Stube, die nur an Feiertagen benutzt wurde, und davon, wie hart Eure Eltern gearbeitet hatten.

Aber wenn wir wissen wollten, wie die Pferde hießen und der Hofhund, begannen die Erwachsenen wieder über die anderen Rosenthaler zu sprechen, Menschen, die wir nie gesehen hatten, wer mit wem wohin geflüchtet war, wo man wen zurückgelassen und aus den Augen verloren hatte, wer auf der Flucht umgekommen und wer in Rosenthal zurückgeblieben war.

Gleich hinter der Grenze suche ich im Autoradio einen polnischen Sender, ich will sehen, wie viel die letzten Monate mit Urszula, meiner Polnischlehrerin, gebracht haben. Das Ergebnis ist ernüchternd. Ich zappe durch die Sender auf der Suche nach einem Wortprogramm, das ich verstehe. Immer, wenn Musik kommt, drehe ich weiter, keine polnischen Schnulzen, nicht The Final Countdown. Ich verstehe nie wirklich, worum es geht, aber ich kann die Wettervorhersage von den Verkehrsnachrichten unterscheiden oder einer Predigt auf Radio Maryja. Ich verstehe: Stau auf der A4 Richtung Wrocław, aber bin ich nicht auf der A4 Richtung Wrocław? Auch Werbung erkennt man am Tonfall, aber Werbung wofür? Die Kopfschmerzen werden stärker, obwohl die Betonplatten zu Ende sind, auf der Gegenfahrbahn ist jetzt Stau, es ist heiß und schwül, alle paar Kilometer zeigen große Tafeln die Außentemperatur an, 32 Grad, und die Temperatur des Asphalts, 52 Grad. Wer will wissen, wie heiß der Asphalt ist?

Kurz vor Wrocław der Triumph: Ich fahre in den Stau, ich bin überglücklich, ich kann Polnisch. Und als es endlich weitergeht, biege ich vor lauter Begeisterung am Autobahnkreuz falsch ab und komme auch noch in den Stau auf der Gegenfahrbahn.

Aus der Ferne ist Rosenthal Heimat, ein Dorf wie aus einem Kinderbuch, es schmiegt sich in das Land unter dem hohen Himmel, der weiße Kirchturm leuchtet im Grün, fest und viereckig wacht er über die Häuser und Scheunen mit ihren roten und braunen Ziegeldächern, seine blecherne Spitze glänzt in der Sonne wie eine Hellebarde, bereit, sich auf jedes Unheil zu stürzen, das sich ihnen nähern wollte. Alles stimmt. Eichen wurzeln tief, das Land ist freundlich, weit und sanft hügelig, ein Land, wie man sich Eltern wünscht, behütend und großzügig.

Rosenthal: Der Dorfname ist ein Rätsel, ein Tal gibt es hier nicht, flach ziehen sich die Äcker hinunter zu Oder und Neiße.

Wenn überhaupt, liegt Rosenthal auf einer leichten Anhöhe. Das Rätsel hat die Rosenthaler im Laufe der Jahrhunderte beschäftigt, sie haben eine Reihe von Theorien entwickelt, der Name, heißt es, leite sich von Rodeland ab, weil die Gegend noch dicht bewaldet war, als das Dorf 1238 von Johannitern aus Lossen gegründet wurde, um das Land zu kolonisieren. Andere behaupten, Postkutscher hätten früher im Dorf die Pferde gewechselt, weshalb der Ort Ruhstall, schlesisch: Rustl, genannt worden sei. Unstrittig ist, dass es im Volksmund Kucherustl hieß, weil es Sitte war, bei großen Festen wie Hochzeiten im ganzen Dorf großzügig Kuchen zu verteilen. Angeblich wurde hier der beste Mohnstreusel Niederschlesiens gebacken, aber vielleicht ist Rosenthal auch nicht das einzige Dorf, das das für sich in Anspruch nimmt.

Seit dem Ende des Kommunismus haben die Bewohner viel getan, damit das Dorf seinen Namen verdient. Sie haben Rosen gepflanzt, überall in den Gärten blühen sie mannshoch, weiß, rot, gelb, apricot. Gartenzäune sind verziert mit schmiedeeisernen Rosenblüten, und dem steinernen Engel am Dorfeingang legten sie Plastikrosen in den Arm.

Gegen fünf Uhr nachmittags komme ich in das Dorf, stelle das Auto an der Lehmgrube ab und gehe hinüber zum Hof. Jana sitzt mit den Söhnen unter dem Holzdach, dort, wo früher das gemauerte Mistloch war.

Nachdem Großvater das Auszugshaus gebaut hatte, hatte er den Misthaufen von der Mitte des Hofes hinter die Scheune verlegen wollen, aber er war nicht mehr dazu gekommen. So blieb der Mist weitere Jahrzehnte, wo er war. Erst nach dem Ende des Kommunismus verschwand er irgendwann, und als wir nach der Jahrtausendwende wiederkamen, stand an seiner Stelle ein weißer Baldachin aus Zeltstoff, wie es sie damals überall gab, als ganz Mitteleuropa ein Zeltlager von weißen Baldachinen war. Darunter saßen Jan und Jadwiga, tranken Kaffee und warteten auf uns. Jetzt steht dort ein Holzdach auf festen Pfählen mit einem gemauerten Grill und einer Schaukel am Querbalken.

Was wollen Sie hier? fragt Jana von der anderen Seite des Zauns.

Der Hund bellt und springt, der Junge auf ihrem Arm verbirgt sein Gesicht an ihrem Hals. Sie schaut mir gerade in die Augen, prüfend, eher neugierig als misstrauisch.

Mein Vater wurde hier geboren, sage ich.

Sie bringt den Hund mit einem Zuruf zum Schweigen, ohne den Blick von mir abzuwenden.

Sie waren schon einmal hier.

Sie hat recht. Sogar mehr als einmal. Zum ersten Mal bin ich 1978 in Rosenthal gewesen, ich kenne das Dorf unter dem Kommunismus, als Fuhrmanns Gasthof ein Kulturhaus wurde und es im Laden nur Zwiebeln und Kartoffeln gab, und unter dem Kapitalismus, in der Zeit der weißen Baldachine, als der Kindergarten geschlossen wurde, die Männer in Irland in den Schlachthöfen arbeiteten und die Frauen in Deutschland die Alten pflegten. Ich bin immer wieder nach Rosenthal zurückgekehrt, zuletzt vor drei Jahren mit meinen Kindern und nun zum ersten Mal allein.

Und was wollen Sie hier? fragt Jana noch einmal.

Bleiben. Für ein paar Tage. Könnte ich hier irgendwo übernachten?

Bist du allein?

Allein.

In Brzeg gibt es ein Hotel.

Und hier im Dorf?

Lass mich überlegen.

Sie hat recht: Was will ich hier?

Ich gehe die Dorfstraße hinunter, in Richtung Kirche, wo an der Kirchmauer noch ein paar steinerne Kreuze mit deutschen Inschriften in der Erde stecken, schief. Vorbei am Dorfladen, vor dem sich die Trinker versammeln. Es riecht nach Sommerhitze, nach Staub und trockenem Gras und dem Stroh der Felder, das gerade eingebracht wird, Trecker brettern die Dorfstraße entlang, sie ziehen riesige offene Hänger mit Strohrollen. Es riecht nach Mist, obwohl es nur noch wenige Bauern im Dorf gibt und gar kein Vieh, nur ein paar Hühner und Pferde.

In den Gärten und an den Giebeln der Häuser wehen rot-weiße polnische Fahnen, im Blumenkübel an der Bushaltestelle blühen Geranien weiß und rot. Über den Gedenkstein für die Gefallenen von Vierzehnachtzehn neigt sich der Gekreuzigte, und die Kirche ist frisch renoviert, geweißt und gemalt und neu gedeckt, so wie alle Kirchen in allen Dörfern hier. Die Dörfer können noch so heruntergekommen sein, die Kirchen sind tipptopp, und in jedem zweiten Ort ehrt ein Denkmal den polnischen Papst.

Ich gehe die Dorfstraße hinunter, gut einen Kilometer bis zum letzten Haus. Von oben gesehen, auf google maps, sieht das Dorf aus wie eine Kellerassel, die Grundstücke wie die Schuppen des Insektenpanzers lang und schmal, in der Mitte die Dorfstraße. Vorne, zur Straße die Häuser, dahinter ein Acker, begrenzt vom Feldweg, der «Hinterm Zaun» genannt wurde. Jenseits des Weges beginnen die Felder.

87 Hausnummern hat Różyna, Rosenthal hatte 84. Auch sonst hat sich seit damals kaum etwas geändert, Różyna sieht noch aus wie Rosenthal, so wie Ihr es an jenem Nachmittag im Januar 1945 verlassen habt. Geräumige Bauernhäuser, meist zwei auf einem Grundstück: das Auszugshaus und das Haupthaus, an das sich der Stall anschloss, man lebte mit den Tieren unter einem Dach. Aufrechte, selbstbewusste Häuser, stolz noch im Verfall, gemauert und verputzt, die Stirnseiten zur Straße. Kein Reichtum, aber bescheidener Wohlstand. Dahinter, noch größer, die Scheunen, mit ihren zwei Toren, eines nach vorne zum Hof und eines nach hinten hinaus zu den Feldern.

So sah Rosenthal damals aus, so ist es bis heute. In den Jahrzehnten des Kommunismus blieb das Dorf wie es war, die Kirche wurde katholisch, die Höfe wurden geteilt, auch in die Nummer 84, in Euren Hof, zogen zwei Familien ein, die Furmans in das Haupthaus und die Piwińskis in das Auszugshaus, die gepflasterte Dorfstraße wurde irgendwann geteert, aber jetzt ist der Asphalt auch schon wieder brüchig. Hier tat sich weniger als in jedem Dorf westlich von Oder und Neiße.

Alles ist noch da, die alten Scheunen, in denen kein Heu mehr lagert, die Ställe, in denen keine Kühe mehr gemolken und keine Schweine mehr gemästet werden, und die Häuser, die leer stehen, nachdem die Jungen fortgezogen und die Alten gestorben sind. Kaum etwas kam hinzu: kein Supermarkt, kein Schulgebäude mit Turnhalle und keine Garage für die freiwillige Feuerwehr.

Das war das Wunder von Rosenthal: Wir konnten dorthin zurückkehren. Wir konnten zurückreisen in die Vergangenheit und sie war noch da. Während andernorts in Europa die Moderne in den Dörfern Einzug hielt, die Scheunen Boxenlaufställen und Biogasanlagen wichen, Stadtbewohner alte Bauernhäuser renovierten und neue Villen bauten, schlief Rosenthal seinen Dornröschenschlaf und wartete, im Vorkriegszustand konserviert, auf unseren Besuch.

Sie sind nicht aus Różyna?

Ein alter Mann schaut über den Zaun auf die Straße. Shorts, T-Shirt, kurze weiße Haare, Kippe im Mundwinkel. Freundliche flinke Augen.

Aus Deutschland, soso. Aus Berlin, soso. Heiße Kazik.

Er kommt raus auf die Straße. Er kennt Berlin, seine Tochter, sagt er, pflegt dort einen alten Mann, irgendwo an einem See, alt wie er, der hier allein lebt und mehr trinkt, als ihm guttut. Sein Enkel, in Berlin geboren, studierte in Kiew Medizin, versorgte dann in Charkow Verwundete.

Du weißt schon, die Ostukraine, der Krieg. Jetzt ist er tot. Ermordet.

Von wem?

Ukrainer eben.

Warum?

Ermordet eben. Du weißt schon, der Krieg.

In wie vielen Kriegen war Rosenthal schon verheert und geplündert worden, hatte die Kirchturmhellebarde nichts ausrichten können, in den Hussitenkriegen, im Dreißigjährigen Krieg, im Schlesischen Krieg, in den Napoleonischen Kriegen? Wie oft waren Soldaten die Dorfstraße entlanggezogen, hatten die Rosenthaler die Hoftore verrammelt und die Hunde von den Ketten gelassen, wie oft hatten sie das gehört: die Tritte der Stiefel, das Gewieher der Pferde, die Schreie der Frauen und das Knacken, wenn sie den Hühnern die Hälse umdrehten, leise, viel leiser, als das angstvolle Gackern davor.

Aber vielleicht war Rosenthal auch verschont geblieben, mir schien das sogar wahrscheinlicher, das Dorf lag abseits der großen Straßen, über Rosenthal führte nur eine Nebenstrecke nach Frohnau, im Süden die Glatzer Neiße, im Osten die Oder und jenseits des Flusses waren es kaum noch 60 Kilometer bis zum Ende des Deutschen Reiches, Rosenthal lag am Rand, abgelegen, und es schien mir kein Zufall zu sein, dass eines Deiner Lieblingsgedichte den Titel Abseits trug, von Theodor Storm. Es ist so still.

Als ich von meinem Spaziergang zurückkomme, hat Jana sich entschieden. Ihre Großmutter ist vor ein paar Monaten gestorben. Ein Zimmer ist frei.

Jana hat das Bett schon bezogen, sie nimmt mich auf, einfach so, weil es ihr richtig erscheint, als sei es selbstverständlich, eine Fremde hereinzulassen, nur weil sie angeklopft hat. Sie lässt mich ein in das Haus, das Dein Vater gebaut hat, mein Großvater, abends sitze ich an ihrem Küchentisch, ihren Sohn auf dem Schoß, und tue so, als verstünde ich Polnisch. Sie nimmt mich auf, so wie andere Euch damals aufgenommen haben auf Eurer Flucht. Sie begegnet mir ohne Arg, obwohl sie nicht weiß, was ich hier will, freundlich und wohlwollend, sie gibt mir zu essen, sie will, dass ich mich wohlfühle, sie bemüht sich, meine Fragen zu beantworten, sie leiht mir ihr Fahrrad, damit ich nach Kopanie und Wronów fahren kann, sie lacht und schüttelt den Kopf, wenn ich zu Fuß zur Bahnstation nach Łosiów gehe, weil Ihr damals nach Lossen zu Fuß gegangen seid. Und in der Hitze der Nachmittage sitzen wir im Hof unter dem Holzdach und sprechen über unsere Großväter, die den Drachen gesehen haben, zwei Nachfahrinnen, verbunden durch das verfluchte Zwanzigste Jahrhundert, Jana Wołoszyn, Enkelin von Jan Piwiński, einem Bauern aus der Nähe von Lemberg in der Westukraine, und ich, Enkelin von Herbert Hoffmann, einem schlesischen Bauern. Und mit der Zeit beginnt sie zu verstehen, warum ich hier bin. Und ich auch.

Heimat ist kein Ort, sondern ein Gefühl. Häuser sind fest, sie bleiben, Menschen kommen und gehen, werden vertrieben. Menschen kann man umsiedeln. Aber das war nicht immer so. Früher war es anders in Schlesien, früher blieben die Menschen, unsere Familie seit 1238, seit sie das Land urbar machten, die Wälder rodeten, Siedler aus Franken und dem Rheinland.

Früher blieben die Menschen, und das Land fiel. So steht es in den Geschichtsbüchern und den Einträgen der Städte auf Wikipedia: Schlesien fiel, Brieg fiel, Rosenthal fiel. Es fiel an diese und jene, an Böhmen und die Habsburger, an Preußen. Städte fielen, Orte fielen und mit ihnen fielen die Menschen unter die eine oder andere Herrschaft. Wenn das Land fällt, ist niemand schuld, als habe niemand etwas getan zu diesem Fallen, als hätte es kein Subjekt, Fallen ist Schicksal, ist höhere Gewalt.

Aber dieses Mal, am Ende dieses Krieges, war es anders, dieses Mal blieben die Menschen nicht, und so fiel nur das entvölkerte Land, Schlesien, ein leeres Land, eine Hülle, die neu befüllt wurde und lange nicht passte.

Häuser sind fest, sie bleiben, Menschen kommen und gehen, werden vertrieben.

Menschen kann man umsiedeln, umgießen wie eine Flüssigkeit, ein ganzes Dorf, einen ganzen Landstrich, als würde man einen Schlauch Wein umfüllen. So war es in Rosenthal, so haben sie halb Polen umgefüllt nach 1945.

Wer erinnert sich noch an damals?

Im Garten von Haus Nummer 78 sitzt meine Großmutter. Sie hat weiße Haare und eine geblümte Bluse mit kurzen Ärmeln, violette und gelbe Blümchen, der Stoff ausgewaschen wie eine Küchenschürze, wie die Bettwäsche in billigen Hotels oder wie ein alter Schmerz, ausgeblichen wie die Haare meiner Großmutter, schlohweiß und sehr eigenwillig. Es ist heiß.

Meine Großmutter sitzt vor dem Haus im Schatten des Kirschbaums, sie trägt Filzpantoffeln trotz der Hitze. Wir gehen nicht ins Haus, das Haus wird renoviert. Ich erkenne meine Großmutter an den blauen Flecken und dem Wasser in ihren krummen Beinen, ich erkenne meine Großmutter am Seufzen. Was war, das war.

Wie war das damals, Großmutter? Meine Großmutter spricht polnisch, sie heißt Stasia und ist nicht meine Großmutter, aber sie wäre eine gute Großmutter für mich gewesen. Meine Großmutter spricht polnisch, und ich verstehe nicht alles, was sie sagt. Und umgekehrt.

Sie ist eine der wenigen in Różyna, die sich noch an den Sommer 1945 erinnern, als sie hier ankamen. Stasia war 17, sie war Zwangsarbeiterin gewesen in einer Marmeladenfabrik in der Nähe von Hannover, und als sie nach Hause zurückwollte in ihr Dorf in der Westukraine, sagten sie, ihr Dorf sei jetzt in Schlesien. Man schickte ihre Familie nach Różyna: Nehmt Euch irgendein Haus.

Wie war es, als du hierher kamst?

Wie meinst du das?

An was erinnerst du dich? Was hast du gedacht?

Ich war 17 oder 18. Was sollte ich denken?

Wie seid ihr nach Rosenthal gekommen?

Mein Vater ging in ein Büro in Brzeg, da haben sie uns die Adresse gegeben.

Sie haben euch die Adresse gegeben? Stasia, Großmütterchen, was haben sie gesagt? Nehmt das Dorf zwischen Łosiów und Wronów, wir haben es Różyna genannt. Nehmt es euch – sagten sie das so? Und dann seid ihr losgezogen auf der Straße über Łosiów oder den anderen Weg an der Oder entlang über Kopanie, zu Fuß, ihr habt Karren gezogen, oder hattet ihr noch einen Wagen und ein Pferd? Wie war es, nach Różyna zu kommen?

Das Dorf war frei, die meisten Häuser standen leer, und man konnte selbst entscheiden, welches Haus man nimmt. Man fragte niemanden, und man wurde auch nicht gefragt.

Warum nahmt ihr dieses Haus?

Als wir hierher kamen, waren viele Häuser frei, aber in diesem hier wohnte noch eine deutsche Familie, sie zogen gerade aus, sie hatten den Schlüssel. Sie hatten schon gepackt und waren bereit zur Abreise. Da hat meine Großmutter dieses Haus genommen, das Haus mit dem Schlüssel.

Ich stelle meine Fragen in gebrochenem Polnisch, Kinderpolnisch, um zu verstehen, was Heimat bedeutet und Heimatverlust, wie eine Blinde, die sich ein Gemälde beschreiben lässt.

Was war das für ein Gefühl, in einem fremden Haus zu wohnen?

Am Anfang war es schwer, es war nicht unser Haus. Wir dachten, wir würden nicht lange bleiben, eine kurze Weile, und dann gehen wir wieder heim.

Niemand konnte sich vorstellen, dass es für immer sein würde, die Deutschen nicht und die Polen auch nicht. Niemand glaubte, dass sie Polen einfach umfüllen würden.

Wir waren dazwischen. Zurück konnten wir nicht, und hier waren wir nicht fest.

Sie fragten sich nicht, wer vorher in den Häusern gewohnt hatte. Sie hatten ihren eigenen Schmerz, ihre eigene Sehnsucht nach der Heimat, 500 Kilometer weiter östlich, nach einem anderen Dorf, im Gebiet Lemberg. In der UdSSR, wie Stasia sagt.

Wir konnten nicht zurück. Da waren die Russen.

Die Russen, immer die Russen.

Wir mussten hierbleiben. Die Felder bestellen, aussäen, Brot backen. Später haben wir uns daran gewöhnt.

Ging es Euch gut?

Wie meinst du das?

Wart ihr zufrieden?

Wir mussten zufrieden werden.

Der Schatten des Kirschbaums wandert über Stasias Gesicht. Jetzt sitzt sie in der Sonne, blinzelt. An ihren Schläfen bilden sich Schweißtropfen, aber sie beschwert sich nicht.

Frag weiter, sagt sie. Frag, dann ist es leichter.

Sie sagt, sie sei an Weihnachten gekommen. 1944. Aber das kann nicht sein, Weihnachten 1944 wart Ihr ja noch in Rosenthal, saßt in der guten Stube, Du, Dein Vater, Deine Mutter und Onkel Walter, und Du bekamst den Matrosenanzug.

Wir haben gefroren, es war kalt, sehr starker Frost. Mein Onkel ist in den Wald gegangen und hat einen Baum gefällt, sie haben ihn in unseren Hof gezogen. Aber das Holz war nass, es brannte nicht. Wir haben sehr gefroren.

Komm, sage ich zu Stasia, hier ist es zu heiß. Wir gehen über das Gras hinüber zum Haus, meine Großmutter will keine Hilfe, sie hat ihren Stock, ihre Beine sind voller Wasser, ihre Schienbeine wie aus Teig, wenn der Kuchen schon zehn Minuten im Ofen war, weich und wackelig mit einer dünnen Haut und etwas eingefallen in der Mitte. Sie geht mit überraschend sicheren Schritten.

Wir setzen uns in den Schatten des Hauses. Meine Großmutter hat einen Zweig von der Lorbeerhecke gebrochen, sie hält ihn, ruhig, die Hände im Schoß.

Was sollte ich im Kopf haben? Ich war jung, ein paar Mädchen haben sich getroffen, ein paar Jungs. Wir haben zusammen gesungen, und dann hat man eine Familie gegründet und alles war anders. Man musste auf den Mann aufpassen, auf die Kinder, im Stall warteten die Kuh und das Schwein. Es waren andere Zeiten, wir haben so hart gearbeitet.

Hattest du ein gutes Leben?

Wie meinst du das: ein gutes Leben? Was war, das war. Ich klage nicht. Ich bin seit 17 Jahren Witwe, aber ich klage nicht.

Und dann, als hätte ich nach einer Erklärung gefragt, eine rasche Geste. Die Hand zur Kehle, seitlich, der Mittelfinger schnipst gegen den Hals, dort, wo drinnen der Wodka hinunterrinnt, brennend, draußen ein Schnipsen und schon ist die Hand zurück in ihrem Schoß. Der Blick wieder ruhig. Geradeaus, mir in die Augen.

Die Geste des Ostens. Woher kommt sie? Gaunergebärdensprache, die Sprache der Lager, für Eingeweihte, verschworen. Wir wissen, was das heißt. Die Geste zeigt das Besäufnis von gestern Abend an, oder dass irgendjemand drei Flaschen organisiert hat für später. Meist aber steht sie für ein verlorenes Leben. Für Stasias Mann und Kazik und all die anderen. Nur nie das Wort, das Wort ist tabu. Für das Wort würde man sich schämen. Das Wort ist grob, direkt, es springt Dir ins Gesicht wie eine Ratte. Die Geste ist nur ein winziger Schmerz am Hals.

Es war nicht schlimm, sagt sie, er war immer gut zu mir, nie ein böses Wort, tat, was zu tun war. Ich konnte die ganze Nacht fort sein, und wenn ich im Morgengrauen nach Hause kam, hat er nicht gefragt, woher.

Stasia kennt die Deutschen aus der Marmeladenfabrik, es gab russische Zwangsarbeiter und polnische. Neun Monate arbeitete sie dort, dann war der Krieg vorbei. Stasia sagt nicht Zwangsarbeit, sie sagt: Sie nahmen mich zur Arbeit nach Deutschland. Im Polnischen gibt es zwei Wörter für Arbeit, sie sagt robota, das Wort für schwere, körperliche Arbeit. Sie bekam 35 Reichsmark, aber es gab nichts zu kaufen, sie aßen Kohl, sie hungerten. Einmal klauten sie Zucker aus der Fabrik und brannten Schnaps in ihrer Baracke. Der Direktor erwischte sie, aber sie gaben ihm einfach etwas ab.

Als die Amerikaner kamen und den Direktor mitnehmen wollten, bürgten die Polen für ihn, sie sagten den Amerikanern: Er ist ein guter Mensch, lasst ihn frei.

Alle Geschichten handeln von der Grausamkeit des Krieges und der Menschlichkeit, die blieb. Als könnten die, die sie erzählen, das, was geschehen ist, anders nicht ertragen. In den Geschichten waltet immer Milde, ist die Erinnerung an das Gute, Menschliche lebendiger als die Erinnerung an die Grausamkeit, nicht, weil man den Deutschen verzeihen will, sondern weil man weiterleben will, weiterglauben, weil alles andere unerträglich wäre. Und vielleicht, weil es wahr ist. So wie Dein Vater von den Extra-Rationen erzählte, die sie ihm im Lager gaben, weil er so schön singen konnte, und von dem Russen, der sein Brot mit ihm teilte, obwohl er selbst hungerte.

Wenn ich noch einmal dorthin zurückkönnte, würde ich dir den Friedhof zeigen.

Welchen Friedhof?

Zwei Wochen, bevor die Front kam, haben die Deutschen die russischen Arbeiter erschossen, in einem Wald. Und als die Amerikaner kamen, zwangen sie die Deutschen, die Leichen auszugraben. Mit bloßen Händen.

Die Polen umzubringen, hatten die Deutschen nicht mehr geschafft.

Auf dem Rückweg durch das Dorf steht Kazik mit zwei Männern am Gartenzaun. Im Gras ein halbes Dutzend leere Bierdosen und eine Flasche Härteres. Es ist vier Uhr nachmittags. Es riecht nach Bier und Schweiß, die Blicke der Männer sind glasig.

Hej, zeig ihr, was du hast, sagt Kazik. Sein Kumpel geht ins Haus und kommt mit einer alten Zeitschrift zurück, vergilbtes Papier, brüchige Ränder, deutsche Schrift: Der Landwirtschaftsbote, Heft 34, Jahrgang XVI, die Ausgabe vom 24. August 1912, ein Anzeigenblättchen für Maschinen und Saatgut, für Kemnas Heißdampfpflüge, Lessers Scheibeneggen und den Siederslebener Rübenheber, für rationelle Grünfütterung mit dem Arato-Fressgitter und den Stahlrechen Tigerkatze. Sie haben das Heftchen aufbewahrt, 75 Jahre in irgendeiner Schublade, haben es nicht verfeuert, als sie froren, oder Fisch darin eingewickelt, es hat ihnen etwas bedeutet, aber was?

Was haben deine Eltern erzählt von damals? Wie war es, in ein fremdes Dorf zu kommen?

Kaziks Blick stellt plötzlich kurz scharf, misstrauisch.

Wir haben das Haus gekauft, sagt er. Wir haben es bezahlt, ich habe ein Papier, ich kann es dir zeigen.

Bis tief in die Nacht donnern die Erntewagen die Dorfstraße entlang, dann wird es still. Frühmorgens krähen die Hähne. Tauben gurren, Amseln singen. Bevor es zu heiß wird, laufe ich nach Wronów, das damals Frohnau hieß. Auch Kazik ist schon mit dem Fahrrad unterwegs. Ein bisschen die Knochen auslüften, ruft er mir zu. Muss ja.

Hinter dem Dorf beginnt das offene Feld, das Getreide ist abgeerntet, allein der Mais steht noch. Die Sonne sengt schon morgens um acht, nur eine ganz leichte Brise zieht von Südosten über die Oder. Die Felder ertragen die Hitze ruhig, erschöpft wie von einer Geburt. August ist der Monat, in dem Dein Bruder Gotthard geboren wurde, ein Sommerkind, eine Ausnahme in der Familie. Alle anderen kamen im Winter zur Welt, so sollte es sein in den Bauernfamilien. Wenn die Frauen im Sommer gebaren, fielen sie in der Erntezeit zu lange aus. Aber vielleicht ist das auch nur eine Legende.

Die Straße nach Wronów ist nicht asphaltiert, eigentlich nur ein Feldweg, uneben und ausgewaschen, hartgebrannt von der Sonne, wie aus Lehm. Ein Bussard fliegt auf. Das Stroh rückt in riesigen Rollen über die Stoppelfelder vor, in gelockerter Formation wälzen sie sich nach Osten wie die Panzer auf den Fotos vom Juni 1941. Vielleicht ist Heimat doch ein Ort, warum sonst berührt mich diese Landschaft, als würde ich sie schon lange kennen?

Am Ortsausgang von Frohnau, zur Oder hin, steht ein großes Herrenhaus mit zwei Kartuschen über der Eingangstür, die Familienwappen sind getilgt, die römischen Ziffern der Turmuhr verblichen. Wann blieb hier die Zeit stehen? Der große Zeiger hängt auf halb, als werde er nie wieder die Kraft haben, sich in Richtung der Zwölf zu bewegen. Der Stundenzeiger fehlt. Der Putz ist fleckig, wo er bröckelt, kommt darunter der rote Backstein hervor wie rohes Fleisch. Hinter dem Haus ist die Treppe zur Terrasse eingefallen. Aber die Fensterscheiben sind heil, und das Dach ist neu gedeckt, purpurrot und prächtig thront es auf all dem verfallenden Gebäude wie die frisch gefärbte Frisur einer Greisin. Irgendjemand hat noch etwas mit dem Schloss vor, will nicht, dass es zur Ruine wird.

Deine Mutter, meine Großmutter, war als junges Mädchen bei den Gutsherren von Frohnau ein Jahr lang zu Diensten, um Weißnähen zu lernen. Bettwäsche, Tischwäsche, Leibwäsche, Initialen auf Handtücher und Servietten, Plattstich und Kreuzstich, Spitze klöppeln, Biesen nähen. Streng seien die Herrschaften gewesen, aber gut streng. Für meine Großmutter war es ein Jahr der Erholung. Die Arbeit erschien ihr so viel leichter als zu Hause auf dem Hof in Kreisewitz, wo ihr Vater das Regiment führte, ein Großbauer, reich, aber geizig, der seine Töchter wie Mägde hielt. Als Weißnäherin musste sie nicht melken und nicht misten, alles war sauber, der feine weiße Stoff, Leinen, Baumwolle und Damast, anderer Mädchen Aussteuer.

Meine Großmutter heiratete den Mann, den sie liebte. Das war keinesfalls selbstverständlich zu einer Zeit, da die Bauern für ihre Töchter die passenden Männer mit den passenden Höfen aussuchten. Meine Großmutter war eine gute Partie, aber sie wartete nicht, bis ihr Vater für sie einen Ehemann gefunden hatte, sondern verliebte sich in einen Tischler. Sie hatte ohnehin auf keinen Fall einen Bauern heiraten wollen, egal wie reich er war, und dann kam auch noch die Liebe dazu.

Meine Großmutter Olga Geppert, eine wohlhabende Bauerstochter, die ein wenig zur Schwermut neigte, verliebte sich in den lebenslustigen Tischler Herbert Hoffmann, gesellig und zugewandt und immer zu einem Späßchen aufgelegt, der Ziehharmonika und Mundharmonika spielte und sang. Sang auf dem Weg zur Arbeit,

sang, wenn er hobelte und hämmerte und wenn er im Wirtshaus saß. Er war gerade von Krieg und Wanderschaft zurückgekehrt und voller Geschichten über die große, weite Welt, die Olga noch nie gesehen hatte.

Olga setzte ihre Liebe gegen ihren Vater durch. Sie wollte mit Herbert in der Stadt leben, nicht auf dem Dorf, sie würde zu ihm in die Kreisstadt ziehen, nach Brieg, wo mein Großvater die Werkstatt eines kinderlosen Tischlermeisters übernehmen sollte. Olga wusste, was sie wollte, und sie war nah daran, ihren Lebenstraum in die Tat umzusetzen. Doch dann kam alles anders. Du weißt schon, der Krieg.

Großvaters älterer Bruder Reinhold, der den Hof in Rosenthal hatte erben sollen, war aus den Schützengräben vor Verdun versehrt zurückgekehrt, nicht eigentlich verwundet, aber gelähmt, zuerst eher innerlich, und dann auch am Leib, der Krieg war ihm in die Glieder gefahren. Man hoffte, er würde sich erholen, wieder zu Kräften kommen, aber das Gegenteil geschah, seine Kräfte schwanden, bald trugen seine Beine ihn nicht mehr, schließlich saß er im Rollstuhl. Und so musste Herbert an seiner Stelle den Hof übernehmen. Und Olga, die in der Stadt leben und niemals einen Bauern hatte heiraten wollen, heiratete einen Bauern und zog mit ihm nach Rosenthal, denn so ist das mit der Liebe.

Ich besitze ein einziges Foto von dem jungen Paar, aufgenommen in einem Fotostudio in Brieg, Anfang der Zwanziger. Sie stehen seitlich zum Fotografen, Olga vor Herbert, und schauen über die linke Schulter in die Kamera, jung und wach und ernst, er noch ernster als sie, mit Seitenscheitel und Pomade, Weste und Fliege, den Kopf leicht vorgebeugt, an ihren gelehnt, sie sehr aufrecht, das rundliche Gesicht wohl, das lockige Haar zum Knoten gesteckt, volle Lippen, der Blick freundlich und ein ganz klein wenig keck.

Auf Schnappschüssen, die Dein Bruder Manfred mit seiner Kamera machte, kaum anderthalb Jahrzehnte später, sind die beiden früh gealtert, hager und ausgemergelt, die Wangen in Olgas vollem Gesicht eingefallen, das Haar, streng in der Mitte gescheitelt, liegt platt am Kopf, es hat alle Lockenkraft verloren. Fotos, wie zum Beweis, warum sie nicht hatte Bäuerin werden wollen. Von dem bescheidenen Hof – zu klein zum Leben, zu groß zum Sterben, wie Manfred immer sagte – mussten Herbert und Olga ihre Familie ernähren, dazu Herberts Eltern und die beiden versehrten Brüder, Reinhold, den Kriegsinvaliden, mit Frau und Kind und den lahmen Onkel Walter.

Und dann kamst auch noch Du. Das dritte Kind, wieder ein Sohn, Olga hatte Dich nicht mehr gewollt, zwei Söhne reichten als Erben für den Hof, und noch eine Schwangerschaft, noch eine Geburt, dafür fehlte ihr einfach die Kraft.

Auf dem Rückweg von Frohnau nach Rosenthal nehme ich einen anderen Weg, er führt zunächst in Richtung Oder, am Weg stehen Obstbäume, im Gras darunter liegen modrige Äpfel und molsche Birnen, Wespen summen, in den Knicks wachsen kleine wilde Pflaumen und Mirabellen in allen Farben, rot, violett, orange,

gelb, ich pflücke die sonnenwarmen Früchte, sie sind weich und schmecken süß wie Kompott.

Ich drücke «continue recording» auf meiner Sportuhr, damit sie die Route aufzeichnet, sonst werde ich später vielleicht nicht glauben, dass ich wirklich hier gelaufen bin auf dem Feldweg von Wronów nach Różyna. Es ist, als sei das Märchen, das sie mir in der Kindheit wieder und wieder erzählt haben, plötzlich Wirklichkeit geworden, als hätte ich diese Märchenwelt betreten wie Alice das Wunderland. Nun gehört Schlesien, das über Jahrzehnte im Wesentlichen in meiner Phantasie existiert hatte, zu meiner Welt, ich kann es schmecken, riechen, fühlen, ein realer Ort, erreichbar, ich kann mich in Berlin ins Auto setzen, und vier Stunden später bin ich da.

In meiner Kindheit war die Geschichte Europas eine abgeschlossene Erzählung. Bald nach dem Ende des Krieges hatten sie Europa in eine Form gegossen, dann war es darin hart geworden, erstarrt. Dass sich daran jemals wieder etwas ändern könnte, grundsätzlich ändern, lag jenseits unserer Vorstellung. Rosenthal war hinter dem Eisernen Vorhang verschwunden, als sei es nicht mehr von dieser Welt. Es war etwas existentiell anderes, ich wäre nie auf den Gedanken gekommen, dass ich es jemals sehen würde, vermutlich war ich nicht einmal sicher, dass es Rosenthal wirklich gab. Jedenfalls erschien eine Reise dorthin nicht wahrscheinlicher als ein Besuch im Jenseits.

Eines Sonntags Mitte der siebziger Jahre gab es an Großmutters Küchentisch Neuigkeiten. Jemand, der mit Deinem Bruder Manfred in Brieg zur Schule gegangen war, hatte angerufen, er war dort gewesen, auch in Rosenthal. Er berichtete, dass unser Hof noch stehe, das Haupthaus, das Auszugshaus, der Stall und die Scheune, genau wie damals. Die Leute, die jetzt dort lebten, hießen Piwiński. Es war die Zeit nach den Ostverträgen, es war jetzt möglich, ein Visum für Polen zu bekommen.

Man beschloss, einen Brief zu schreiben. Erst war Manfred dagegen, mit diesen Leuten wollte er nichts zu tun haben, aber dann siegte doch die Neugier, oder vielleicht die Sehnsucht. Der Brief wurde auf Deutsch verfasst, sie würden dort schon jemanden finden, der ihn übersetzen könnte. Nach einigen Wochen kam eine Antwort in gebrochenem Deutsch, große Freude und herzliche Grüße, und von da an regelmäßig Postkarten zu Ostern und zu Weihnachten mit Fotos mit Tannenzweigen oder Eiern und Häschen und einem Aufdruck in Polnisch. Wir begannen Pakete zu schicken mit Kaffee und Konservendosen, so wie wir sie auch an die Verwandten in der Nähe von Cottbus schickten, nur etwas billiger. Das Porto war sehr teuer. Aber dann begann das Rote Kreuz, Transporte zu organisieren, und wir füllten Aldi-Kartons mit abgelegter Kleidung und legten Zettel bei, auf denen wir nach dem Alter der Kinder fragten, damit wir die passenden Größen aussuchen konnten.

Wir sprachen nie darüber, warum wir diese Pakete schickten, ich denke, es hatte viele Gründe, vielleicht wollten wir noch immer weiter eine Schuld abzahlen, obwohl sie nach unserer erklärten Überzeugung mit Hof und Heimat reichlich abgegolten war. Vielleicht war es uns unangenehm, dass wir schon wieder auf die Füße gefallen waren, dass es uns besser ging als den Polen, die immer nur Opfer gewesen waren. Wir schickten ja auch Pakete in die DDR, weil wir, wie Mutter sagte, am Ende das Glück gehabt hatten, auf der richtigen Seite gelandet zu sein und die Verwandten drüben eben nicht. Vielleicht waren die Pakete auch einfach die einzige Möglichkeit, uns mit der Heimat zu verbinden.

Es kamen Dankesbriefe, und manchmal konnte jemand ein paar Worte übersetzen. Wir verstanden, dass die Piwińskis uns einluden, sie zu besuchen. Zunächst schien das ausgeschlossen. In ein Land, das von Kommunisten regiert wurde, wollte Manfred auf keinen Fall fahren, aber nachdem man es einige Monate an Großmutters Küchentisch gewälzt hatte, fasste er schließlich doch den Entschluss. Ihr würdet fahren.

Großmutter wollte unter keinen Umständen mitkommen. Für sie lag Rosenthal jetzt viel zu nah beim Russen. War sie etwa 400 Kilometer vor ihm geflüchtet, um freiwillig wieder zurück nach Osten zu reisen, dem Russen in die Arme? Nein, sie würde nicht mitkommen, schon gar nicht jetzt, da Großvater tot war. Und alle sagten, dass es besser so sei, weil sie es nicht ertragen würde.

Ich bettelte so lange, bis Ihr mich auch mitnahmt.

Und so machten wir uns auf die Reise in das Dorf hinter den sieben Bergen, in die Heimat, von der ich nicht geglaubt hatte, dass es sie wirklich gibt. Es war der Sommer 1978, ich war gerade elf geworden, und wenig später ging die Grenze auch schon wieder zu, in Polen wurde das Kriegsrecht verhängt.

Die Fahrt dauerte eine Ewigkeit, sie war wirklich wie eine Reise ins Jenseits. Die Vorhölle durchquerten wir auf der Transitstrecke durch die DDR, eine schwere Prüfung vor allem für Deinen Bruder

Manfred, der bei seinem roten BMW gerne aufs Gas drückte und die Geschwindigkeitsbegrenzung der DDR als Angriff auf die freie Welt im Allgemeinen und sich selbst im Besonderen verstand, er nahm das persönlich, eine Schikane, dazu erdacht, Devisen zu beschaffen oder den Gehorsam der Bürger zu erzwingen, auch und gerade der Westdeutschen, Hundert Stundenkilometer auf schnurgerader Strecke ohne Verkehr, der rote BMW allein weit und breit, das war für ihn ein Beweis für die Menschenverachtung des Sozialismus, alles in Manfred lehnte sich dagegen auf, er trommelte mit den Fingern auf das Lenkrad, spielte am Gas, beschleunigte, bremste wieder ab, sinnierte laut darüber, wie er dem Trabi der Volkspolizei davonrasen würde, wenn man versuchen sollte, ihn zu stoppen, aber als es schließlich geschah, fuhr er brav rechts ran und ließ sich belehren. Erst als man uns weiterfahren ließ, explodierte er. Dass er durch seine Strafzahlung nun auch noch zur weiteren Stabilisierung des DDR-Regimes beitragen würde, machte ihn rasend. Erst hinter der polnischen Grenze wurde er ruhiger.

Vor der Abreise hatte ich verschiedene Versprechen ablegen müssen, dass ich auf der Autofahrt nicht quengeln würde, mich besonders an den Grenzübergängen still verhielte und nie über das Essen mäkelte. Dass es so schlimm sein würde mit dem Essen, hatten allerdings auch die Erwachsenen nicht erwartet. Als wir spätabends in Breslau im Hotel Monopol eintrafen, war kein einziger Bissen mehr aufzutreiben, nicht einmal das kleinste Stückchen Brot. Das Abendessen, von dem wir seit Stunden im Auto fantasiert hatten, bestand aus einer Portion Sülze mit einem Gelatineanteil von fast hundert Prozent. Dafür servierte der Kellner im abgewetzten schwarzen Frack die Getränke mit solcher Vollendung, dass am Ende nicht der Hunger in Erinnerung blieb, sondern die Eleganz, mit der er die Flasche süßlicher Zitronenlimonade öffnete und die Flüssigkeit in hohem runden Strahl in das Glas jonglierte.

Am nächsten Morgen fuhren wir nach Rosenthal. Damals sah ich nur die Armut. Die Löcher im Asphalt der Dorfstraße, wie heruntergekommen die Häuser waren, alles schien grau und ärmlich. Rosenthal war eine Enttäuschung. Es gab kein Tal, nur wenige Pferde und noch nicht einmal besonders viele Rosen. Ich schämte mich, wenn Hühner und Gänse empört gackernd vor Manfreds rotem BMW die Flucht ergriffen.

Jan und Jadwiga hießen uns freundlich und scheu willkommen. Sie hatten zwei fast erwachsene Söhne, die uns zu Ehren beigefarbene Anzüge und Krawatten trugen. Was sie mit all der Kinderkleidung gemacht hatten, die wir geschickt hatten, fragten wir nicht. Überhaupt wurde nicht sehr viel geredet. Leider, wie Manfred sagte, konnte man sich so schlecht verständigen. Dabei sprach Jan nicht schlecht Deutsch.

Wir baten sie, unseretwegen keine Umstände zu machen, aber sie bestanden darauf, ein Huhn zu schlachten, und tischten uns ein großes Essen auf. Wir saßen in der guten Stube. Sie war immer noch die gute Stube, aber sie wurde nun häufiger benutzt, nicht nur zu Weihnachten, sondern fast wie ein gewöhnliches Wohnzimmer. An der Wand über dem Sofa hing eine Gitarre.

Wir nahmen auf denselben Stühlen Platz, auf denen Ihr Weihnachten 1944 gesessen hattet, die Hühnersuppe wurde in Großmutters Terrine serviert. Vielleicht hing irgendwo im Schrank auch noch das Oberteil von Deinem Matrosenanzug.

Ich hatte mir die Möbel, die früher den größten Teil des Jahres mit Tüchern verhängt gewesen und nur an hohen Feiertagen benutzt worden waren, als die feinsten Möbel der Welt vorgestellt. Aber auch das war eine Enttäuschung, sogar die gute Stube sah ärmlich aus, die Möbel verschlissen. Das fand Manfred auch. Überhaupt fand er alles in einem erbarmungswürdigen Zustand, das Haus, die Ställe, die Felder. Aber dafür könnten die Piwińskis nichts, sagte er, das sei eben der Kommunismus. Aber über Politik, das hatte Manfred im Voraus bekanntgegeben, würden wir auf keinen Fall reden.

Wenn er durch die Zimmer ging, war unverkennbar, dass er hier einmal zu Hause gewesen war. An mich richtete er Sätze, die mit Hier war früher … und Hier stand früher … begannen. Ein wenig schien es, als würden ihm Haus und Hof noch immer gehören, als wäre er der wahre Eigentümer, der angereist war, um seinen Besitz zu inspizieren. Zugleich sollten Jan und Jadwiga das auf keinen Fall spüren. Sie sollten nur nicht denken, wir wollten irgendetwas in Frage stellen, sollten nur nicht denken, wir dächten, sie hätten uns das Haus weggenommen. Wir waren ihnen zu Dank verpflichtet, denn wir wussten, dass keineswegs alle im Dorf die Kontakte mit den Deutschen guthießen.

Jan und Jadwiga bemühten sich, den Erinnerungen an früher so wenig wie möglich im Weg zu stehen. Sie wussten, was es heißt, die Heimat zu verlieren. Sie seien ja auch nicht freiwillig hierhergekommen, sondern selber vertrieben worden, sagte Jan, und hier endlich gewann das Gespräch eine gewisse Wärme, man kam sich näher. Die verlorene Heimat verband uns mit den Piwińskis, wir teilten ein Schicksal. Wir waren alle Opfer. In diesem Krieg hatten alle gelitten. Später im Auto sagte Manfred, dass die Piwińskis nun aber sicher in einem viel schöneren Haus lebten als damals in ihren Holzhütten im Osten.

Du sagtest wenig. Während Manfred sichtlich bewegt durch die Räume ging, hin- und hergerissen zwischen Wehmut, Trauer und Zorn, erschienst Du mir seltsam unberührt.

Die Piwińskis wohnten viel beengter als Ihr damals, denn unter den Polen war der Hof geteilt worden. Im Haupthaus auf der anderen Seite lebten die Furmans mit einer großen Kinderschar, sie schienen noch ärmer. Aber Jan und Jadwiga betrachteten uns als ihre Deutschen und ließen uns nicht gerne zu ihnen hinüber. Trotzdem gelang es uns, auch den Furmans einen Sack mit gebrauchter Kinderkleidung und eine Palette Konserven zukommen zu lassen.

Die Piwiński-Söhne waren enttäuscht, dass wir keine Musikkassetten mitgebracht hatten. Sicher, Kaffee und Ananasscheiben in Dosen, das hatten sie nicht alle Tage, aber was sie sich wirklich

erhofft hatten, waren Kassetten von den Beatles und den Stones. Wir erklärten, dass die DDR-Grenzer sogar meine Kassette «Mozart für Kinder» beschlagnahmt hatten, aber das schien sie nicht zu überzeugen. Ich glaube, sie hielten uns für bieder und nicht sehr schlau. Sie nahmen die Gitarre von ihrem Ehrenplatz an der Wand. Für das Instrument hatten sie lange gespart und es dann unter größten Schwierigkeiten aus Prag organisiert. Dazu besaßen sie ein Heftchen mit Fotokopien aus einem Textbuch der Beatles. Ich sank weiter in ihrem Ansehen, als sie merkten, dass ich wenig über die Beatles wusste und nur Blockflöte spielte. Andererseits wäre Let it be aus dem Munde der Piwiński-Söhne selbst für ausgewiesene Beatles-Experten nicht leicht zu erkennen gewesen. Vielleicht hatten sie die Originale noch nie gehört, sagtest Du.

Als wir wieder abfuhren, überhäuften uns Jan und Jadwiga mit Abschiedsgeschenken: Griebenschmalz und Schweinswürste, Selbstgebrannter, Tischdeckchen mit Häkelrand und mit Schnitzerei verzierte Holzschachteln. Wir nahmen einiges an, weil man –

wie Manfred sagte – sie sonst beleidigt hätte, versuchten anderes abzuwimmeln, aber als wir alle wieder im Auto saßen, Manfred schon mehrfach gehupt hatte und bereits mit dem Fuß am Gas spielte, schoben die Söhne auch noch die hart ersparte Gitarre durch das zum Winken heruntergekurbelte Autofenster. Uns war das sehr unangenehm. Wir schoben die Gitarre zurück und beteuerten, dass niemand von uns Gitarre spiele außer Dir, aber Du könntest seit dem Unfall mit dem Rasenmäher auch nicht mehr spielen. Zum Beweis stecktest Du Deine zwei verkrüppelten Finger aus dem Autofenster. Und auch ich würde sicher nie Gitarre spielen lernen, sagtest Du, da ich ja schon Blockflöte spielte. Aber die Piwiński-Söhne drückten einfach die Gitarre zurück ins überfüllte Auto, es entstand ein gewisses Gemenge, und da Manfred in einem Moment endgültig auf's Gas drückte, als die Gitarre gerade wieder zur größeren Hälfte im Auto steckte, fuhr sie mit in den Westen.

Wir sprachen noch lange über Gastfreundschaft und die slawische Seele, versicherten einander, dass man nichts habe machen können, und nahmen uns vor, gleich nach der Rückkehr wieder ein Paket zu schicken.

Vierzig Jahre später sitze ich mit Jana, den Kindern und ihrer Mutter am runden Tisch in der Küche, wir essen zu Abend. Es gibt Brot mit Wurst und Käse, frische Tomaten mit Salz und Pfeffer und Hagebuttentee. Diese Essen sind wie das Abendbrot meiner Kindheit, schlicht und sättigend, ohne Schnickschnack, ohne Avocados und Chicorée. Jana holt die Tomaten aus ihrem Gemüsegarten hinter der Scheune und öffnet ein Glas mit eingelegten Gurken. Mit Janas Mutter unterhalte ich mich viel über Gurken, wie man sie einlegt, die verschiedenen Arten. Im Dorf geht es oft ums Essen, um den Gemüsegarten, wie dieses Jahr die Tomaten stehen oder die Himbeeren, es ist das, was von der Landwirtschaft geblieben ist, seit sie vor zwanzig Jahren die letzten Hühner geschlachtet haben. Janas Mutter macht köstliche Piroggen, gefüllt mit Hackfleisch oder Kartoffeln, dazu gibt es Schmand, aber ihre wirkliche Leidenschaft sind Gurken. Sie will wissen, wie ich meine Gurken einlege, sie hat gehört, dass man in Deutschland saure Gurken bevorzugt, in Weinessig also, sie legt sie dagegen eher leicht salzig ein, tut frischen Dill und ganze Knoblauchzehen mit ins Glas. Das Gurkenwasser ist von der Gärung leicht trübe und sehr schmackhaft, der Junge trinkt es wie Apfelsaft.

Janas Mutter legt die Gurken auf verschiedene Arten ein, im Ganzen oder in dünne Scheiben geschnitten, dann nehmen sie den Sud besser auf und ziehen schneller durch. Wichtig ist, dass der Dill schon geblüht hat, Janas Mutter tut die Blüten mit in das Gurkenwasser. Senfkörner? Nein, dafür hat sie ja den Knoblauch, mit Zwiebeln, das kennt sie auch, aber der Geschmack ist ihr zu stark, das lässt den Gurken keinen Raum. Mein Küchenpolnisch verbessert sich. Salzgurken, so hat Janas Mutter gehört, sind gesünder als Essiggurken, weil sie mehr Vitamin C enthalten. Von der Gärung. Ob man in Deutschland Zucker dazunimmt? Oder Pfefferkörner? Manche legen neuerdings mit Chili ein, das hat sie auch schon gesehen, aber für sie ist das nichts.

Wir setzen dieses Gespräch immer wieder fort, je tiefer man in die Materie eindringt, desto reicher wird es, ein weites Feld. Es ist wie eine eigene Wissenschaft, die man studieren kann, mit Experimenten und aktuellem Forschungsstand, die Gurkologie.

In der Schwüle des Abends gehe ich wieder durch das Dorf. Erst jetzt merke ich, wie groß es ist. Es ist zu groß für seine Bewohner. Zu viele Höfe für die Menschen, die geblieben sind, die Häuser zu geräumig für die wenigen, die noch darin leben. Wie ein geerbtes Kleidungsstück, das früher einmal jemand anderem gehört hat. Oder wie die Jacke einer Alten, die in ihrer Jugend draller gewesen ist.

Als Du geboren wurdest, hatte Rosenthal knapp 600 Einwohner, heute sind es noch die Hälfte. Acht Häuser stehen leer und in weiteren sechs lebt nur noch eine Alte oder ein Alter. Unter dem Kommunismus zog man nicht so einfach in die Stadt, es brauchte eine Erlaubnis, und die war nicht leicht zu bekommen. Aber jetzt, im neuen Europa, lebt jeder, wo er will.

In den riesigen Scheunen türmt sich der Schrott. Wo zu viel Raum ist, ist zu viel Materie, die Alten sterben, ohne aufgeräumt zu haben, hinterlassen Schuppen voll Zeug, Bretter und Holzreste, Kanister und Kisten, morsche Türen, kaputtes Werkzeug, poröse Reifen und alle möglichen Teile von Autos, die es schon lange nicht mehr gibt, Kotflügel und Auspuffrohre und löchrige Sitze, Dosen mit eingetrockneter Farbe, Gummischläuche und zerbeulte Ofenrohre, allerlei landwirtschaftliches Gerät.

Seit dreißig Jahren ist Polen ein Transformationsland, ein Land im Übergang, woher, wohin? Manche Häuser sind frisch gestrichen, die Zäune ausgewechselt, die Dächer neu gedeckt, auch Janas Haus, andere im stillen Verfall, manche langsamer, manche rascher, manche hoffnungslos.

Hinter Scheunen wuchern meterhoch die Brennnesseln. Hier gibt es alle Formen der Zersetzung und des Schwunds, Rost, Moder, Fäule, Scheiben sind zersplittert, Holz geborsten, Mauerwerk eingefallen, Putz bröckelt, alte Dächer wellen sich über Dachstühlen, sanfte Täler zwischen den Balken, wo die Schindeln nachgeben, als habe man eine alte Decke über die Dachsparren geworfen. Manche sind mit Blech geflickt, manche eingefallen. In den Höfen und hinter den Scheunen rosten verlassene Landmaschinen, auch hinter unserer Scheune, Lessers Scheibenegge vielleicht, Großvater hatte sich bemüht, den Hof zu mechanisieren. Unweit steht ein Trecker mit einem Pflug, schräg, als sei der Fahrer nur kurz abgestiegen, um einen Kaffee zu trinken, steht so seit vielen Jahren.

Und dann sind da die anderen Häuser, die renovierten, renoviert wie im Rausch, mit schwindelerregender Wucht, ein Dach knallblau auf knallgelbem Haus, als hätten sie aus Versehen die falsche Farbe gekauft oder das Dach nachts im Dunkeln gedeckt und erst am nächsten Morgen gesehen, was sie angerichtet hatten. Wie mächtig muss die Sehnsucht nach Farbe gewesen sein nach den grauen Jahren des Kommunismus, wie mächtig die Versuchungen des Kapitalismus, der Dachziegel in Aralblau hervorbringt. Ergeben erträgt so ein altehrwürdiges Bauernhaus auch das, es hat schon so viel gesehen, steht nur ein wenig beschämt, als hätte man es gegen seinen Willen geschminkt wie einen Clown. In Różyna gibt es nur wenige bunte Häuser, zwei, drei Papageien in der erdfarbenen Landschaft.

Von der Dorfstraße blickt man durch die offenen Scheunentore hinaus auf die Äcker, auf das weite, flache Land. Es dämmert. Um acht ist es im August schon dunkel, das ist der Osten. Es riecht nach Jauche und Rosen. Hohe Laternen beleuchten die Dorfstraße grell wie Lagerlampen. Sie passen auf, dass niemand mehr abhaut.

Am nächsten Morgen sehe ich das Dorf mit anderen Augen. Das ist die Unschärfe des Übergangs, die Gleichzeitigkeit von Verfall und Neubeginn. Jetzt sehe ich, dass die Vorgärten ordentlich eingezäunt sind und gepflegt. Begonien, Geranien, Stiefmütterchen, und natürlich Rosen. Plastikstörche.

Rosenthal erscheint mir nun wie eine in die Jahre gekommene Schönheit, die sich mit sorgfältiger Pflege dem Verfall entgegenstemmt. Das Dorf ist sauber, kein Zigarettenstummel auf der Dorfstraße, kein Plastikmüll am Straßenrand, verstohlen werfe ich das Kerngehäuse meines Apfels in eine Hecke. Menschen werkeln in ihren Vorgärten, eine Alte stutzt mit der Gartenschere das Gras am Rand der Dorfstraße. Sie kümmern sich, sie mögen Rosenthal. Ihr Dorf. Es ist nicht mehr wie unter dem Kommunismus, niemand muss heute in Różyna leben.

Man kann Rosenthal gut mögen, es ist das schönste Dorf weit und breit, anders als die Nachbardörfer, heiler, kompakt in seinem

Asselpanzer. Es hat einen Anfang und ein Ende und etwas wie eine Mitte, dort, wo erhöht die Kirche steht.

Ich bin in Łosiów und Wronów gewesen und, mit Janas Fahrrad, in Kopanie und Zwanowice, ehemals Schwanowitz. Mitten in Zwanowice stehen dreistöckige Plattenbauten, grau, daneben eine Reihe Garagen, braungrau, zeugen davon, dass der Sozialismus einmal real existiert hat, Plattenbauten, überall gleich von Gera bis Wladiwostok, in den Dörfern noch trostloser als in den Städten, mehr Baracken als Häuser, schmerzhaft hässlich, roh, die Betonplatten unverputzt, sie machen noch nicht einmal den Versuch, annehmbar zu sein. Es ist, was es ist. Daneben riesige alte Bauernhäuser im freien Verfall.

Seit ein paar Jahren ziehen junge Familien nach Różyna, Väter und Mütter, die in Brzeg oder Opole arbeiten und mit ihren Kindern auf dem Land leben wollen, sie haben eines der leerstehenden Häuser gekauft, sie renovieren und werkeln. Auch Jana und Paweł leben hier, weil es ihnen gefällt, Jana arbeitet in Brzeg als Grundschullehrerin, Paweł beim Militär. Letztes Jahr haben sie das Dach neu gedeckt, dieses Jahr das Haus gestrichen, und als nächstes wollen sie das Bad erneuern.

Wie eignet man sich ein Dorf an? Wie macht man es sich zu eigen? Stasia glaubte nicht, dass sie lange in Różyna bleiben würden. Noch nach Jahrzehnten lebten sie in ihren Häusern, als seien sie nur zu Gast.

Wie lange dauert es, bis ein Ort Heimat wird? Über Jahrzehnte war Różyna ein Dorf, dem niemand traute, verwahrlost und vernachlässigt. Warum sollte man ein Dorf instand halten, wenn vielleicht morgen schon wieder Soldatenstiefel an die Tore donnern würden, wenn man vielleicht morgen schon wieder vom Hof gescheucht würde mit vorgehaltenem Gewehr, ein Dorf, aus dem man mir nichts, dir nichts vertrieben werden konnte, warum sollte man Häuser instand halten, wenn sie gegeben und genommen wurden, als wären sie nicht Heimat?

Erst vor kurzem haben sie begonnen, das Dorf zu renovieren. Im Sozialismus gab es keine Baumärkte, und danach gab es kein Geld. Aber das ist nicht der einzige Grund. Es ist, als glaubten sie erst seit ein paar Jahren, dass Różyna ihnen wirklich gehört, dass es ihr Dorf ist und sie bleiben werden.

Denn der Eiserne Vorhang fiel, und die Deutschen kamen nicht zurück, kamen, wenn überhaupt, als Heimwehtouristen, tranken Kaffee und reisten wieder ab. Die Sowjetunion zerfiel, Deutschland wurde wiedervereinigt, und niemand stellte die polnische Westgrenze in Frage, die Deutschen forderten auch in einem freien Europa nichts zurück. Jan und Jadwiga, die aus der Nähe von Lemberg vertrieben worden waren, wurden alt und starben, und so wurde Rosenthal wieder Heimat.

Auch in Dein Geburtshaus auf der rechten Seite des Hofes, in dem früher die Furmans gewohnt hatten, zog eine junge Familie ein. Das Haus stand bei unseren letzten Besuchen leer, viele Jahre lang, Jadwiga hatte den Schlüssel. Sie öffnete die Haustür und ließ uns ein. Leere Zimmer, abgestandene Luft, Staub auf dem gusseisernen Küchenofen. Durch die trüben Fenster fiel milchiges Licht, es muffelte, die Uhr war stehengeblieben, und in der guten Stube seilte sich eine Spinne von der Decke. Es war ein verlassenes Haus, ein Haus, das keiner mehr haben wollte am Rande eines Dorfes, das vielleicht bald ebenso verlassen sein würde, so erschien es mir damals.

Doch dann kamen im vergangenen Jahr Magda und Paweł mit drei Töchtern und acht Pferden aus der Nähe von Opole und kauften das Haus und das Grundstück und eröffneten eine Reitschule. Jetzt gibt Magda auf dem Acker Deines Vaters hinter der Scheune Reitunterricht, ihre mageren Pferde grasen zwischen seinen Obstbäumen. Der Schweinekoben ist zur Sattelkammer geworden, die Scheune zum Pferdestall.

Deinem Vater hätte das gefallen, er konnte gut mit Pferden, so hast Du immer erzählt. Im Krieg fuhr er mit dem Pferdewagen Munition an die Front, in der Festung Breslau, im Frühjahr 1945, als Ihr schon auf der Flucht nach Westen wart. Er konnte die Pferde im Lärm des Krieges beruhigen wie niemand sonst. Nun reiten junge polnische Mädchen auf seinem Acker im Kreis, zum Vergnügen, er hätte sich vielleicht an die Idee gewöhnen müssen, aber ich bin sicher, es hätte ihm gefallen, eine Reitschule hinter seiner Scheune. Und Dir auch.

Magda ist Pferdefrau, schlank, blond, mit Pferdeschwanz, immer in Reithose, Paweł, immer in Shorts, macht dies und das, verdient hier und dort, denn von der Reitschule allein können sie nicht leben. Als ich das erste Mal zu Magda komme, geht gerade ein Gewitter nieder, schnell satteln wir die Pferde ab und fliehen vor dem Wolkenbruch in die Sattelkammer. Wir sitzen auf einer alten Couch im ehemaligen Schweinekoben mit der niederen Bogendecke. Magda bringt Tee, die Trensen hängen ordentlich aufgereiht an ihren Haken, die Sättel, die Kisten mit den Gamaschen, die nach jeder Reitstunde gewaschen werden. Aber ins Haus lässt Magda mich nicht, es sei voller Spinnen, sagt sie, es hat zu lange leer gestanden, es ist zu unordentlich. Später einmal.

Irgendwann hört es auf zu regnen, die Sonne kommt noch einmal tief und rot hinter den Wolken hervor, es ist immer noch warm. Als es dunkel wird und die Pferde versorgt sind, macht Paweł hinter der Scheune ein Feuer, zwei Scheinwerfer beleuchten den Reitplatz, wo jetzt die Kinder über die Hindernisse springen.

Freunde sind da, Reitschüler, und Paweł brät polnische Würste über dem Feuer, wir sprechen über Fleisch und Veganismus, Gespräche, nicht viel anders als mit meinen Freunden in Berlin.

Am Nachmittag sitze ich mit Jana und ihrer Mutter unter dem Holzdach, der Golden Retriever liegt im Schatten. Ewa ist zu Besuch, im Rollstuhl, die Haare kurz und wild und rot wie Feuer, an jedem Finger ein Ring. Ihre Mutter hat die Dorfchronik geführt, Ewa hat den schwarzen Plastikordner mitgebracht, Dokumente in Klarsichthüllen, alte Fotos, Briefe, die Geschichte von Rosenthal und Różyna, ordentlich abgeheftet. Eine alte Postkarte zeigt «Atzlers Gasthof und Kolonialwaren, Poststelle». Aber der Bruch kommt in diesem Ordner nicht vor, kein Wort über das, was 1945 geschah, kein Wort.

Es gibt eine Liste mit polnischen Namen, Männernamen, durchnummeriert von 1 bis 24, Jan Furman ist die Nummer 16. Die Männer wurden, erklärt ein kurzer Text, 1944 in Janów Lwowski zur polnischen Armee eingezogen, Männer aus Białogóra, Zatok Kwerten, Kamieniobród und umliegenden Dörfern. «Bei Ende des Krieges im Jahr 1945 kehrten sie nach Różyna zurück.» Aber das ist nur zur Hälfte wahr. Aus dem Krieg kehrten die Männer zurück, aber nach Różyna kehrten sie nicht zurück, denn von Różyna hatten sie noch nie gehört, Różyna gab es 1944, als sie in den Krieg zogen, noch nicht einmal, nicht unter diesem Namen, die Männer kehrten nicht in die Heimat zurück, sondern in die Fremde, nicht nach Białogóra, Zatok Kwerten, Kamieniobród, sondern nach Różyna, so wie mein Großvater nicht nach Rosenthal an der Oder zurückkehrte, sondern nach Wedel an der Elbe.

Jan und Jadwiga verstanden, was Ihr in Rosenthal wolltet, sie kannten Eure Sehnsucht, sie hatten das auch erlebt. Pferdewagen, Bündel, Hast, Gewalt, höhere Gewalt. Nur war Jan, Janas Großvater, nicht vor der Front geflohen – Kanonendonner, die Russen über die Oder –, sondern aus der Westukraine vertrieben worden – das Schlagen von Gewehrkolben gegen die Türen, Kommandoton –, man hatte sie in Białogóra im Gebiet Lemberg aus ihren Häusern gezerrt. Sie mussten das Vieh zurücklassen, den Hund, dieselben Szenen, derselbe Schmerz, dieselben Erzählungen, immer waren es die Hunde, die jaulend an ihren Ketten rissen und auszudrücken schienen, was die Menschen erlitten. Jan und Jadwiga kannten die Angst, etwas Wichtiges zu vergessen. Dabei konnten auch sie das Wichtige nicht mitnehmen, Menschen blieben zurück. Jans Bruder, der vom Wagen sprang und von den Ukrainern erschossen wurde, auch der Vater überlebte nicht, in Schlesien kamen nur Jan und seine Mutter an, die Mutter und der jüngste Sohn, wie Du und Deine Mutter, die gleichen Geschichten.

Warum sprang der Bruder vom Wagen? Warum wurde er erschossen? Und was geschah mit dem Vater? Jana weiß es nicht.

Białogóra, Zatok Kwerten, Kamieniobród, die Suchmaschine kennt diese Orte heute nicht. Aber auch Jadwiga wollte noch einmal dorthin zurück, nach Białogóra, wie Manfred und Du nach Rosenthal, in das Dorf, in dem sie geboren wurde. Nach dem Krieg gehörte Białogóra fast fünfzig Jahre lang zur Sowjetunion, jetzt liegt es in der Westukraine, in einem Landstrich, der im letzten Jahrhundert so oft die Herrschaft wechselte, dass seine Hauptstadt vier Namen trägt: Lemberg, polnisch Lwów, russisch Lwow, ukrainisch Lwiw.

Irgendwann, nachdem Jan gestorben war, setzte der Enkel Jadwiga in sein Auto und fuhr mit ihr dorthin. Jadwigas Söhne waren nicht nach Białogóra gefahren, aber der Enkel verstand, warum sie dorthin musste. Auch er wollte seine Herkunft suchen.

Sie fuhren in das Dorf, aber sie fanden es nicht. Białogóra war nach dem Krieg zuerst umbenannt worden und dann verschwunden. Jadwiga kannte noch den Weg, sie erinnerte sich gut, aber dort, wo der Wald sich lichtete und man die ersten Häuser hätte sehen müssen, war nichts mehr als ein paar steinerne Fundamente, überwuchert von Brombeeren, die Ruine einer Kirche und ein paar Grabsteine, überwachsen von Gras. Von Holzhäusern bleibt nach fünfzig Jahren so gut wie nichts.

Jadwiga starb im Februar, ich übernachte jetzt in ihrem Zimmer. Sie wurde 87 Jahre alt, sie hatte Urenkel, Enkel und zwei Söhne in beigefarbenen Anzügen, die ihre Gitarre verschenkten und nun beide tot sind. Der eine starb in den neunziger Jahren auf dem Bau in Tschechien, ein Arbeitsunfall. Über den anderen, Janas Vater, sprechen sie nicht. Die Söhne, das war die mittlere, die verlorene Generation, schon in Różyna geboren, aber gescheitert am Bruch oder am kommunistischen Polen, wer kann das schon sagen. Die Enkel sind die Generation, die angekommen ist, die sich das fremde Dorf zu eigen machte, das Dach deckte, den Bruch überwand, die heilende Generation. Vor seinem Tod vermachte Jan das Haus, das mein Großvater gebaut hatte, nicht seinem Sohn, sondern Jana, der Enkelin. Und es war Jana, die ihre Großmutter pflegte, bis in den Tod.

Brauchen Menschen Heimat? Waren wir nicht alle einmal Nomaden?

Flucht war immer Menschenschicksal, Kriegsschicksal. Neu ist, dass wir verstehen, wie lange dieser Fluch wirkt, bis in die dritte Generation, bis ins dritte und vierte Glied, bis er allmählich seine Macht verliert.

In diesen Tagen sind auf der Erde so viele Menschen auf der Flucht, wie Deutschland Einwohner zählt. Und wie viele Menschen tragen dieses Schicksal in sich? Die Hälfte der Menschheit? Mehr? Für wie viele Menschen ist Heimat der Ort, an dem sie leben?

Wir haben die Dorfchronik bis zum Ende durchgeblättert. Ewa schaut auf:

Und du, du bist Deutsche, wie fühlst du dich, wenn du nach all den schrecklichen Dingen fragst, die die Deutschen getan haben?

Und als ich nicht sofort antworte:

Wie fühlst du dich, wenn du hörst, dass die Polen gefroren und gehungert haben? Wie geht es dir dabei?

Ich weiß, dass der Krieg die Schuld der Deutschen ist.

Aber Ewa will nicht wissen, was ich weiß, sie will wissen, was ich fühle.

Was fühlst du? Reue?

Ja, Reue und Verantwortung.

Und jetzt antwortet Ewa: Die Polen haben auch schreckliche Dinge getan, ich weiß das.

Gegen Abend fahren Jana, der Junge und ich mit Fahrrädern zum Friedhof am anderen Ende des Dorfes. Er liegt abseits, umgeben von Eichen und hohen Tannen, wie ein eigenes kleines Totendorf neben dem Dorf.

Auch damals, vor vierzig Jahren, waren wir noch zum Friedhof gefahren. Manfred hatte den roten BMW vor der Pforte geparkt und war schweigend durch die Reihen polnischer Gräber gegangen, wir anderen folgten ihm mit Abstand. Erst als wir wieder im Auto saßen und Rosenthal schon hinter uns gelassen hatten, begann Manfred zu sprechen. Ob das wirklich nötig gewesen sei, sagte er, ob sie wirklich alle deutschen Grabsteine herausreißen mussten. Das hätten die Rosenthaler trotz allem nicht verdient, zumindest nicht die Toten, die ja nun wirklich nichts dafür konnten. Wenigstens die Toten hätte man ruhen lassen können, die Totenruhe ehren, das sei ja ein allgemeinmenschliches Kulturgut, sagte er, als wären die Deutschen in jener Zeit Gralshüter des allgemeinmenschlichen Kulturguts gewesen. Es war, als hätte er endlich ein Unrecht ausgemacht, das nicht die Deutschen begangen hatten, und in seine Klage über dieses Unrecht legte er alles andere, was ihm auf der Seele brannte. Er ereiferte sich darüber, dass die Polen in unseren Gräbern lagen, weil er sich nicht darüber ereifern durfte, dass sie in unseren Häusern wohnten. Er wusste natürlich, dass er im Unrecht war und immer im Unrecht bleiben würde. Aber hinter seiner lauten Anklage schien echter Schmerz auf darüber, dass sogar das Gedenken ausgelöscht werden sollte, dass hier einmal andere gelebt hatten, dass er einmal hier gelebt hatte. Hinter all seinen Vorwürfen stand der ehrliche Wunsch zu trauern. Als müsse er die Polen beschuldigen, weil er erst, wenn auch sie schuldig waren, Opfer sein durfte, weil er erst dann das moralische Recht erhielt, um die verlorene Heimat zu trauern. Erst dann war sie nicht mehr nur der gerechte Preis dafür, dass er in der Hitlerjugend gewesen war und sich ganz zum Schluss sogar noch freiwillig zur SS gemeldet hatte.

Jetzt springt der Junge als erster vom Rad, drückt gegen das Friedhofstor, das sich knarrend öffnet, und läuft hinüber zu dem Ständer mit den Plastikgießkannen. Auf jedem Grab, so scheint es auf den ersten Blick, liegen frische Blumen, grell leuchten sie in dem Hain, rote Lilien, orangegelbe Gerbera, große weiße Dahlien in schweren steinernen Vasen, und Orchideen, überall Orchideen, täuschend echt alle, nicht so wie die Plastikblumen, die Du in meiner Kindheit auf der Kirmes geschossen hast für Mutter und mich, grobe Phantasieblumen aus hartem Plastik. Diese hier sind fein und weich und perfekt. Selbst wenn ich sie berühre, bin ich nicht ganz sicher, ob sie nicht doch leben. Nur ein wenig zu perfekt vielleicht, keine geknickt, keine welk, nirgendwo der modrige Geruch von Friedhofsblumenwasser.

Große Platten aus schwerem Stein bedecken die Gräber, als müssten sie sicherstellen, dass die Toten nicht zurückkehren, darauf steinerne Kreuze oder Grabsteine mit kleinen Fotomedaillons, keine Hecken, keine Pflanzen, grau alles außer den Kunstblumen und den roten Grablichtern. Die Gräber füllen nicht einmal die Hälfte der umfriedeten Fläche, sie drängen sich in der Mitte zusammen, schmiegen sich aneinander, drumherum wächst Gras. Auch der Friedhof ist zu groß geworden für das

Dorf und seine Bewohner, wo die Lebenden fehlen, fehlen auch die Toten.

Ganz am Rand, wo hinter dem Zaun die Felder beginnen, stehen noch einige wenige alte Grabsteine mit deutschen Namen wie Zeugnisse einer untergegangenen Zivilisation, angeschlagen, abgesplittert, überwuchert von Efeu: *Unser innig geliebter Gatte u. Vater, der Gasthausbesitzer Ernst Fuhrmann, geb. d. 26. Sept. 1848 gest. d. 4. Dez. 1909 Was Gott tut das ist wohlgethan.* Und daneben, auf demselben Stein: *Unsere innig geliebte Gattin u. Mutter, die Gasthausbesitzerin Pauline Fuhrmann geb. Ziebolz geb. d. 4. Aug. 1859 gest. d. 9. Okt. 1921 Die Liebe höret nimmer auf.* Auch auf den polnischen Grabsteinen heißen sie Furman. Furman, Jan und Furman Genowefa. Sie heißen Ferster und Mazur, der Name bedeutet wenig in diesen Landstrichen, die so oft die Herrschaft wechselten zwischen Österreichern, Deutschen, Polen.

In der hintersten Ecke, wo der Blick über die Felder geht in Richtung Oder, steht mannshoch eine wuchtige Grabstele aus Kalkstein, die Mittelplatte gerahmt von zwei Pfeilerblöcken, darauf ein Giebelstein mit eingeschnittenem Medaillon: ein Strahlenkreuz. Im unteren Rand ein Blumenbouquet im Halbrelief, lieblich, das nicht zu der kantigen Stele passen will. Die Namensplatte in der Mitte ist aus schwarzem Granit mit eingraviertem Kreuz, in den Ecken vier Zierknöpfe aus Metall, die Inschrift, gotisch, nur ein einziges Wort, ein Name, meiner: Hoffmann.

Die Grabstele, sagtest Du damals, stand nicht auf unserem Familiengrab, sie war anderer Hoffmanns Grabstein. Mir leuchtete das sofort ein, ein so mächtiger Stein schien nicht zu unserer Familie zu passen. Dein Dorfplan verzeichnete in Rosenthal drei Familien mit Namen Hoffmann, schlesisch: Huffmonn oder Hoom, die angeblich noch nicht einmal miteinander verwandt waren. Um sie zu unterscheiden, gab man den Familien erklärende Beinamen. Es gab Zindler-Huffmoon, Fuchse-Huffmoon und Gassl-Hoom. Mein Urgroßvater war der Kürassier-Hoom, weil er, ein stattlicher Mann, zu Kaisers Zeiten zur Garde eingezogen worden war, sich dann aber doch als zwei Zentimeter zu klein erwiesen hatte und bei den Kürassieren gelandet war.

Wo sind die anderen deutschen Grabsteine hingekommen, es müssen Hunderte gewesen sein, man hatte sie herausgerissen und damit den Weg gepflastert, die Inschriften nach unten, damit man die Namen, die deutsche Schrift, nicht sah. Die Menschen in Różyna hatten das vermutlich nicht freiwillig getan, es hatte Anweisungen gegeben, nichts sollte an die erinnern, die hier gelebt hatten und jetzt hier ruhten.

Ein wenig kann ich Manfreds Schmerz verstehen. Gräber sind Heimat, vielleicht noch mehr als Häuser. Die Toten wurzeln tiefer als die Lebenden, die letzte Ruhestätte, ewige Heimat. Wohin gehören wir? Zu den Gräbern der Vorfahren, dem Ort, an dem auch du ruhen wirst. Wohin gehören wir, moderne Nomaden? Wo möchte ich eines Tages begraben werden? Eine Frage, auf die ich keine Antwort weiß.

Am letzten Tag lässt Magda, die Pferdefrau, mich doch noch in das Haus auf der rechten Seite des Hofes, das Haus, in dem Du geboren wurdest. Magda schämt sich entsetzlich, denn im Haus herrscht Chaos, bałagan, sagt sie auf Polnisch.

Ich komme nicht durch die Seitentür bei der Scheune, sondern klingele ganz offiziell an der vorderen Haustür dort, wo wir vor vier Jahren für die Fotos standen, Du und Jadwiga, Du und Mutter und dann wir alle. Magda und Paweł benutzen die Haustür nicht, der Weg von der Straße wächst zu, wo wir damals standen, machen sich jetzt die Büsche breit, Gras sprießt zwischen den Bodenplatten, die Türklinke ist rostig, der Klingelknopf auch, aber er funktioniert noch, ein überraschend kräftiger Ton. Niemand öffnet die Tür, stattdessen kommen die Mädchen ums Haus gelaufen und führen mich nach hinten.

Das Haus, das vor vier Jahren leer und verlassen war, ist jetzt voller Leben. Leben in den Kinderzimmern, Leben in der Küche, Leben als Chaos, überall stapeln sich schmutzige Teller, Pfannen, Gläser. Paweł kocht und Magda macht die Pferde, aber um den Haushalt kümmert sich niemand, die Spülmaschine ist voll, die Türen der Küchenschränke stehen offen, überall quillt Materie, leere Plastikflaschen am Boden, Kinderspielzeug, Milchtüten auf dem Herd, schmutziges Geschirr auf dem alten Kachelofen, auf dem Tisch, der rund sein sollte, aber nur fast rund ist, darauf weist Magda hin. Sie sieht das Chaos, sieht was ist, und was nicht ist, sieht, wie sie glaubt, mit meinen Augen, dabei sehen meine Augen etwas ganz anderes, sehen das, was sein kann. Was sein wird. Sehen Leben. Für Magda ist nichts, wie es sein sollte, die feuchte Stelle im Kinderzimmer, vor die sie eine riesige polnische Flagge gehängt haben, mir wäre das nicht aufgefallen, aber Magda will, dass ich es weiß, dass hinter der Flagge die feuchte Stelle ist und alles nicht so, wie es sein sollte, der Ofen, der nicht mit dem Kamin verbunden ist, warum auch immer.

Magda nimmt das Album mit den Hochzeitsfotos aus dem Schrank im Eingang wie aus einem Tresor, in dem sie Wertsachen aufbewahrt, um sie vor dem Chaos zu schützen. Das Album ist in weinrotes Kunstleder gebunden, die Fotos mit Schmuckrand, groß, ein Bild pro Seite, auf jedem eine andere Szene. Paweł, in Uniform mit Mütze, Kordeln und Epauletten, der Paweł, der in Shorts und schmutzigem T-Shirt gerade begonnen hat, die Spülmaschine auszuräumen. Und dann sie, in Weiß, mit Schleier. Jedes Foto eine Szene, sein Arm um ihre Schulter, sein Arm um ihre Taille, er hebt sie, er trägt sie, die beiden liegen im grünen Gras, sie streicheln einen Rappen, und zum Schluss: der Kuss. Alles perfekt, alles, wie es sein soll, alles ordentlich, ihr Kleid makellos weiß. Sie zeigt mir das im halbdunklen Flur wie um sich selbst zu vergewissern, dass Ordnung möglich ist. Und damit ich es weiß. Und nicht etwas Falsches denke in diesem bałagan.

Sie haben so viel vor, sie gestalten, widmen die Orte neu, sie haben den Schweinekoben zur Sattelkammer gemacht, die gute Stube ist jetzt ihr Schlafzimmer, und der Kuhstall soll zum Wohnzimmer werden, ein großer, saalartiger Raum mit niedriger, gewölbter Decke, von hier aus führt die Tür direkt auf den Hof, er wird ein wunderbares Zentrum werden, das Herz des Hauses. Jetzt stapelt sich auf einem riesigen Holztisch die Wäsche, daneben Kerzenleuchter, eine alte, silberne Teekanne, irgendwo daneben der Wäscheständer, eine Polstergarnitur, darauf Pappkartons mit Gläsern.

Sie wissen nicht, wo sie anfangen sollen, als erstes haben sie die Rohre für die Kanalisation neu gemacht, das war das dringendste, später wollen sie den oberen Stock ausbauen, das Dach werden sie auch neu decken müssen, und Magda will einen Baldachin über der neuen Haustür. Es wird gut werden. Ich denke an das letzte Mal, die toten Räume, in denen traurig die Vergangenheit stand, den muffeligen Geruch, ordentlich alles, aber leer. Es ist ein großes Glück, dass das Haus, in dem Du geboren wurdest, wieder lebt. Ich bin Magda dankbar, dass sie hierher gekommen ist, ich will, dass sie sich das Haus zu eigen macht, dass sie es liebt. Mein Polnisch reicht nicht, um ihr das zu erklären.

Das Haus hat eine Seele, sage ich.

Gut, dass du gekommen bist, antwortet sie, und umarmt mich sehr fest.

Bevor ich zurück nach Berlin fahre, gehe ich noch einmal laufen. Es ist immer noch sehr heiß, ich laufe um das Dorf herum auf dem Weg hinter den Häusern, umarme noch einmal das weite Land, den Blick hinüber bis zum nächsten Dorf, auf jeder Seite eines, laufe erst hinunter Richtung Oder bis zum Friedhof, dann an den letzten Gärten quer hinüber ein Stück in Richtung Frohnau, und schließlich auf die andere Seite des Dorfs jenseits der Grundstücke wieder zurück in Richtung Lehmgrube. Dreimal umkreise ich das Dorf, fast drei Kilometer eine Runde, ich ziehe eine Linie um

Rosenthal herum, eine magische Grenze, damit keiner dem Dorf etwas anhaben kann, damit alles Übel draußen bleibt in der Welt, ich umkreise das Dorf wie die Orthodoxen in der Osternacht ihre Kirchen, sie singen die ganze Osternacht, sie tragen die Reliquien um die Kirche, sie schwenken Weihrauch. Meine Kreise werden das Dorf bewahren, damit sie keine neuen Häuser mehr bauen, keine Häuser jenseits des Wegs. Meine Kreise werden das Dorf beschützen, damit es bleibt, wie es ist, wie es immer war, damit Rosenthal heil bleibt in seinem Verfall und unversehrt, damit es die alte Heimat bleibt, damit keiner mehr abhaut.

Es ist schon wieder schwül, der Himmel dunkelblau, es könnte regnen, aber es regnet nicht. Am Abend hat es in Wrocław gewittert, ein wenig Kühle wehte herüber, der Strom fiel aus, das Hoftor ließ sich nicht mehr öffnen, aber in Rosenthal fielen nur ein paar Tropfen.

Es riecht ganz leicht nach Rauch, als stiege der Geruch von den Feldwegen auf, als habe der Sommer sie versengt und nun schwelten sie vor sich hin, es riecht nach trockener Erde, solche Wege gibt es nicht im Westen, so ursprünglich und rissig wie Grind.

Auch die Landschaft ist weniger aufgeräumt, irgendwo steht eine riesige Eiche mitten im Feld, einzelne Bäume zwischen den Äckern, gerade und krumme, lebende und tote, ein Gehölz, ein Wäldchen.

Bei der letzten Runde begegne ich dem Wolf, ich sehe ihn von Ferne, er steht am Wegrand und wartet auf mich, aber er ist zu schwarz für einen Wolf. Der Wolf kann kein Hund sein, denn in Różyna verlassen die Hunde ihre Höfe nicht. Sie leben wie Wachhunde, auch wenn sie so freundlich sind wie der Golden Retriever. Nie habe ich gesehen, dass jemand mit seinem Hund spazieren ging. Als ich Jana einmal vorschlug, den Golden Retriever mitzunehmen, dauerte es lange, bis sie verstand, was ich wollte. Dann lachte sie, was für eine verrückte Idee.

Der Hund bleibt immer zu Hause, sagte sie.

Der Wolf schaut in meine Richtung und rührt sich nicht. Als ich näher komme, sehe ich neben ihm den Mann, er steht am Feldrand mit bloßem Oberkörper, der Sonne zugewandt hinter den Gewitterwolken und macht Freiübungen, er kreist die Arme, erst den linken, dann den rechten, dann beide, dann andersrum, er dreht den Oberkörper über dem Rumpf, er beugt sich vor, den rechten Arm zum linken Fuß, richtet sich auf, den linken Arm zum rechten Fuß. Er betet die Sonne an und das Dorf, er steht genau auf der magischen Linie, er weiß Bescheid. Der Wolf ist ein riesiger schwarzer Collie, so alt, dass er noch nicht einmal mit dem Schwanz wedelt, als ich vorbeilaufe.

Am Nachmittag fahre ich zurück nach Berlin, im Kofferraum ein halbes Dutzend Gurkengläser, eine Kiste mit frisch geernteten Tomaten und zwei Flaschen Selbstgebrannter. Ich bin eine Woche lang in Rosenthal gewesen, aber jetzt weiß ich nicht, wie es weitergeht. Die Geschichte ist noch nicht zu Ende, meine Suche, oder was auch immer es ist, was ich hier tue. Ich bin immer noch nicht fertig mit Rosenthal, mit Deiner Geschichte, mit der Vergangenheit, mit unserer Flucht. Mit dem Fluch.

Seit vierzig Jahren beschäftige ich mich mit Rosenthal, mal mehr und mal weniger, direkt oder indirekt, es ist wie eine langsam fortschreitende Krankheit, nicht tödlich, aber unheilbar, der Zwang, immer wieder nach Rosenthal zurückzukehren, mich mit dieser Herkunft zu befassen, eine Suche, die nie ein Ende findet, eine Sehnsucht, eine Sucht. Jetzt bin ich dort gewesen, ich habe in Deinem Geburtshaus am Tisch gesessen und auf unserem Hof übernachtet, ich bin auf Euren Wegen gegangen und Großvaters Äcker entlanggelaufen, ich habe mir vorgestellt, wie es für Dich war, in Rosenthal aufzuwachsen, wie es für mich gewesen wäre, ich habe versucht zu verstehen, was Ihr verloren habt. Was wir verloren haben. Ich habe versucht zu verstehen, aber mit dem Verstand bin ich nicht weit gekommen.

Ich bin zu Fuß die Straße von Rosenthal nach Lossen gegangen, so wie Dein Bruder Manfred jeden Tag auf dem Weg zur Bahnstation, um zum Gymnasium nach Brieg zu fahren, so wie Ihr am 22. Januar 1945, als die Russen über die Oder schossen, so wie Euer Treck. Vielleicht reicht es nicht, nach Rosenthal zurückzukehren, vielleicht geht es eigentlich nicht um das Dorf und den Hof, sondern um den Weg, um die Flucht. Um den Bruch. Vielleicht muss ich mich auf den Weg machen, den Du damals nach Westen gegangen bist.

2

Die Vergangenheit ist nicht tot,
sie ist noch nicht einmal vergangen.
William Faulkner

Il faut toujours pardonner à ces âmes malheureuses qui ont élu de faire le pèlegrinage à pied, qui côtoient le rivage et regardent sans comprendre l'horreur de la lutte et le profond désespoir des vaincus.
Joseph Conrad

Sogar der Garten trauert. Der Kirschbaum hat nicht getragen, der Phlox, den Du so mochtest, wollte lange nicht blühen, und jetzt, im September, liegen die Äpfel braun und faulig im Gras, von Wespen zerfressen und schon bald wieder Erde. Zwischen den modernden Äpfeln steht der Baum wie ein trotziges Kind, das, wütend vor Trauer, sein Spielzeug kaputt gemacht hat. Als wollte er die Überlebenden bestrafen, als habe nun alles keinen Sinn mehr.

Im vergangenen Jahr hattest Du die Äpfel noch geerntet, am Tag, bevor Du ins Krankenhaus kamst. Mehrere Kisten Holsteiner Cox lagerten in der Garage und erfüllten den kühlen, schummrigen Raum mit ihrem Aroma. Noch Monate nach Deinem Tod überfiel mich, wenn ich die Garagentür öffnete, ihr süßlich-fruchtiger Duft, und jedes Mal, wenn ich nach Berlin zurückfuhr, nahm ich einen der Äpfel mit, die Du gepflückt hattest, und aß ihn, andächtig wie das heilige Abendmahl.

Dieses Jahr wird es keine Äpfel geben. Der Garten verwahrlost, niemand schneidet die verblühten Rosen zurück, richtet die umgeknickten Sonnenblumen auf, niemand harkt die Blätter vom Rasen. Jetzt blüht nur noch der Phlox, den Du so mochtest, lachsrot.

In der Küche ist es still, eine einzelne Hortensie in der Vase vor Deinem Foto, schon seit mehr als zwei Wochen, neigt sich leicht zu Dir, als wolle sie Zwiesprache halten, die Blätter sind vertrocknet, aber die Blüte steht noch, Hortensien welken nicht, das Blumenwasser verdunstet, die Farben bleichen aus, aber die Hortensie blüht immer fort. Es ist still in der Küche, nur der Kühlschrank brummt, und fern auf der Elbe tutet ein Schiff. Vor einem halben Jahrhundert hast Du dieses Haus gebaut.

Meist macht der Treck fünfzehn bis zwanzig Kilometer am Tag. Manchmal gibt es Ruhetage. Vierzig Tage seid Ihr unterwegs, vom 22. Januar bis zum 2. März. Vierzig Tage, das volle Maß. Vierzig Tage dauerte die Sintflut, fastete Jesus in der Wüste, blieb Moses auf dem Berg Sinai. Vierzig ist die Zahl der Prüfung und Bewährung, die Zahl der Verwandlung, vierzig Wochen, bis ein Mensch fertig ist für diese Welt. Vierzig – quaranta – Tage blieben die Menschen im Mittelalter in Quarantäne, damit sich die Pest nicht ausbreitete. Vierzig Tage dauert Eure Flucht.

Du sagtest immer, du seist 400 Kilometer zu Fuß gegangen. Von Rosenthal nach Klinghart, das waren die beiden Orte, die Du nanntest, die einzigen. Zwei kleine Dörfer, Rosenthal an der Oder und Klinghart im Egerland, Rosenthal in Schlesien, das heute Różyna heißt und zu Polen gehört, und Klinghart, damals Reichsgau Sudetenland, heute Křižovatka in der Tschechischen Republik. Die Suchmaschine gibt für die Route Różyna – Křižovatka eine Strecke von 540 Kilometern an. Sie schlägt die Autobahn über Wrocław, Görlitz, Dresden, Chemnitz vor. Fünf Stunden fünf Minuten. Fünf Stunden für vierzig Tage. Oder die Südroute über Prag und Pilsen, 510 Kilometer, sechs Stunden sieben Minuten. Welchen Weg habt ihr damals genommen? Du hast nie auch nur eine einzige Stadt erwähnt.

In den Unterlagen, die Dein Bruder Manfred mir mit seinen Lebenserinnerungen hinterlassen hat, finde ich die Aufzeichnungen von Margarete Kosok aus Rosenthal. Sie ist mit auf dem Treck gewesen, nur ein Jahr älter als Du, aber sie erinnert sich an viele Einzelheiten, vielleicht hat auch ihre zehn Jahre ältere Schwester Annelies geholfen, als Margarete ihre Erinnerungen zu Papier brachte. Gretel Kosok hat ihren Aufzeichnungen ein Protokoll der Fluchtroute beigelegt, eine präzise Liste der Orte, durch die ihr gegangen seid, wo der Treck zur Nacht haltmachte, mit Daten und Ruhetagen, wenn Ihr länger als eine Nacht bleiben konntet.

Für den 25. Januar steht da zum Beispiel: Lorenzberg, Loisdorf, Karisch, Mückendorf, Friedersdorf, Töppendorf Krs. Strehlen. Oder am 3. Februar: Börnchen, Kauder, Wohnsdorf, Schweinhaus, Bolkenhain, Langherwigsdorf, Ober-Lautenbach, Leipe Krs. Jauer, Klein-Helmsdorf Krs. Goldberg. Töppendorf und Klein-Helmsdorf sind unterstrichen, es sind die Orte, in denen Ihr übernachtet habt.

Ich nehme die Liste und suche die Orte mit der Suchmaschine, suche die heutigen polnischen Ortsnamen für die deutschen Dörfer aus Gretel Kosoks Verzeichnis, so rekonstruiere ich Deine Flucht. Ihr übernachtet immer in Dörfern: Olbendorf, Töppendorf, Kurtwitz, Klein-Helmsdorf, Neustadt an der Tafelfichte. Manche Namen findet die Suchmaschine gar nicht. Ich kaufe Karten im Maßstab 1: 200 000 mit den Ortsnamen auf Polnisch und auf Deutsch. Einige Dörfer, in denen Ihr übernachtet habt, sind heute verschwunden, der Braunkohletagebau, es gibt sie nicht mehr, auf den Karten markiert sie ein Kreuz in einem Kreis: nicht mehr existierende Siedlungen.

Für Eure Strecke brauche ich drei Karten. Eure Flucht führte über Grottkau, Strehlen, Reichenbach, Schweidnitz, Zittau, Aussig, Falkenau an der Eger, der Treck zieht durch diese Städte, über Nacht bleibt Ihr dort nicht. Insgesamt sind es 550 Kilometer. Warum sprachst Du immer von 400? Im Durchschnitt schafftet Ihr vierzehn Kilometer am Tag, ein Auto würde für die längste Tagesstrecke 22 Minuten brauchen.

Heute führt die Fluchtroute viermal über Landesgrenzen: von Polen in die Tschechische Republik, wieder zurück nach Polen, ein kurzes Stück durch Sachsen südlich von Görlitz und dann wieder in die Tschechische Republik. Damals gehörte das alles zum Deutschen Reich, in all diesen Gegenden lebten fast ausschließlich Deutsche. Warum ist es schwer, diese Sätze zu schreiben? Warum dieser Stich? Eine Spur von Scham und die Angst, missverstanden zu werden, die Angst vor dem Revisionismusverdacht. Können diese Sätze, geschrieben von einer Deutschen, eine einfache Feststellung sein?

Am 21. Januar 2020 nehme ich die drei Karten, packe einen Rucksack und fahre noch einmal nach Różyna.

Was soll denn das jetzt wieder? fragt meine Polnischlehrerin. Wieder macht sie sich Sorgen, wo ich übernachten werde. Ich habe ihr die drei Karten mitgebracht und die Strecke gezeigt. Von vielen Orten hat sie noch nie etwas gehört, sie ist noch nie in diesem südwestlichen Teil von Polen gewesen. Urszula ist in der Nähe von Kielce aufgewachsen, fast 300 Kilometer östlich von Różyna. Sie sagt, der Westen sei der Teil von Polen, den sie am wenigsten kenne. Sie nennt es: das vernachlässigte Polen, das vergessene Polen. Sie selbst habe erst sehr spät verstanden, dass es diese Region überhaupt gibt. Der Westen, sagt sie, fühle sich nicht an wie Polen: Dort war nie Polen. Immerhin ein Drittel des Landes. Dort gebe es keine polnische Geschichte, kein Werk der klassischen polnischen Literatur spielt dort. Sie fühle sich dort fremd, dort sei nichts Eigenes. Wenn sie in Städte wie Wrocław, Breslau, oder Opole, Oppeln, komme, zum Beispiel, habe sie dieses Gefühl von Fremdheit.

In Katowice, wo Urszula studiert hat, sei es anders, dort hätten immer auch Polen gelebt.

Auf Polnisch gibt es die wiedergewonnenen Gebiete, Ziemie Odzyskane, im Westen und die verlorenen Gebiete, die Kresy, im Osten. Die Menschen, die aus den verlorenen Gebieten, den Kresy, vertrieben und in den wiedergewonnenen Gebieten angesiedelt wurden, nennt man die Repatriierten, repatrianci, was nach Heimkehr klingt, obwohl es eine Zwangsumsiedlung war. Diese Menschen, Jan und Jadwiga und Stasia, alle Bauern von Różyna und Millionen andere wurden zwangsumgesiedelt.

Die wiedergewonnenen Gebiete waren zuletzt im 13. oder 14. Jahrhundert polnisch geprägt gewesen, offenbar war es wichtig, die Polonisierung Schlesiens nach dem Zweiten Weltkrieg mit einem historischen Anrecht zu begründen, auch wenn man dafür sehr weit zurückgehen musste in der Geschichte, etwa 700 oder 800 Jahre, als die slawisch besiedelte Gegend von deutschen Siedlern germanisiert wurde, zu denen auch meine Vorfahren gehörten. Schlesien, Ostpreußen und Pommern durften nicht nur eine Kompensation sein für die Gebiete im Osten, die sich die Sowjetunion einverleibt hatte, nicht nur der Preis, den die Deutschen für die Verbrechen des Zweiten Weltkriegs zu zahlen hatten, das reichte nicht aus, das spürten die neuen Machthaber, es brauchte das historische Anrecht, damit die umgesiedelten Polen in Schlesien ankommen, das Land als ihres begreifen konnten.

Die vor 800 Jahren verlorenen Gebiete kehrten, so sagte man im kommunistischen Polen, nach dem Zweiten Weltkrieg zum Mutterland zurück (powrót do macierzy). Mutterland, sagt Urszula, sei ein sehr altertümliches Wort, das sonst im Polnischen überhaupt nicht mehr verwendet wird. Nur in diesem einen Zusammenhang: Rückkehr zum Mutterland. Die Polen haben ein Vaterland, aber die Gebiete sind zur Mutter zurückgekehrt.

Gegen fünf Uhr nachmittags setzt sich Euer Treck in Bewegung. Der Beschuss wird heftiger.

Aus der Ferne hörte man Geschützdonner, und ab und zu flog ein Geschoss über den auf der Straße nach Lossen dahinziehenden Treck und schlug auf dem Feld ein, schreibt Gretel Kosok in ihren Erinnerungen. *Die Pferde bäumten sich auf und Papa hielt die Zügel fester.*

75 Jahre später mache ich mich auf den Weg, unter meinen Wanderschuhen der Asphalt der Landstraße zwischen Różyna und Łosiów, jener Landstraße, auf der an einem Wintertag 1945 der lange Weg meiner Familie nach Westen begann, der Weg, an dessen Ende ich in einer norddeutschen Kleinstadt aufwachsen sollte. Es stürmt von Westen, ich laufe gegen den Wind, der mich zurücktreiben will in den Osten, dorthin, wo ich hingehöre. Ich weiß nicht, wie weit ich heute kommen werde und wo ich übernachten kann.

Ich bin nicht auf der Flucht. Nichts bedroht mich. Hinter mir rollt nicht die Front, kein Drache speit sein Feuer, der Russe sitzt mir nicht im Nacken, kein NSDAP-Bürgermeister spielt sich auf. Mich plagt keine Ungewissheit, ich weiß, wo mein Mann und meine Kinder sind, sie sitzen in einer warmen Wohnung in Berlin. Ich habe gute, winterfeste Wanderkleidung und leichtes Gepäck, nur das Allernötigste im Rucksack, und die Straße ist frei von Schnee.

Ich gehe auf der schnurgeraden Landstraße, nass glänzt der Asphalt, das wintergelbe Gras duckt sich in den Straßengraben wie eine Schar verängstigter Küken, die Eschen zu beiden Seiten der Straße stemmen sich gegen den Wind genau wie ich, über uns steht der graue Himmel so hoch, als wollte er mich erinnern an meine Verlorenheit unten auf Erden, auf der Landstraße zwischen Rosenthal und Lossen. Ich kenne diese Straße. Ich laufe durch die Albträume meiner Kindheit.

Ich bin mit meinen Geschwistern auf einer Wiese. Flugzeuge kommen und drehen ab, beim nächsten Mal, sage ich, werden sie uns kriegen. Wir flüchten, hinaus auf das Feld, wir laufen schnell und kommen gut voran, ich höre die Flieger, Kampfflugzeuge, die sich wieder nähern, links ist ein Graben, daneben Bäume, unter denen wir uns vielleicht verstecken können, aber es sind nur lichte Obstbäume, die kaum Schutz bieten. Ich weiß, dass wir keine Chance haben.

In meinen Albträumen bin ich auf der Flucht. Zu Fuß oder mit dem Pferdewagen, meist durch Schneelandschaften, kahle Bäume, grauer Himmel. Ich flüchte vor dem Feind, manchmal allein, manchmal zusammen mit meiner Familie, mit Kindern, mit Freunden, ich verliere sie, ich habe Angst, sie zu verlieren. Überall herrscht Chaos, und der Feind ist uns auf den Fersen. Männer sind hinter mir her, die mich bedrohen, oder einfach der Feind, etwas unbestimmt Bedrohliches. Fast immer ist die Flucht endlos. Ich muss mich in Sicherheit bringen, mich und die anderen. Aber wo ist ein sicherer Ort? Selten endet in den Träumen die Flucht, kann ich entkommen oder zumindest kurz haltmachen, rasten, aber dann habe ich kein Zuhause mehr, ich bin nie in Sicherheit, die Angst dauert an, die Angst, dass sie mich doch wieder einholen werden, die Angst, dass ich wieder fliehen muss.

Als ich älter werde, nehme ich in den Träumen manchmal meinen ganzen Mut zusammen und bleibe stehen. Es kostet mich ungeheure Kraft, die Angst niederzukämpfen. Aber manchmal kann ich sie überwinden, ich laufe nicht mehr davon, ich bleibe stehen, wende mich um und kämpfe. Plötzlich bin ich bewaffnet, ich habe ein Messer in der Hand, ich kann kämpfen. Am Ende des Traumes weiß ich nicht, ob ich überlebt habe, aber ich habe gekämpft. Das tut gut. Ich bin nicht nur geflüchtet, ich bin nicht nur Opfer.

Nie habe ich von einer glücklichen Ankunft geträumt.

Lange habe ich nicht verstanden, warum ich so etwas träume. Die Ähnlichkeit der Traumbilder mit den Erzählungen meiner Eltern und Großeltern lag auf der Hand. Was ich im Traum sah, waren die Bilder ihrer Flucht, Deine oder die der Mutter, die als Vierjährige aus Ostpreußen geflohen war, auch sie träumte ihr Leben lang davon. Trotzdem konnte ich lange nicht glauben, dass ich Eure Albträume träumte. Warum sollte ich in der Sicherheit meiner westdeutschen Siebzigerjahre-Kindheit nachts Eure Ängste durchleben, einer Kindheit, deren schlimmstes Unglück Dein Unfall mit dem Rasenmäher war, der Deine Karriere als Hamburger Kegelmeister beendete?

Der Gedanke, dass Albträume vererbbar sein sollten, erschien mir abwegig. Aber heute weiß man, dass Traumata weitergegeben werden, dass Flucht und Krieg über Generationen fortwirken, dass sich die Kriege unserer Eltern, Großeltern und Urgroßeltern in uns eingeschrieben haben. Warum also nicht auch die Traumbilder?

Kurz vor Łosiów hält das erste Auto an, der Fahrer fragt, ob er mich mitnehmen soll. Ich bedanke mich, ich gehe lieber zu Fuß. Der Fahrer schaut verwundert, winkt kurz und drückt wieder auf's Gas. Es gibt viele freundliche Menschen hier, aber immer sind es die kleinen Autos, die anhalten, nie die SUVs, die Limousinen, die Familiy Vans. Es ist immer der Fiat Panda oder der Opel Corsa.

Łosiów ist eine Kleinstadt, eigentlich nur ein größeres Dorf, mit einer Hauptstraße und Nebenstraßen, mit Bürgersteigen und einer Landwirtschaftsschule, einer Kirche und sogar einem Schloss. Und dem Bahnhof, von dem aus Dein Bruder Manfred nach Brieg zum Piasten-Gymnasium fuhr und zur Tanzstunde, mit dem Zug, den er in all den Jahren nicht ein einziges Mal verpasste, wie er in seinen Erinnerungen schreibt, während ich im vergangenen Sommer gleich beim ersten Versuch scheiterte. Der Weg durch ein Straßendorf kann sehr weit sein, wenn der Bahnhof am anderen Ende liegt.

Die kleine Stadt ist trostloser als die Dörfer, in Łosiów stehen an der Hauptstraße die Häuser zum Verkauf, Sprzedam auf großen Schildern, Häuser verfallen mitten im Ort, graue Häuser, graubraune Häuser, dazwischen Häuser in Pastellfarben, in Violett, Mintgrün, Apricot und in Knallfarben, in Himmelblau, Zitronengelb, Grasgrün, wie Bonbons, die in eine Schale voller Graupen gefallen sind, mich rühren die bunten Häuser in ihrer grellen Tapferkeit, Häuser wie kleine spitze Schreie, Mahnmale menschlichen Verlangens, der Tristesse zu trotzen.

Es gibt zwei Wikipedia-Einträge für Łosiów, ehemals Lossen, einen auf Polnisch und einen auf Deutsch, sie erzählen unterschiedliche Geschichten. Der polnische Eintrag enthält so gut wie keinen Hinweis auf die Zeit vor 1945, die Jahrhunderte, in denen Lossen deutsch war. Das Dorf sei 1189 von Bischof Żyrosław erstmals erwähnt und dann 1945 Polen eingegliedert worden. Über das, was 1945 geschah, kein Wort. Der deutsche Wikipedia-Eintrag behandelt ausführlich die Jahrhunderte deutscher Geschichte, Einwohnerzahlen, Verwaltungsreformen, Kirchenbau. Über die Zeit nach 1945, als Łosiów polnisch wurde, findet sich so gut wie nichts. Und über das, was 1945 geschah, auch hier kein Wort. Es gibt keine gemeinsame Geschichte, keine gemeinsame Perspektive, jeder erzählt Seins den Seinen, historische Monologe, Deutsche und Polen mit dem Rücken zueinander, und das Unsagbare bleibt unsagbar, auch nach 75 Jahren.

Als ich die Hauptstraße von Łosiów entlanggehe, riecht es schwer und herb nach verheizter Braunkohle, der Wintergeruch des Ostens, und dann plötzlich süß nach frischem Hefe-Gebäck, der Duft überfällt mich, betörend wie die Melodie des Rattenfängers, Erinnerungen drängen sich ins Bewusstsein, Erinnerungen an die Sowjetunion, wo Gerüche eine andere, mächtigere Bedeutung hatten als in der Überfülle des Kapitalismus, Erinnerungen an die Monate als Studentin in Leningrad, in der Sowjetunion, im Reich des Ostens, wo Gerüche grob und simpel waren wie die Leuchtschilder der Lebensmittelläden: Milch, Fleisch, Brot, Fisch.

Die Läden stanken, es kostete Überwindung, sie zu betreten. Jenseits der Ladentür schlug einem der Geruch von sauer gewordener Milch entgegen, von altem Fisch oder, am schlimmsten, der leicht schwefelige Gestank der Fleischläden, immer gemischt mit dem scharfen Aroma billiger Putzmittel, der Widerstreit zwischen Hunger und Ekel, der mich instinktiv warnte, dass es, wo es so roch, nichts Gutes geben konnte, den man aber niederkämpfen musste, um überhaupt etwas zu essen zu ergattern. Erinnerung an den Duft einer Mandarine, die ich auf dem Kolchosmarkt kaufte, Weststudenten waren ausgeschlossen vom mafiösen sowjetischen Bezugssystem, das über Betriebe, Beziehungen und Zugehörigkeiten lief, zu denen wir keinen Zugang hatten, wir standen an vor leeren Läden, manchmal über Stunden, aber der überteuerte Bauernmarkt war erschwinglich, weil wir Rubel für harte Devisen eintauschten, ein Kilo Mandarinen von einer usbekischen Händlerin, die mit buntem Kopftuch hinter der Pyramide ihrer Früchte thronte, und dann der Moment, wenn ich die Mandarine aufbrach, wenn sich der Finger in die porige Schale bohrte und die Frucht ihr Aroma preisgab wie eine Explosion, die mir Tränen in die Augen trieb. Erinnerungen an den Besuch meines Bruders im Studentenwohnheim in einem der Außenbezirke von Leningrad, vierzehn Stockwerke Platte und der Lift hatte nie funktioniert, weil sie den Schacht schief gebaut hatten, der eisige Wind pfiff vom Finnischen Meerbusen durch die Fenster, Kakerlaken groß wie Kartoffelbriketts und das Unverständnis im Blick meines Bruders: Was tust du hier? Erinnerungen an die Sehnsucht nach Schönheit, an Zuflucht in einer der wenigen Kirchen, die damals überhaupt geweiht waren, Oasen der Sinnlichkeit in der grauen Kälte des sowjetischen Alltags, an den Duft von Weihrauch und Bienenwachs, an Ikonen und Kerzen im Halbdunkel und den Gesang alter Frauen, monoton, durchdringend und sehr hoch.

Erinnerungen an die Bäckereien, die anders waren als die übrigen Läden, als einzige wohlriechend, auch damals, sie verströmten den kräftigen Duft der Sauerteigbrote oder denselben süßlichen Hefegeruch wie jetzt hier auf der Dorfstraße von Łosiów. Ich folge der Rattenfängermelodie in die Bäckerei, krame die Zloty aus meiner Bauchtasche, kaufe eines der süßen Teilchen und bin schon wieder auf der Straße. Es ist wie immer: Der Geschmack hält nicht, was der Geruch verspricht.

Die erste Nacht verbringt Euer Treck in Michelau, nur zehn Kilometer westlich von Rosenthal. Erst am späten Abend kommt Ihr dort an, hinter Euch das Grollen der Front, der Feuerschein der Geschütze in der Dunkelheit. Vielleicht bist Du schon eingeschlafen im Heu auf dem Wagen, vielleicht war es dafür auch zu kalt. Ihr verteilt Euch auf die Höfe, spannt die Pferde aus und versorgt sie mit Futter, Ihr schlaft vielleicht in einer Küche auf einem Lager aus Stroh, wenn Deine Mutter überhaupt schläft in dieser Nacht. Ihr hofft, dass Ihr bleiben könnt, nicht weiter müsst, dass Ihr hier abwarten und bald zurückkehren könnt nach Rosenthal. Jeden Abend werdet Ihr das hoffen in den nächsten vierzig Nächten und noch lange danach. Doch am nächsten Morgen treibt die SA Euch weiter. Einzelne gehen noch einmal zurück, um zu Hause die Kühe zu melken, und schließen sich dann wieder dem Treck an, manche verlieren den Anschluss, aber Ihr zieht weiter nach Westen über Böhmischdorf, Groß-Jenkwitz, Herzogswaldau, Grottkau, Woiselsdorf …

Noch vor Michelau kommen die Rosenthaler durch Jeschen, ein Straßendorf mit vierzig Hausnummern, noch kleiner als Rosenthal, heute heißt es Jesiów.

Ein Typ mit Schirmmütze spricht mich an, misstrauisch:

Was wollen Sie hier?

Ich gehe den Weg meines Vaters.

Zu Fuß?

Zu Fuß.

Allein?

Allein.

Jetzt schaut er freundlicher. Für Verrückte haben sie hier etwas übrig.

Gibt es im Dorf jemanden, der sich noch an damals erinnert?

Er überlegt, er zeigt mit dem Finger auf Höfe und Häuser. Der Alte von diesem Hof ist schon seit Jahren tot, und die Alte in jenem starb letzten Sommer.

Gehen Sie zu Maria, sagt er schließlich, das letzte Haus rechts, klingeln Sie einfach. Sie wird Ihnen öffnen.

Kurz darauf sitze ich bei Maria in der Küche mit der niedrigen Decke und dem warmen Ofen. Auf der Küchenbank sitzt Marias Mann, reglos, als sei er gestern gestorben. Durch das kleine Fenster fällt nur wenig Licht. Es riecht nach gedünsteten Zwiebeln, auf dem Kachelherd in der Ecke köcheln Töpfe für das Mittagessen. Auf dem Tisch liegt die Fernsehzeitschrift.

Maria hat mir tatsächlich die Tür geöffnet, in Hausschuhen und Steppweste, der Wind ließ ihr die kräftigen grauen Haare zu Berge stehen. Nach drei Sätzen bat sie mich herein.

Marias Familie kam im Sommer 1945 aus Wolhynien, aus der Westukraine, man lud sie in Oppeln aus dem Zug, dann ging es zu Fuß weiter nach Jeschen.

Sucht Euch Häuser, sagte man auch ihnen.

Aber die Deutschen waren noch da. Die meisten Bauern aus Jeschen waren nicht vor der Roten Armee geflüchtet, oder sie waren nach nur wenigen Tagen zurückgekehrt. Sie lebten ein Jahr lang zusammen, die polnische Familie und die deutsche, die Deutschen unten, Maria und ihre Familie oben im Dachgeschoss. Es war die schönste Zeit ihres Lebens. Damals war Maria sechs, und die Deutschen hatten eine Tochter, genauso alt wie sie. Das deutsche Mädchen besaß wunderbare Spielsachen, Puppen und ein

Puppenhaus, sie schenkte Maria eine Puppe, sie spielten zusammen, sie waren beste Freundinnen. Als die Deutschen vertrieben wurden, konnte Maria nicht aufhören zu weinen. Tagelang. Es war so schlimm, dass die Mutter sie zum Arzt brachte.

Maria lächelt ihr Kleinmädchenlächeln, sie hat nicht mehr viele Zähne, sie muss über achtzig sein, 75 Jahre sind vergangen, aber sie vermisst die deutsche Freundin noch immer. Durch den Eisernen Vorhang, über mehr als ein halbes Jahrhundert blieb Maria mit ihr in Kontakt. Bis heute lässt sie nichts auf die Deutschen kommen.

Und der Krieg? Der deutsche Überfall auf Polen?

Maria schaut mich an, überrascht. In ihrer Geschichte geht es nicht um Schuld, sondern um Freundschaft.

Und die Verbrechen der Nazis, der Holocaust?

Meine Eltern haben niemals etwas Schlechtes über die Deutschen gesagt.

Wir waren doch alle arm, sagt plötzlich aus dem Halbdunkel der Mann. Als würde das irgendetwas erklären.

Die Bösen in Marias Geschichte sind nicht die Deutschen, sondern die Russen. Sie requirierten Vieh und Getreide, sie kamen nachts ins Dorf und holten sich die deutschen Mädchen. Im Dorf gab es nur Frauen, Kinder und Alte, die Männer waren noch nicht zurück aus dem Krieg, die Deutschen und die Polen. Einmal hatten sie Weizen geerntet an einem heißen Sommertag, die Frauen schnitten ihn mit der Sense, die Kinder droschen ihn mit Eisenketten, und dann kamen die Russen und nahmen ihn weg. Die Russen, immer die Russen.

In Wolhynien ist Maria nie wieder gewesen, ihr Bruder fuhr einmal hin, aber das Haus, das sein Vater gebaut hatte, gab es nicht mehr.

Sie haben das Nest zerstört, damit der Vogel nicht zurückkehrt, sagt Maria.

Hinter Jesiów endet die Asphaltstraße, ein verwittertes Schild zeigt das Ortsende an, Rostflecken wie Einschusslöcher, ich bin jetzt allein auf dem Feldweg, der sich im Endlosen verliert, irgendwo im Westen, wo die Wolkendecke endet und am Horizont einen sonnengelben Streifen freigibt. Allein in der Landschaft, hungrig und bald auch müde, aber es ist zu kalt für eine Rast, der Wind ist nicht mein Freund, der leichte Rucksack wird mit jeder Stunde schwerer. Ich gehe durch Michelau, heute Michałów, kaufe in Grodków bei einem freundlichen Apotheker eine Salbe gegen meine Nackenschmerzen, am ersten Tag mache ich 31 Kilometer.

Ich bin noch nicht an das Laufen gewöhnt, unterwegs zu sein, allein in der Landschaft, aber ich weiß, dass es noch sehr weit ist, anders als Ihr, die Ihr glaubt, nur kurz fort zu müssen, solange die Kämpfe dauern. In diesen Tagen ist die Front Euch sehr nah, der Lärm des Krieges verfolgt Euch Tag und Nacht, auf der Landstraße überholt Euch die Wehrmacht auf dem Rückzug, Kampfflugzeuge liefern sich Luftgefechte über Euren Wagen.

Es dämmert schon, als ich hinter Grodków von der Landstraße wieder auf einen Feldweg einbiege. Hinter einem Wäldchen geht die Sonne unter, das Grau ist jetzt rot marmoriert, im Osten wird es früh dunkel, noch vier Kilometer bis zu dem Hotel, in dem ich übernachten will, dem einzigen weit und breit, noch 15 Prozent Akku. Es gibt kein Schild, keine Markierung, ein einfacher Feldweg, links und rechts Äcker. Dämmerstunde. Aus dem Wäldchen kommt mir ein Trecker entgegen, der Typ auf dem Anhänger lacht breit: «Pass auf, es ist schon dunkel», ruft er mir zu, winkt, lacht wieder und verschwindet in Richtung Landstraße. Das Rot wird orange, dann gelb, Jana hatte gesagt, dass es in der Gegend keine Wölfe gibt. Aber das war in Rosenthal, wo alles Ackerland ist, keine Wälder, in denen sich Wölfe verstecken können, hier ist das anders, hier ist Wolfsland, vor mir fliegen Krähen auf und rufen, als wollten sie mich warnen. Noch zweieinhalb Kilometer, sagt die Suchmaschine, man müsste die Lichter des Hotels von weitem sehen, was, wenn es der falsche Weg ist? Oder es das Hotel überhaupt nicht gibt? Es sieht nicht nach einem Hotel aus hier, und ich passe genau in das Beuteschema von Wölfen: eine nicht mehr junge Frau, die schwitzend durch den Wald eilt. Wölfe greifen Menschen nicht an. Außer es ist Winter, und sie sind sehr hungrig. Es ist Winter. Aber es ist warm, es gab gar keinen Winter. Der Feldweg ist lehmig und uneben, man kann leicht stolpern, fallen, sich das Bein brechen, der Akku ist fast leer, sie werden mich nie finden. «Das Jahrhundert der Wölfe» hat Nadeschda Mandelstam das verfluchte Zwanzigste Jahrhundert genannt, das jetzt schon seit zwanzig Jahren vorbei ist, und sie meinte die Menschen, aber in diesem neuen Jahrhundert, in dem alles besser werden sollte und der Mensch nicht mehr Wolf sein, sind die wahren Wölfe zurückgekehrt, sie waren ausgerottet, so dachte man, doch nun verbreiten sie sich wieder, von Osten her, aus der Wildnis, den endlosen Wäldern, wo mein Großvater in Gefangenschaft Bäume fällte, verbreiten sich nach Westen, schon streifen sie durch die Vorstädte. Die Hüfte schmerzt, die Knöchel auch, im Nacken wirkt die Kräutersalbe, zu der mir der freundliche Apotheker geraten hat. Noch fünf Prozent Akku, noch ein Kilometer. Wölfe greifen Menschen nicht an. Außer ein Wolf ist gestört. Ein Problemwolf. Jetzt ist es fast ganz finster. Das Wäldchen mit den Wölfen liegt hinter mir. Und voraus Lichter. Schon bellen die Hunde. Und da links auf dem Acker stehen sie, Wölfe, eine Mutter mit zwei Jungen. Oder sind es drei? Nein zwei. Nein drei. Oder sind es Rehe?

Am nächsten Morgen bin ich wieder auf der Straße. Ich nehme meist die Route, die mir die Suchmaschine vorschlägt, das können sehr unterschiedliche Wege sein, manchmal breite, viel befahrene Landstraßen, manchmal alte Alleen ohne Mittelstreifen, der Asphalt brüchig, dann wieder Feldwege, halb zugewachsen und kaum noch zu erkennen.

Es ist Samstagmorgen, viel Verkehr, die Laster donnern von vorn und von hinten. In den Dörfern werkeln die Menschen, man hört sie hämmern und hacken, das Geräusch von Äxten und Motorsägen. In den winterbraunen Beeten leuchten rot die Mützen der Gartenzwerge, die Deutschen sind fort, aber ihre Vorgartenkultur lebt: Mädchen mit Körbchen, Knäblein mit Schubkarren, Rehe und Esel, Schwäne und Bären, Gänse mit Schürze und Häubchen. Überall wird gebaut, instandgesetzt und renoviert, die Parkplätze vor den Baumärkten an den großen Ausfallstraßen sind voll, hier gibt es alles in allen Farben. Die alten Bauernhäuser waren ehrlich, sie kannten nur Backstein und Tünche, Holz und Dachziegel. Aber jetzt gibt es alles in echt oder fake, meistens fake, überall Material, das etwas anderes sein will, Lattenzäune und Backsteinmauern gegossen in Beton, Plastik, das vorgibt Holz zu sein oder Ziegel, Schiefer oder Eisen, Backstein oder Bambus.

Überall wird gewerkelt, und trotzdem gehe ich noch immer durch eine Nachkriegslandschaft. Als sei der Krieg gerade erst vorbei, stehen Häusergerippe mit schwarzen Fensterlöchern, verlassene Höfe mit eingestürzten Dächern, über die sich langsam der Efeu legt wie ein Leichentuch, ein halb verfallenes Herrenhaus, groß und düster, das einmal ein Heim für Lebensbornkinder war. Man wird diese Häuser irgendwann abreißen, die letzten Zeugen, nicht alle vielleicht, manches bleibt erhalten, wird restauriert, aber viele wird es bald nicht mehr geben, dann wird das Land angeeignet sein.

Die zweite Nacht ihrer Flucht verbringen die Rosenthaler in Olbendorf. Der Ortsgruppenleiter und die Feldgendarmerie, Kettenhunde genannt, filzen den Treck auf der Suche nach wehrfähigen Männern. Der Vater von Gretel Kosok wird zusammen mit zwei anderen Rosenthalern abkommandiert zurück in Richtung Brieg. Sie sollen sich dort beim Wehrkreiskommando melden. Zum Volkssturm.

Mama packte weinend etwas Unterwäsche, ein Paar Socken und etwas zu essen in einen Rucksack. Papa drückte Annelies die Zügel in die Hand und sagte: Jetzt musst du fahren.

In Olbendorf, heute Gnojna, steigt vor mir ein Mann aus seinem Auto, eine Brötchentüte in der Hand, ein neugieriger Blick: woher, wohin?

Auf dem Weg meines Vaters.

Zu Fuß? Zu Fuß.

Allein? Allein.

Die schwarze Lederjacke offen, über dem Rollkragenpullover baumelt ein Kreuz an grober Metallkette. Er schaut mir ein bisschen zu direkt in die Augen. Er interessiert sich auch für Geschichte, sagt er. Erzählt von einem Deutschen, der vor ein paar Jahren nach Gnojna kam, Fragen stellte, das Gutshaus in Augenschein nahm, ein Adliger, ein Schriftsteller. Flüchtlinge, die im Winter 1945 durch Gnojna kamen? Darüber weiß er nichts. Der Mann lädt mich ein auf einen Kaffee, aber ich lehne dankend ab. Später, an der verschlossenen Kirche, kommt er noch einmal hinter mir her mit dem Auto, steigt aus, bietet an, mir ein Schloss in der Nähe zu zeigen, wenn Sie eine Stunde Zeit haben, danke, aber nein, ich muss laufen, zeigt mir die Website des Schlosses, er interessiert sich wirklich für Geschichte, die Geschichte, die Polen und Deutsche verbindet, aber ich steige nicht in ein Auto, muss laufen, weiter, will heute noch bis Töppendorf, wo die Rosenthaler die dritte Nacht verbrachten, muss laufen, damit ich nicht wieder in die Dunkelheit komme.

Hinter dem Gutshaus, bevor es hinuntergeht in die Felder, liegt leicht erhöht der letzte Hof. Vor dem Haus sitzt ein alter Mann auf einer Bank und repariert eine Motorsäge. Um seine Beine streicht eine getigerte Katze.

Wo willst du denn hin?

Nach Kuropatnik.

Er legt die Motorsäge zur Seite. Denkt nach, legt den Kopf in den Nacken. Nach Kuropatnik. Die Antwort hat ihn überrascht, bis Kuropatnik ist es noch weit, es ist das überübernächste Dorf, er zählt die Dörfer auf, die dazwischenliegen, stellt sich die Wege vor, die ich gehen muss, lässt mich an seinen Überlegungen teilhaben, die mir aber unverständlich bleiben. Etwas beunruhigt ihn.

Ich nehme meinen Rucksack ab und lehne ihn gegen die Bank.

Könnte ich vielleicht mein Handy bei Ihnen aufladen?

In der Küche bollert der Ofen, auf dem Tisch eine Untertasse mit Pillen, daneben eine Schale mit Pillenschachteln, ein Teller mit Pflaumenkuchen und ein Stapel Zeitschriften, obenauf: Der gute

Moment. Auf der Küchenbank sitzt seine Frau, reglos, als sei sie gestern gestorben. Der Alte kocht mir einen Tee.

Haben Sie Kinder? frage ich seine Frau, aber sie weiß keine Antwort. Er sagt, sie hätten eine Tochter und ein Enkelkind irgendwo, es ist wie überall, die Jungen gehen weg, und die Alten bleiben zurück. Dann vergisst man einander, die einen aus Demenz, die anderen aus Geschäftigkeit.

Der Alte tut mir ein Stück Pflaumenkuchen auf, es schmeckt himmlisch. Seine Frau mag tot sein, aber sie backt den besten Pflaumenkuchen der Welt. Ich meine das aufrichtig, es ist nicht übertrieben, auch wenn der Alte mir nicht glaubt und mich nur für höflich hält. Ich habe wirklich noch nie so guten Pflaumenkuchen gegessen wie in dieser etwas verwahrlosten Küche, der Teig saftig, die Pflaumen säuerlich und weich, die Streusel buttrig. Der Alte dankt für das freundliche Kompliment, aber er will nicht über den Kuchen reden. Er interessiert sich auch nicht für Geschichte, für Deutsche und Polen und den Krieg, ihn beschäftigt der Weg nach Kuropatnik. Der Feldweg, den ich nehmen wolle, führe in den Sumpf, sagt er. Er schaut an meinen Beinen hinunter auf meine Füße, die Wanderschuhe.

Gute Schuhe, sage ich mit aller Differenzierung, zu der mein Polnisch ausreicht.

Die Schuhe sind nicht schlecht, stimmt er mir zu. Aber im Sumpf nützen sie Dir nichts.

Er fährt mit der Hand an seinem Bein entlang von unten nach oben und zeigt mir, wie tief ich einsinken werde. Bis weit über die Knie, bis fast zur Hüfte. Nun, er sollte recht behalten.

Glückliche Reise, ruft die Frau überraschend klar, als ich aufbreche. Der Alte begleitet mich hinaus in den Hof, ich will ihm zum Abschied die Hand geben, aber er zieht mich an seine Brust, schmatzt mir auf beide Wangen und schafft es dabei irgendwie, zwei Bonbons aus der Tasche seiner Joppe zu kramen, er steckt sie mir zu, polnische Schokoladenbonbons in buntem Staniolpapier, falls ich in den Sumpf komme oder sonst irgendwie Stärkung brauche, seine Geste hat etwas Verschwörerisches, ein Geheimnis zwischen ihm und mir, so wie die Tante uns früher heimlich Schokolade zusteckte, zwinkernd, der Mutter müsst ihr's nicht sagen.

Er steht noch lange bei der Bank und schaut mir nach, das Kätzchen streicht um seine Beine, schaut, wie ich die erste Abzweigung nach rechts nehme, so wie er mir geraten hat. Aber an der nächsten Wegkreuzung, zeigt mein Handy nach links. Nach rechts geht es zurück zur Hauptstraße, das hatte er auch gesagt, ich erinnere mich jetzt, aber ich will nicht wieder auf die Trasse mit den schweren Lastern, die Suchmaschine zeigt links einen Weg an, wer weiß, wann der Alte hier zum letzten Mal gegangen ist, ich vertraue der modernen Technik mehr als dem zahnlosen Alten. Das wird sich als Fehler erweisen.

Es dauert nicht lange und der Weg wird morastig, bald kann ich nur noch auf der Grasnarbe in der Mitte laufen, links und rechts klaffen tiefe Pfützen, der Grund wird sumpfig. Sumpfig wie der Boden unter meiner Kindheit. In den dunklen Pfützen spiegelt sich der Himmel, abgestorbene Bäume ragen aus der feuchten Tiefe, es gibt jetzt überhaupt keinen Weg mehr, obwohl die Suchmaschine ihn zuverlässig anzeigt, genau hier, wo ich gerade versinke.

Ich stelle mir vor, wie der Alte da oben mit einem Fernglas steht und mich beobachtet, wie er den Kopf schüttelt über meine Dummheit und meinen Ungehorsam. Nicht verärgert, sondern nur besorgt. An Umkehren denke ich nicht. Konntet Ihr etwa umkehren? Wo Euch der Russe im Nacken saß?

Im Wald ist es still, nichts zu hören außer dem Schmatzen meiner Schuhe im Morast, manchmal glaube ich, die Flieger hören zu können in der Ferne. Ich gebe den Weg und das Handy auf und suche nur noch nach festerem Grund, irgendetwas, das trägt, ich springe von Grasbüschel zu Grasbüschel, aber nirgendwo kann ich bleiben, nichts hält. Momente der Panik jedes Mal, wenn der Boden nachgibt, Moorleichen im Museum, der Schrecken meiner

Kindheit, ich klammere mich an tote Bäume oder dürres Gestrüpp, ich greife nach allem, was halten könnte.

Irgendwann stehe ich vor einem breiten Graben, hinter mir der Sumpf, vor mir das dunkle Wasser. Ein paar Meter weiter ist ein Baumstamm darüber gestürzt wie eine Brücke, nur dass ich sehr schlecht balancieren kann, das war schon immer so, ohne den Schwebebalken wäre ich vielleicht Turnerin geworden. Ich breche einen langen Ast ab, um mich darauf zu stützen, aber der Ast versinkt, der Graben ist sehr tief. Ich setze mich auf den Baumstamm, die Füße durchnässt, die Schuhe schwer vom Morast und krame nach meinem Handy, als würde es mir jetzt etwas nützen. Da knistert in der Tasche das Staniolpapier wie ein tröstliches Flüstern. Wie konnte der Alte wissen, dass ich eine Stärkung brauchen würde? Seine Fürsorge rührt mich, die Süße der nicht mehr ganz frischen Schokolade gibt mir Mut, ich halte mich mit einem Arm an dem Baumstamm fest und werfe mit aller Kraft den Rucksack über den Graben, jetzt gibt es kein Zurück mehr, schwankend stehe ich auf dem runden Holz und versuche zu atmen, dann stürze ich mich mit drei, vier großen Schritten über den Abgrund. Das Gleichgewicht verliere ich erst, als ich schon fast drüben bin und mich mit einem letzten Sprung ans andere Ufer rette, noch einmal sinke ich bis über die Stiefel ein, dann wird der Grund jenseits des Grabens wieder fester.

Noch immer gibt es keinen Weg, ich verheddere mich in Brombeerranken, Äste schlagen mir ins Gesicht, meine Lippe blutet. Ich habe keine Ahnung, wo ich bin, winterblasses Schilfgras überragt mich. Irgendwann beginnen hinter einer letzten feuchten Senke wieder die Äcker. Ich schaue zurück, das Dorf und der Alte sind nicht mehr zu sehen. Ich nehme den zweiten Bonbon aus der Jackentasche, und während die billige Schokolade im Mund zergeht, leiste ich Abbitte. Ich hätte auf ihn hören sollen. Ich laufe eine weitere Stunde querfeldein, über schwere lehmige Böden, plötzlich erscheint am Feldrand ein Weg, ordentlich von links nach rechts, genau wie die Suchmaschine es vorsieht, liegt er höhnisch grinsend da, als wäre er schon die ganze Zeit dagewesen, während ich durch den Sumpf stolperte.

Die Rosenthaler sind den dritten Tag auf der Flucht. Die Pferde kämpfen sich auf den verschneiten Straßen vorwärts, manchmal rutschen sie aus, viele sind nicht beschlagen. Wenn ein Pferd stürzt, helfen alle, um es wieder auf die Beine zu bringen. Wie Menetekel liegen im Straßengraben die Kadaver verendeter Tiere.

Ihr übernachtet in Dörfern bei Bauern, wo Ihr die Pferde in den Ställen unterstellen und Euch in den Küchen wärmen könnt. Ihr werdet überall bereitwillig aufgenommen, die Menschen sind hilfsbereit und freigiebig, vielleicht ahnen sie, dass auch sie bald unterwegs sein werden in Schnee und Kälte. Warum mit Vorräten geizen, die ohnehin bald dem Russen in die Hände fallen werden?

Überall, wo wir hinkamen, trafen wir viele hilfsbereite Menschen, schreibt Gretel Kosok. Die Hilfe wurde so selbstverständlich gegeben wie genommen. *In den Quartieren hielten die Frauen warme Getränke oder eine Suppe für uns bereit, auch Brot gab es noch ausreichend.*

Deine Mutter Olga kämpft mit dem Pferdegespann, sie ist verantwortlich für die Schwiegermutter, den lahmen Onkel und Dich, allein mit der Sorge um den Mann und die Söhne im Krieg, der Sorge um den Hof und das Vieh, das zu Hause in den Ställen steht und brüllt vor Hunger und vor Milchfieber. Immer noch glauben die Rosenthaler, dass sie bald zurückkehren werden. So ist das mit uns Menschen, wir sind meist übertrieben zuversichtlich. Etwas bewahrt uns davor, unser Schicksal zu erkennen, zu verstehen, wie schlimm es wirklich um uns steht.

Mit jedem Tag entfernt sich der Treck weiter von Rosenthal. *Jeden Morgen hieß es nur weiter, weiter, Platz machen für die Folgenden, der Russe ist uns auf den Fersen.*

Der Russe. Wer war das, der Russe, der Euch verfolgte? Was wusstet Ihr über ihn? Was stelltet Ihr Euch vor?

Und wenn er kommt, dann laufen wir.

Ihr hattet das Dröhnen der Artillerie jenseits der Oder gehört und im Dunkeln das Aufblitzen der Granaten gesehen. Das war der Drache, die Front, der Russe. Mit dem Krieg kam der Russe. Der Russe war der Krieg. Meine Großmutter Olga hatte einen russischen Namen, aber was wusste sie über Russland? Auf Eurem Hof arbeiteten ein Pole und eine Ukrainerin, Zwangsarbeiter, Fremdarbeiter im Nazi-Jargon, sie sangen manchmal abends schwermütige Lieder. Den Russen hatten die Rosenthaler nie gesehen, aber sie verließen Haus, Hof und Heimat und liefen vor ihm davon. Wie stellten sie ihn sich vor, den Russen? Wussten sie, wovor sie flüchteten?

Und wenn er kommt, dann laufen wir.

Vielleicht war der Russe das Schreckgespenst Deiner Kindheit, vielleicht drohte Deine Mutter Dir, wenn Du den Brei nicht essen wolltest: Wenn du nicht aufisst, kommt der Russe. Und jetzt kam er. Was wusstet Ihr von der nationalsozialistischen Propaganda, vom slawischen Untermenschen, den halbasiatischen Horden, der asiatischen Flut, den roten Bestien, grausam und blutrünstig, roh und wild, unfähig zur Zivilisation, was wusstet Ihr über den Bolschewismus, den der Nazi-Ideologe Alfred Rosenberg die Empörung des Mongoliden genannt hatte, den Wunsch nach der Steppe, den Hass der Nomaden gegen Persönlichkeitswurzel, den Versuch, Europa überhaupt abzuwerfen? Was war das, was da anrückte aus der Unendlichkeit des Raums, der jenseits der Oder begann? In euren Gesprächen war selten die Rede von den Dörfern östlich der Oder, es ging immer um Brieg und Lossen, Koppen und Frohnau. Jenseits der Oder war der Boden sandig und weniger fruchtbar, dort gab es kaum Dörfer, kaum Ackerland, sondern vor allem Wald. Seid Ihr jemals nach Osten gefahren auf die andere Seite, in den Raum, aus dem jetzt die Russen kamen?

Mag sein, dass die Rosenthaler wenig wussten in ihrem Dorf hinter den sieben Bergen, aber sie wussten genug, um zu fürchten, dass der Russe als Rächer kam. Die Rosenthaler flüchteten vor seiner Rache, sie mussten zumindest ahnen, was die Deutschen im Osten getan, wie sie gewütet hatten. Zweck des Russlandfeldzugs ist die Dezimierung der slawischen Bevölkerung um 30 Millionen, hatte Heinrich Himmler gesagt. Wie konnten die Rosenthaler auf Gnade hoffen?

Der einzige, der Russland kennenlernen sollte, war Dein Vater Herbert, der im Frühjahr 1945 in Breslau mit dem Pferdewagen Munition zu den Schützengräben fuhr. Im Sommer darauf, nach der Kapitulation, würde man ihn anderthalbtausend Kilometer nach Osten verschleppen in ein Lager im Wald irgendwo bei Charkow, dort würde er die nächsten drei Jahre Bäume fällen. Mein Großvater Herbert kam in Kriegsgefangenschaft in einen Landstrich, der heute zur Ukraine gehört, aber er hat damals nicht zwischen Russen und Ukrainern unterschieden. Nach seiner Rückkehr sprach Großvater, der die Russen kannte, nie schlecht über sie. Du sagtest, dass er nur überlebte, weil er eine so schöne Stimme hatte. Im Lager gaben sie ihm Extraportionen, weil er abends am Feuer sang. Dieser Deutsche sollte nicht sterben. So schrieben sich die Klischees von der russischen Gefahr und der russischen Seele in unsere Familiengeschichte ein, und ich wuchs auf mit einem Bild von Russland, bei dem nichts zusammenpasste. Russland war unser Schicksal, die Macht im Osten, die das Leben unserer Familie bestimmt hatte vom Moment, als die Rote Armee im Januar 1945 über die Oder schoss. Russland war eine tödliche Gefahr, der Russe war grausam, er mordete, plünderte, vergewaltigte, er war so furchterregend, dass man alles aufgab und fünfhundert Kilometer nach Westen rannte. Und zugleich war er ein Seelenmensch, den der Gesang Deines Vaters so anrührte, dass er sein Brot mit ihm teilte, auch wenn er selbst hungerte.

Ich fuhr 1986 nach dem Abitur zum ersten Mal in die Sowjetunion, gemeinsam mit meiner Schwester, wir hatten diese Reise lange ersehnt, schon als Kinder hatten wir davon geträumt, nach Russland zu fahren. Keine unserer Freundinnen in Wedel westlich von Hamburg interessierte sich auch nur im Geringsten für Russland, aber auf uns übte die Sowjetunion eine Faszination aus, deren Ursache wir damals noch nicht verstanden.

Meine Schwester hatte als Teenager die Romane von Heinz G. Konsalik gelesen, Der Arzt von Stalingrad, Russische Sinfonie und Liebesnächte in der Taiga, beim Lesen hatte sie weinend auf dem alten Sofa in ihrem Zimmer gesessen, jedes Mal, wenn ich die Tür öffnete und den Kopf hineinsteckte, liefen ihr die Tränen über die Wangen. Wir schauten zusammen Doktor Schiwago, und wenn wir die Großmutter besuchten, die Mutter unserer Mutter, liefen wir zuerst zu der Vitrine im Wohnzimmer, in der die Spieldose mit der Filmmelodie stand, der Melodie, die gespielt wurde, wenn Omar Sharif im blütenweißen Russenkittel durch wogende Weizenfelder schritt. Wir stritten, wer die Spieldose einmal erben würde. Wir fühlten uns auf unerklärliche Weise zu diesem Russland hingezogen in einer romantischen Mischung aus Sympathie und Schauder.

Acht Jahre zuvor war ich zum ersten Mal in Rosenthal gewesen. Jetzt stiegen meine Schwester und ich im Bahnhof Friedrichstraße in Ost-Berlin in den Nachtzug Richtung Moskau. In die Sowjetunion. Auf der Suche nach dem, was Euch verfolgt hatte.

Es war der Beginn einer langen Suche. Ich begann sie, ohne es zu wissen, ich machte mich auf den Weg, ohne zu wissen, warum und wohin. Ich wusste nicht, dass ich auf dem Weg nach Rosenthal war, auf der Suche nach meiner Herkunft, ich nahm einen riesigen Umweg, wandte mich weit nach Osten, ich lernte Russisch, die Sprache, deren weicher Wohlklang mich immer angezogen hatte, eine Sprache wie ein warmes Bad, schwer duftend, lernte Russisch bei der berühmten Übersetzerin Swetlana Geier, die sich weigerte, uns die Grammatik zu erklären, sondern glaubte, man müsse die Sprache mit dem Ohr lernen, mit dem Ohr und dem Herzen, intuitiv, wie ein Kind, sie ließ uns Kinderreime nach dem Gehör nachsprechen, bevor wir ihre Bedeutung verstanden, und Strophen aus dem Versroman Eugen Onegin von Puschkin memorieren. Ich lernte die Sprache der Verfolger, die Sprache des Bösen, die Sprache, die mein Großvater im Lager gehört hatte und meine Großmutter im Sommer 1945 bei der Zwangsarbeit im Stollen. Immer wollte ich nach Russland, wollte dort leben, eintauchen in das warme Sprachbad, das Land fühlen, als hätte ich dort eine Mission, müsste versöhnen, den Frieden machen, den Ihr nicht gemacht hattet. Ich studierte russische Literatur und Geschichte, bereiste den Osten, lebte monatelang in der Sowjetunion und verbrachte den Sommer, in dem sie unterging, in der Ukraine, saß, als das Land unabhängig wurde, in irgendeinem Straßendorf unweit von Kiew und fotografierte die Großmutter meiner ukrainischen Freundin, die meine Großmutter hätte sein können wie Olga und wie Stasia. Später lebte ich als Journalistin vier Jahre lang in Moskau, ich ahnte vage, dass das alles mit meiner Herkunft zu tun hatte, aber es brauchte Tausende von Kilometern und Dutzende von Jahren, bevor ich mich Rosenthal tatsächlich wieder näherte.

Ich nahm einen riesigen Umweg, über Russland nach Rosenthal, über Sibirien nach Schlesien, vielleicht, weil Russland das Zentrum war, die Macht, die alles bestimmt hatte, aber vielleicht konnte ich auch einfach nicht den direkten Weg nehmen. Vielleicht war dafür alles zu kompliziert und Polen zu nah, zu schwierig für den Anfang.

Mit Ende dreißig beginne ich mit dem Laufen. Wenn ich abends meine Runde mache, dämmert es im Herbst oft schon. Ich laufe durch den Wald auf einer breiten Schneise, der Himmel über mir noch hell, aber zwischen die Bäume fällt schon die Dunkelheit, die kleinen Waldwege sind kaum noch auszumachen, und wenn ich von einer Lichtung wieder in den Wald biege, tauche ich ein ins Schwarze. Ich bin ganz allein, nichts ist zu hören außer dem eigenen, gleichmäßigen Laufatem, dem Knistern der Blätter unter meinen Füßen, hin und wieder ein Tierlaut aus dem Gehölz, ein Reh, das den Weg quert, das Rascheln eines Eichhörnchens oder einer Amsel im Laub. Der Jäger lief zum Wald hinaus, versteckt sich flink im Jägerhaus, lauf, Jäger, lauf. Es ist unheimlich, im Finstern zu laufen, wie auf der Flucht, wer läuft, läuft davon, vor der Dunkelheit, vor etwas, das ihn verfolgt. Wenn ich mich umblicke, ist da nichts, aber im Blick zurück steigt Panik auf vor dem Unsichtbaren, das mich verfolgt. Unheimlich ist es und zugleich lustvoll, wie damals, wenn wir als Kinder Fangen spielten, und wenn er kommt, dann laufen wir, die Lust, zu entkommen, immer wieder, davonzulaufen, laufen, laufen, Angstlust, Angst vor der Dunkelheit, dem Krieg, dem Tod.

Ich war ein ängstliches Kind, meine ganze Kindheit hatte ich Angst vor dem Krieg und den Russen. Die Russen waren der Krieg, und der Krieg waren die Russen. Ich wusste, dass es zwischen uns und den Russen eine Mauer gab, so wie es damals zwischen Euch und den Russen die Oder gegeben hatte. Und obwohl ich wusste, dass die Mauer nicht gebaut worden war, um uns vor den Russen zu schützen, gab es in meiner kindlichen Vorstellung eine innere Verbindung zwischen der Oder und der Mauer. Die Mauer änderte nichts an meiner Angst.

Kein Gefühl prägt das menschliche Verhalten und den Charakter so sehr wie die Angst. Ob ein Mensch ängstlicher ist als andere, zeigt sich schon sehr früh, ist also vermutlich angeboren und vererbt. Schon Säuglinge zeigen sehr unterschiedliche Reaktionen auf Unbekanntes, und aus ängstlichen Säuglingen werden häufig ängstliche Kinder, aus ängstlichen Kindern überdurchschnittlich häufig Erwachsene, die besonders viel leisten. Angst kann ein großer Antreiber sein, wer ängstlich ist, glaubt mehr leisten zu müssen, um dann vielleicht in Sicherheit zu sein.

Ich war ein ängstliches Kind, ich hatte Angst, ohne die Mutter zu sein, weil die Mutter Angst hatte, mich zu verlieren, das lang ersehnte Wunschkind. Die lebt nicht lange, hatte meine schwermütige Großmutter Olga bald nach meiner Geburt prophezeit. Sie gaben mir den Zweitnamen Rotraut nach der Schwester meiner Mutter, die im Alter von drei Jahren gestorben war, ein Unfall, weil man nicht genug auf sie achtgegeben hatte, sie gaben mir den Namen eines toten Kindes. Mit schlechten Vorzeichen großzügig ausgestattet wurde ich ein ängstliches Kind, ich hatte Angst vor der Dunkelheit, Angst, an einem Winterabend das helle Wohnzimmer zu verlassen, herauszutreten aus der Wärme und Gemeinschaft, um irgendetwas aus meinem Zimmer zu holen, Angst davor, das Licht im Flur hinter mir auszuschalten, Angst vor dem Kino, in das die anderen Kinder so gerne gingen, dem großen dunklen Saal, den Filmbildern, denen ich ausgeliefert war wie meinen Albträumen, Angst vor der dramatischen Musik im Fernsehen, wenn Du am Sonntagabend Tatort sahst, Angst davor, dass die Sahara sich bis nach Norddeutschland ausbreiten würde, ich hatte im Fernsehen eine Sendung mit dem Titel «Die Wüste wächst» gesehen, es war darin allerdings um Afrika gegangen, Angst, dass Du von der RAF entführt werden würdest, obwohl Ihr mir glaubhaft versichertet, dass Du dafür nicht wichtig genug seist. Angst, man könnte Dich verwechseln und aus Versehen für wichtiger halten als Du warst.

Aber all das war nichts gegen die Angst vor dem Krieg. Die Angst vor dem Krieg ließ mich vor dem Einschlafen lange wachliegen, sie begleitete mich jeden Abend in den Schlaf. Ich bat Mutter, die Zimmertür einen Spaltbreit geöffnet zu lassen und das Licht im Flur nicht zu löschen, aber das half wenig. Ich lauschte in die Stille des Abends über unserer Siedlung, das Rascheln der Birke vor meinem Fenster, das ferne Rollen der S-Bahn alle zwanzig Minuten, ich lauschte, ob der Drache weiter schlief, ich durfte nicht schlafen, denn ich musste aufpassen, ich bewachte seinen Schlaf.

Wenn ich abends im Bett lag, grübelte ich über das Wort Waffenstillstand, von dem ein ungeheurer Schrecken ausging, ich fürchtete dieses Wort. Jedes Mal, wenn ich es in Erinnerung rief, stieg Panik auf. Waffenstillstand – das klang, als sei der Krieg nicht vorüber. Ich wusste, dass es keinen Friedensvertrag zwischen der Bundesrepublik und der Sowjetunion gab, das hattest Du mir erzählt, man hatte lediglich einen Waffenstillstand vereinbart, der damals immerhin schon seit mehr als dreißig Jahren hielt, aber eben nur ein Waffenstillstand, kaum besser als eine Feuerpause, es klang vorübergehend und provisorisch, als könnte es morgen wieder losgehen, als stünden die Panzer noch auf dem Schlachtfeld und würden vielleicht morgen wieder zum Einsatz kommen, und Dich würden sie einberufen an die Front, Dich, der sich so glücklich schätzte, zu den weißen Jahrgängen zu gehören, nie eingezogen worden zu sein, nicht zum Wehrdienst und schon gar nicht in den Krieg, nie eine Waffe in der Hand gehalten zu haben außer einmal probeweise das Jagdgewehr von Onkel Hans. Waffenstillstand, das klang, als sei der Krieg nicht beendet, sondern nur kurz unterbrochen worden. Und so blieb es meine schlimmste Angst, dass der Drache nicht besiegt war, sondern vielleicht nur ein Nickerchen machte, Kräfte sammelte, Angst, dass der Krieg nie beendet sein, sondern immer wiederkehren würde, dass es nie vorbei sein würde.

Auch Urszula, meine Polnischlehrerin, hatte ihre ganze Kindheit lang Angst vor dem Krieg. Und nicht nur sie: Ganz Polen, sagt Urszula, fürchtete noch Jahrzehnte nach Kriegsende, dass es wieder losgehen könnte, horchte nach Westen und nach Osten, ob der Drache auch schlief, horcht vielleicht bis heute. Damals gab es in Polen keine Familie, die nicht vom Krieg betroffen, in der niemand ermordet, verschleppt, gefallen, enteignet, vergewaltigt, vertrieben worden war.

Als 1981 in Polen das Kriegsrecht verhängt wurde, geriet Urszula in Panik, auch sie kannte den Schrecken der Wörter: Krieg oder Kriegsrecht, was war der Unterschied, das eine machte ohne das andere keinen Sinn, sie war sicher, dass nun ein neuer Krieg bevorstand. Wenn sie Soldaten in Uniform sah, bekam sie vor Angst Herzrasen, sie spürte, dass auch die Erwachsenen sich fürchteten. Wozu hatte man das Kriegsrecht verhängt, wenn nicht für einen Krieg?

In der Nacht zum 24. Januar überqueren sowjetische Truppen bei Koppen den Fluss und errichten westlich der Oder einen Brückenkopf. Seit Beginn der Winteroffensive Mitte Januar hat die 1. Ukrainische Front unter Marschall Iwan Konjew sehr rasch den Großteil des Generalgouvernements Polen, Oberschlesien und Niederschlesien östlich der Oder erobert, seit Mitte Januar ist die Rote Armee etwa 400 Kilometer nach Westen vorgestoßen, sie hat die Gebiete ohne nennenswerten deutschen Widerstand geradezu überrannt. Am 19. Januar, drei Tage vor Eurer Flucht, erreicht sie in diesem Frontabschnitt die Grenze des Deutschen Reiches. Dann kommt der Vormarsch an der Oder zunächst zum Halten. Die sowjetischen Verbände sammeln sich, Rosenthal liegt unter Beschuss, aber bis Anfang Februar machen die Russen keinen ernsthaften Versuch, das Dorf einzunehmen, es wird weiter von der Wehrmacht gehalten. Einige ältere Männer sind noch am 19. Januar zum Volkssturm abkommandiert worden, unter Führung von Gutsbesitzer Moll haben sie entlang der Oder Schützenlöcher ausgehoben und sollen nun, mit kaum mehr als Spaten bewaffnet, Rosenthal gegen die Rote Armee verteidigen. Manchmal erreichen den Treck Nachrichten, dass einer von ihnen gefallen ist.

Abends im Hotel wasche ich als erstes meine Wäsche, damit sie bis zum nächsten Morgen trocknet. Ich übernachte meist in kleinen Pensionen, manchmal sind es alte Villen, einmal sogar ein Gutshaus. Ich esse in irgendeiner Pizzeria oder einem einfachen Restaurant zu Abend, es macht mir nichts aus, alleine am Tisch zu sitzen, im Gegenteil, ich bin meist so müde, dass ich kaum sprechen kann, der Kopf leer und zugleich übervoll mit den Bildern des Tages, die Beine in Aufruhr, ich nehme jeden Abend eine Schmerztablette, damit der Körper zur Ruhe kommt.

Manchmal zappe ich durch die Kanäle des Hotelfernsehens, deutsche Sender finden sich selten, eher schon russische. Eine Talkrunde im Ersten Kanal des russischen Staatsfernsehens, Bolschaja Igra – The Great Game. Titel der Sendung: Mutationen – biologische und politische. Ein unbekanntes Virus breitet sich in der chinesischen Provinz Wuhan aus, es heißt Sars-Cov-2 oder Covid-19. Die Runde diskutiert mit großer Ernsthaftigkeit, ob das Virus eine biologische Waffe der Amerikaner ist, um China zu schwächen. Dann geht man von den biologischen zu den politischen Mutationen über, so kündigt es die Moderatorin an, der ukrainische Präsident hat etwas Böses über den Hitler-Stalin-Pakt gesagt, er hat ihn einen verbrecherischen Vertrag totalitärer Regime genannt, als sei die Sowjetunion genauso schuld gewesen am Ausbruch des Zweiten Weltkriegs wie Hitlerdeutschland. Der ukrainische Präsident hat Zusammenhänge zum Holocaust und zur Gegenwart hergestellt. Die Talk-Runde ist außer sich vor Empörung über die historischen Lügen der Ukrainer, die Geschichtsverdrehung, und die Undankbarkeit der Polen, denn der ukrainische Präsident hat das in Polen gesagt, und das sei natürlich kein Zufall.

Sie wollen uns unseren Sieg wegnehmen, wir haben den furchtbarsten Feind in der Geschichte der Menschheit besiegt. Und jetzt wollen sie uns unseren Sieg wegnehmen.

Im Osten Europas tobt ein Geschichtskrieg, ein Krieg des Gedenkens, Russen, Polen und Ukrainer beschuldigen sich gegenseitig, ihn entfesselt zu haben. Es geht um den Zweiten Weltkrieg und den Holocaust, um Opfer und Schuld, es geht um die Vergangenheit, scheinbar, aber tatsächlich geht es um die Gegenwart und um die Zukunft, denn, so zitieren sie George Orwell: Wer die Vergangenheit kontrolliert, kontrolliert die Zukunft.

Sie ereifern sich: Ist etwa die Sowjetunion schuld, dass Hitler-Deutschland Polen überfallen hat? Im Hitler-Stalin-Pakt wurde der Überfall auf Polen jedenfalls nicht vereinbart. Es wurden Einflusssphären abgesteckt, genauso wie am Ende des Zweiten Weltkriegs in Jalta. Das war eine normale Praxis Mitte des Zwanzigsten Jahrhunderts. Wenn nur Roosevelt und Churchill noch leben würden, sie könnten es bezeugen.

Sie wollen Anerkennung, sie haben den Zweiten Weltkrieg gewonnen unter ungeheuren Opfern, sie haben Polen von den Faschisten befreit, fast eine halbe Million Sowjetsoldaten fiel bei der Befreiung Polens. Und die Ukrainer, haben die sich etwa selbst befreit? Nein, Russland hat die Ukraine von den Faschisten befreit. Diese historischen Mutationen sind schlimmer als das Virus aus Wuhan, das werden sie dem ukrainischen Präsidenten nie verzeihen. Sie zeigen Schaubilder mit den Gebieten, die Polen durch den Zweiten Weltkrieg hinzugewonnen hat, Schlesien und Pommern und Ostpreußen. Die polnischen Gebiete, die sich die Sowjetunion im Osten einverleibte, zeigen sie nicht. Sie listen auf, wie die Sowjetunion Polen nach dem Krieg geholfen hat, wie viele Tonnen Getreide und Fleisch, wie viel Stück Vieh und wie viele Traktoren sie den Polen geliefert hat.

Wir haben ihnen Zehntausende Tonnen Getreide geliefert, während es in Moskau Brot auf Bezugsschein gab. Wir haben so viel getan für die Rettung und den Wiederaufbau Polens in der Nachkriegszeit. Und jetzt kommen dieselben Polen und verlangen Reparationen. Die Polen haben das Europaparlament dazu gebracht, eine Resolution zu verabschieden, in der es heißt, Hitlerdeutschland und die Sowjetunion seien gleichermaßen schuld am Zweiten

Weltkrieg. Und auf dieser Grundlage verlangen die Polen jetzt Reparationen von Russland, vom Sieger! Das Europaparlament ist beherrscht von Ländern, die von den Deutschen besetzt waren oder mit den Deutschen kollaboriert haben, und diese Leute, die Verbündete Hitlers waren, werfen uns jetzt vor, dass wir Warschau nicht schnell genug befreit haben!

Überhaupt solle man die Geschichte den Historikern überlassen, es gehe schließlich um Fakten, um Wissenschaft. Und jetzt haben die Polen es unter Strafe gestellt, über eine polnische Mitverantwortung für den Holocaust zu sprechen. Warum haben denn die Faschisten die Vernichtungslager in Polen errichtet? Weil es von dort kein Entrinnen gab. Kommen Sie, verletzen wir das polnische Gesetz. Sie haben die Vernichtungslager in Polen errichtet, weil die Polen den Faschisten geholfen haben, die Juden zu fangen. Zu fangen und zu vernichten. Man soll die Geschichte den Historikern überlassen, aber um zu verstehen, wer den Zweiten Weltkrieg angefangen hat, braucht man nicht in die Archive zu steigen. Jeder weiß, dass das faschistische Deutschland die Verantwortung trägt. Niemand hat eine weiße Weste, aber es gab Staaten, die sich mehr und Staaten, die sich weniger anständig verhalten haben. Und am anständigsten war die Sowjetunion. Unsere sowjetische Armee hat neunzig Prozent der Divisionen der Wehrmacht besiegt. Wir haben gesiegt. Sie wollen uns unseren Sieg wegnehmen, eines der Symbole unseres nationalen Stolzes. Die Sowjetunion hat den schlimmsten Feind in der Geschichte der Menschheit besiegt, im schrecklichsten Krieg, unter den größten menschlichen Opfern, und diesen großen Sieg wird uns niemand wegnehmen. Niemals.

So reden sie in der Talkshow im russischen Fernsehen, sie ereifern sich, sie sind alle einer Meinung, trotzdem schreien sie, als würde ihnen ständig jemand widersprechen. Nichts ist vergangen, alles ist noch da und neu da immer wieder, sie sind verletzt und verbittert. Sie indoktrinieren kommende Generationen, sie erziehen Generationen von Erniedrigten und Beleidigten. Sie sind verbittert, weil sie den Sieg im Zweiten Weltkrieg so schwer erkämpft und dann den Kalten Krieg verloren haben, eine Niederlage, die, wie sie glauben, ihren Sieg zunichte gemacht hat.

Die Geschichte ist zum Schlachtfeld der Politik geworden, nicht nur in Putins Russland, sondern auch in der Ukraine und für die polnischen Rechtspopulisten, die Geschichte ist wie ein Teig, aus dem sich formen lässt, was man will. Alle wollen Opfer sein, Helden oder Opfer, nur nicht Täter. Wie soll sich die historische Wahrheit gegen die simplen Erzählungen behaupten, die historische Wahrheit, die uneindeutig ist und ambivalent, weil so viele Täter und Opfer zugleich waren oder Täter und Helden, Antisemiten und Judenretter, Befreier und Unterdrücker, Verräter und Helfer, Vertriebene und Mitläufer.

Es war das Jahrhundert der Wölfe, aber jetzt wollen alle Lämmer gewesen sein. Außer uns, außer den Deutschen, wir haben alles eingestanden und zugegeben, wir waren Wölfe. Wir Deutschen glauben, dass uns der Geschichtskrieg nichts angeht, den sie im Osten entfesseln. Wir glauben, die Vergangenheit sei vergangen und die Geschichte Geschichte. Wir glauben, dass wir sie aufgearbeitet haben und deshalb nun fein raus sind.

Deutsche Politiker gedenken, sie fahren nach Auschwitz, sie halten Reden, sie halten die schönsten Reden in Jad Vashem, sie fahren auf die Westerplatte und nach Moskau. Aber das hilft alles nichts gegen den Geschichtskrieg, der jenseits der Oder tobt. Dort geht es nicht um die Deutschen, die an allem schuld waren. Dort ist man damit beschäftigt, die Restschuld zu verteilen. Und auch, wenn die Schuld der anderen im Vergleich zur deutschen Schuld verschwindend gering ist, ist es ein riesiger Streit. Streit zwischen Polen und Russen, zwischen Russen und Ukrainern, Ukrainern und Polen, Israelis und Polen. Was, wenn wir uns irren, was, wenn wir nicht merken, dass nichts vorbei ist und sie gerade dabei sind, den nächsten Krieg vorzubereiten, wenn unter der Asche immer noch Glut glimmt, in die sie jetzt hineinblasen, als müsse man sich nicht fürchten vor dem Feuer?

Wir glauben, dass wir mit der Vergangenheit fertig sind, weil wir alles benannt und bereut haben. Weil die Historiker alles erforscht haben und es keine Geheimnisse mehr gibt. Andererseits: Wie weit sind wir eigentlich? Nicht einmal jeder fünfte Deutsche glaubt, dass unter seinen Vorfahren in der NS-Zeit auch Täter waren. Und zugleich meint jede Zweite, dass ihre Vorfahren unter den Opfern des Zweiten Weltkriegs waren. Was würde ich antworten? Was genau ist ein Täter und wer ein Opfer?

Am 26. Januar übernachtet Ihr in Kurtwitz in einem Barackenlager. An diesem Tag seid Ihr durch Strehlen gekommen, die Stadt wird, als Ihr sie gerade passiert habt, von der sowjetischen Luftwaffe bombardiert, aus der Ferne seht Ihr einen brennenden Lazarettzug. Um Euch herum tobt der Krieg. Ich versuche, mir Dich in diesem Chaos vorzustellen, einen neunjährigen Jungen, starr vor Schrecken und Kälte, aber Du hast mir nie von Töppendorf erzählt, von Kurtwitz und Olbendorf.

Der Vater von Gretel Kosok und die anderen Männer, die zum Volkssturm abkommandiert wurden, sind tags zuvor zum Treck zurückgekehrt. Als sie in Brieg ankamen, war man schon dabei, das Wehrkreiskommando zu räumen. Parteileute und SS beluden Lastwagen mit Kisten und Koffern, um sich in Sicherheit zu bringen. Die Männer aus Rosenthal beschlossen, sich wieder zum Treck durchzuschlagen, trotz der Gefahr, von den Kettenhunden entdeckt und erschossen zu werden. In einem Dorf sehen sie einen alten Bauern, der mit einem Beil das Hakenkreuz von der Hauswand hackt.

Aus der Ferne sind die Städte schön, ich komme über einen Hügel und sehe eine Kirchspitze oder einen Rathausturm. Die Verheerungen sieht man erst aus der Nähe. Im Zentrum von Strehlen, heute Strzelin, wurde im Frühjahr 1945 schwer gekämpft, Mitte März rückte die Rote Armee bis vor die Stadt. Die Wehrmacht sprengte vor ihrem Rückzug alle Türme, auch den Rathausturm. Als sie abzog, war die Altstadt, der Ring am Markt, die Kirchen, das Rathaus, nahezu vollständig zerstört. Erst spät, Jahrzehnte nach dem Krieg, begann man, einzelne Gebäude wieder aufzubauen, man rekonstruierte den Rathausturm und das Haus der Herzöge von Brieg.

Das Hotel Maria liegt am Rande der ehemaligen Altstadt in einem Park zwischen hohen Bäumen, ein neogotischer Bau, groß und verwinkelt mit einem Turm und einem riesigen Tanzsaal. Es ist Anfang der neunziger Jahre renoviert worden, es war die Zeit, als die Deutschen nach Strzelin kamen, Heimwehtouristen, einzeln und in Gruppen, alte Männer und Frauen, die in der St-Gotthards-Kirche konfirmiert worden waren und in ihrer Jugend im Hotelsaal getanzt hatten. Jetzt ist das Hotel leer, drei weißrussische Geschäftsleute und ich, das ist alles.

Am Morgen komme ich mit dem Hotelbesitzer ins Gespräch. Er hat das Hotel Maria genannt, nach seiner Frau, sagt er, aber es läuft nicht gut.

Und was tun Sie hier?

Ich gehe den Weg meines Vaters.

Zu Fuß? Zu Fuß.

Allein? Allein.

Der Hotelbesitzer hat mit vielen Heimwehtouristen gesprochen, ihre Fotos hängen im Flur, sie würden sich vielleicht an die Flüchtlinge erinnern, die im Winter 1945 durch Strehlen kamen, daran, wie ihre Mütter Kaffee und Suppe für die Flüchtlinge kochten. Manche Gäste haben ihm noch Jahre nach ihrem Besuch geschrieben, aber das ist jetzt auch vorbei. Und der Besitzer des Hotels Maria weiß nichts über die Flüchtlinge, die vielleicht in seinem großen Saal übernachteten, auf dem Boden, gerade hier, in dem Teil, der als Frühstücksraum abgetrennt ist, wo wir uns jetzt im Licht des trüben Januarmorgens an einen Tisch setzen und reden.

Es ist eines von vielen Gesprächen auf dieser Reise, in denen es bald um Geschichte und Politik geht, Gesprächen mit den freundlichsten und liebenswürdigsten Menschen – bis man mit ihnen über Geschichte und Politik spricht. Sein Vater kam aus den Kresy, jenem östlichen Teil von Polen, den das geheime Zusatzprotokoll zum Hitler-Stalin-Pakt der sowjetischen Interessensphäre zugeschlagen hatte. Die Sowjetunion verleibte ihn sich Mitte September 1939 nach dem deutschen Überfall auf Polen ein. Auch so ein Land, das fiel. Zuerst an die Sowjets, dann, 1941 nach dem Überfall auf die Sowjetunion an die Deutschen und schließlich, nach der deutschen Niederlage, wieder an die Sowjets.

Die Deutschen machten nichts, die Sowjets enteigneten und requirierten, sagt der Hotelbesitzer. Die Russen, immer die Russen.

Warum ist Geschichte heute in Polen so wichtig?

Wegen der Politik.

Die Politik hat ein Gesetz erlassen, das regeln will, was man in Polen über den Holocaust und den Zweiten Weltkrieg sagen darf und was nicht. Niemand soll von polnischen Konzentrationslagern sprechen, niemand soll den Polen eine Mitverantwortung zuschreiben für die Verbrechen, die die Deutschen in Polen begangen haben.

Andere haben den Deutschen auch geholfen. Letten zum Beispiel, und Litauer, sagt der Hotelbesitzer. Wussten Sie übrigens, dass Hitler Halbjude war? Ein Viertel der Teilnehmer der Wannseekonferenz waren Juden. Warum sagt niemand, dass es Juden waren, die den Holocaust beschlossen haben?

Weil es nicht der historischen Wahrheit entspricht.

Zur historischen Wahrheit gehört, dass auch Polen in Auschwitz ins Gas geschickt wurden. Der Warschauer Aufstand wurde niedergeschlagen, fast drei Millionen Polen kamen ums Leben.

Die Deutschen haben furchtbare Verbrechen an den Polen begangen. Niemand bezweifelt das.

Aber vielleicht kennen Sie diese historische Wahrheit noch nicht: Als die Rote Armee Berlin eroberte, kämpften Polen an vorderster Front. Und die erste Flagge, die über dem Reichstag wehte, war die polnische, weil ein Pole sich als erster nach oben gekämpft hatte. Die Sowjets konnten das nicht ertragen, sie holten die polnische Flagge wieder runter und setzten die sowjetische. Dann brachten sie den Polen um, der die polnische Flagge gehisst hatte, weil niemand erfahren sollte, dass ein Pole der erste gewesen war.

Warum erzählen Sie mir das?

Er bietet mir noch einen Kaffee an, er ist freundlich, er möchte, dass ich ihm glaube. Unbedingt soll ich ihm glauben, dass die Polen nur Opfer und Helden waren, nur Helden und Opfer.

Warum genau ist Geschichte heute in Polen so wichtig?

Wegen der Europäischen Union. Erst waren wir Gefangene der Sowjets, jetzt sind wir Gefangene der EU, Gefangene von Brüssel. In Brüssel diktieren die Deutschen, sie bestimmen alles.

Aber die Europäische Union unterstützt Polen, jede Schule, jede Straße hier wurde mit Geldern der EU renoviert. Niemand zwingt Polen, Mitglied der EU zu sein.

Nicht alles, was von der EU kommt, ist schlecht, aber wir wollen nicht der arme Onkel sein, dem geholfen wird. Wir wollen respektiert werden, ein gleichberechtigtes Mitglied, anerkannt.

Polen hat sich seit dem Beitritt sehr gut entwickelt, seine Wirtschaft wächst, es hat eine der höchsten Wachstumsraten der EU.

Und was haben wir davon? Der Staat ist verschuldet, die Banken sind nicht mehr polnisch. Haben Sie mal überlegt, was das heißt? Wir werden unsere Schulden nie zurückzahlen können. Und irgendwann werden sie kommen und sich unser Land wieder nehmen, sie werden Polen wieder aufteilen, so war es immer in unserer Geschichte.

Ich breche auf in den grauen Morgen, eigentlich wollte ich mir noch die Stadt ansehen. Aber nach dem Gespräch mit dem Hotelbesitzer verlässt mich der Mut, ich fühle mich wie zerschlagen von der Wucht der Propaganda, seinem mehr oder weniger offenen Antisemitismus, seiner Abneigung gegen Europa, dem verwundeten Stolz, überfordert mit seinem Wunsch nach Anerkennung, der unstillbar scheint, woher soll Europa die Kraft nehmen, das alles zu heilen? Mir fehlt an diesem Morgen die Kraft, mich der Tristesse des Marktplatzes auszusetzen, dessen klaffende Kriegswunden mit Mietblocks der sechziger und siebziger Jahre zugebaut wurden. Ich habe Angst, dass mich an diesem Morgen der letzte Rest Zuversicht verlässt, die Hoffnung, dass irgendetwas bleibt von den Lektionen des zwanzigsten Jahrhunderts, meine Zuneigung zu Polen, der Glaube an Europa. Ich mache einen Bogen um die Stadt und flüchte mich auf die Landstraße.

Ich gewöhne mich an das Gehen, an den Schmerz im Nacken, den die Apothekersalbe etwas lindert, an die Leere, die sich in meinem Kopf ausbreitet. Nur der Wind wird nicht mein Freund. Er bläst mir entgegen, drückt mich immer wieder zurück in den Osten, er peitscht mir Regen und Hagel ins Gesicht, er treibt mir Tränen in die Augen, abends sind sie gerötet, er lässt die Nase laufen und macht den Rucksack schwer.

Das Wetter ist jeden Morgen dasselbe, die graue Steppdecke liegt über dem flachen Land, im Süden jetzt die Ausläufer des Eulengebirges. Ich gehe gebeugt, den Blick gesenkt, um dem Wind weniger Angriffsfläche zu bieten, der Rücken krumm, der Blick in den Straßengraben. Wenn mir das Denken vergeht, zähle ich den Abfall im Straßengraben, alle Dinge, die Menschen aus dem Autofenster werfen. Ich sage sie mir auf, ich spiele mit mir selbst Kofferpacken, mit jedem Mal kommt ein Gegenstand dazu:

Zigarettenschachtel, Flachmann. Zigarettenschachtel, Flachmann, Windel. Zigarettenschachtel, Flachmann, Windel, Fischkonserve. Zigarettenschachtel, Flachmann, Windel, Fischkonserve, Plastikflasche Nulldrei.

Wieder versuche ich, mir Dich vorzustellen, wie Du hier gegangen bist, eingehüllt in eine Decke. Ich kann mir Dich, meinen Vater, nicht als neunjährigen Jungen vorstellen, Du hast nie erzählt, wie Du hier gegangen bist, Du konntest Dich nicht erinnern, Du hattest keine Kindheit. Aber ich kann mir einen Jungen vorstellen, der am Straßenrand steht, einen deutschen Jungen oder einen polnischen Jungen, ich kenne ihn nicht, er ist neun Jahre alt, und ich sage: Komm! Und ich nehme ihn mit, er läuft neben mir her, er ist mein Vater und mein Sohn. Er friert, er tut mir leid, ich spiele mit ihm Kofferpacken. Nach einer Stunde haben wir: Zigarettenschachtel, Flachmann, Windel, Fischkonserve, Plastikflasche Nulldrei, Kekspackung, Coladose, Plastikflasche Halbliter, Bierdose, Joghurtbecher, Socken, Redbulldose, Ölkanister, Plastikflasche Anderthalbliter, Gartenhandschuh, rote Steppjacke, Becher-To-Go, Wodkaflasche, Getränkekarton, Burgerverpackung, Plastikfolie von Sixpacks, Bananenschale, Weinflasche, CD, Entfrosterkanister, Kaugummipackung, Plastikgabel, Saftkarton, Bierflasche, Kronenkorken, Cremetube, Pizzakarton, Plastikbecher, Deckel, Strohhalm, Batterie, Plastiktüte, Mandarinenschale, Chipstüte, Gurkenglas, CD-Hülle, Erfrischungstuch, Überraschungsei, Kondom.

Der Junge hilft mir, wenn ich etwas vergesse, er vergisst nie etwas, er hat ein gutes Gedächtnis. Er erinnert sich an alles, aber er weiß nicht, was ein Kondom ist, und ich erkläre es ihm nicht.

Die Kinder frieren. Sie erinnern sich nur an die Kälte, an nichts als die Kälte, den stumpfen Schmerz, wenn Hände und Füße einfrieren und den stechenden Schmerz, wenn sie abends wieder auftauen. Hartmut Roske, der Sohn des Lehrers, hat seinen Schlitten hinten an einen Wagen gebunden, aber auch er geht meist zu Fuß, wie Du, auf dem Wagen haltet Ihr es nicht aus, es ist zu kalt.

Wir fuhren abwechselnd immer mal ein Stück auf dem Wagen mit, wo wir uns in Großmamas Pelz einkuschelten, schreibt Gretel Kosok. *Doch die meiste Zeit liefen wir neben oder hinter dem Wagen her, weil man so die grimmige Kälte besser ertragen konnte.*

Es sind offene Wagen mit hölzernen Speichenrädern, die Seiten aus groben Planken, mit der Zeit bauen sich die meisten darüber einen Giebel aus Latten, über dem zum Schutz vor Wind und Schneetreiben eine Plane oder Pferdedecke hängt. Den Kindern zieht man mehrere Schichten Kleidung übereinander, damit sie nicht erfrieren. Die Frauen tragen Röcke.

In den Dörfern haben die Kneipen geschlossen, aber immer gibt es einen kleinen Laden. Davor stehen die Trinker und sehen mich mitleidig an, auch eine, die sich bei diesem Wetter draußen herumtreibt. In den Läden gibt es vierzig Sorten Bier und Schnaps, und ein Schild, das vor den Folgen des Alkoholkonsums warnt. Es gibt ein immer gleiches Sortiment, etwas Obst und Gemüse, eine Theke mit Wurst und geräuchertem Fleisch, Brot, zwei Regale Konserven, zwei Regale Süßigkeiten und Snacks, ein bisschen wie im Kaufmannsladen meiner Kindheit. Die Fenster sind mit Regalen zugestellt und von außen vergittert, als würden Juwelen angeboten. Sie wissen hier, wozu Alkoholiker fähig sind, wenn sie Durst haben.

Eine Tasse Tee gibt es nicht. Aber manchmal erbarmt sich eine Verkäuferin und gießt mir von ihrem privaten Nescafé einen Becher auf, aus Freundlichkeit, im Austausch für eine kleine Unterhaltung, in Kondratowice zum Beispiel, damals Kurtwitz, wo hinter einem Verschlag neben einem winzigen Laden Männer stehen und trinken und palavern. Ab und zu kommt einer hervor,

geht hinein und holt Nachschub, konzentriert sich bei den drei Stufen hinauf und hinunter, setzt einen Fuß vor den anderen, verschwindet wieder wie hinter einem Paravent, verschämt, aber gleich wieder laut, wenn er außer Sicht ist. Sie lachen, sie reden über mich.

Umsonst, sagt die Verkäuferin auf Deutsch, als ich den Kaffee bezahlen will. Sie hat ein paar Jahre in Wiesbaden gelebt, hat dort gearbeitet, aber dann ist sie zurückgekommen nach Kondratowice. Warum? Das vergesse ich zu fragen, die wichtigste, die naheliegendste Frage. Manchmal, wenn ich von der Straße komme, aus dem Wind, der so laut bläst, dass ich mein eigenes Singen nicht hören kann, fällt es mir schwer zu sprechen. Dann vergesse ich die einfachsten, die wichtigsten Fragen, zum Beispiel, warum jemand von Wiesbaden nach Kondratowice zurückkehrt. Ich bin wie benommen, das Gesicht brennt, die Ohren dröhnen, und vor mir steht ein Betrunkener und heißt auch Kazik wie mein Freund in Różyna, stellt sich vor mich hin und bläst mir seinen Schnapsatem direkt ins Gesicht.

Kazik ist nicht nur betrunken, sondern wirkt auch irgendwie debil, man kann nicht sagen, ob er Mitte Dreißig ist oder Mitte Fünfzig, aber er ist sehr liebenswürdig, nur vielleicht etwas zu zugewandt, und er versteht dann doch überraschend viel, zum Beispiel, dass da eine Frau vor ihm steht, die zu Fuß – zu Fuß? – allein? – allein von der Oder bis hierher gelaufen ist. Ich sage jetzt immer, dass ich von der Oder komme, denn schon seit dem zweiten Tag kennt niemand mehr Różyna, obwohl es da gerade einmal dreißig Kilometer entfernt ist, sie kennen andere Dörfer in der Gegend, aber nein, Różyna, das haben sie noch nie gehört, was wiederum meinen Kindheitsglauben bestärkt, dass Rosenthal hinter den sieben Bergen liegt.

Kazik jedenfalls versteht, dass diese Frau zu Fuß von der Oder hierher gelaufen ist, und der Blick, mit dem er mich jetzt mustert, lässt keinen Zweifel daran, dass hier nicht nur eine jemanden für debil hält.

Im Treck leidet Nachtwächter Bielor besonders, er ist alkoholkrank. In Rosenthal ist er nachts mit Stock und Wächterhorn seine Runden durch das Dorf gegangen. Dabei nahm er ab und zu einen Schluck, im Winter, um sich zu wärmen, im Sommer einfach so. Im Dorf erzählte man sich in glücklicheren Zeiten launige Geschichten über ihn. Wie er, einziger Besitzer eines Grammophons in Rosenthal, einmal auf dem Rückweg von einem Fest im Suff die Schellackplatten auf der Dorfstraße zertrümmerte. Es war ihm einfach zu schwer geworden, sie zu tragen. Oder wie ihm die Schuljungen des Dorfes einmal übel mitspielten: Als Bielor eines Morgens in seinem Wächterhäuschen seinen Rausch ausschlief, legten sie das Häuschen um, die Tür nach unten, sodass der Nachtwächter darin gefangen war wie in einem Sarg.

Jetzt ist Bielors Schnapsvorrat aufgebraucht, und er leidet entsetzlich unter dem Entzug.

Sonntagnachmittag auf der Landstraße. Die liebenswürdigsten Polen, die mir eben noch einen Kaffee gemacht haben, werden gefährlich, sobald sie hinter dem Steuer sitzen. Es ist die Sonntagsnachmittagsschwermut, die in die Seelen kriecht. Ich kann sie seufzen hören hinter ihren Lenkrädern. Sie kommen zurück vom Sonntagsbraten bei Schwiegermutter, dazu hat es das eine oder andere Bierchen gegeben, den einen oder anderen Schnaps, vielleicht hat man gestritten, es war wie immer. Sonntagnachmittag ist die Zeit ohne Zukunft, wenn das Wochenende zuende geht und wieder nichts passiert ist, und morgen früh alles von vorne beginnt, wenn sich die Trostlosigkeit auf die Gemüter legt wie der graue Himmel auf die Landschaft.

Sonntagnachmittag ist die Zeit, wenn die lange gerade Landstraße zur Startbahn wird und man leicht glauben kann, dass am Ende der Himmel wartet und nicht die nächste Kurve, wenn die kahlen, windschiefen Obstbäume am Straßengraben Erlösung verheißen, dann kann auch eine einsame Wanderin zwischen Asphalt und Straßengraben zum Ziel werden. Die Frauen weichen eher aus, sie machen größere Bögen, fahren langsamer, aber die Männer drücken aufs Gas und halten direkt auf mich zu. Oder sie ziehen anfangs zur Straßenmitte hinüber, scheinen auszuweichen, ein Täuschungsmanöver, um dann, viel zu früh, wieder auf den Straßenrand zuzusteuern. Manchmal überholen Autos, die von hinten kommen, genau auf meiner Höhe. Dann rettet mich nur ein Sprung in den Graben.

In einer Bushaltestelle ohne Dach sitzen zwei Männer und trinken Bier, drei solide Wände auf einem Betonsockel in der Landschaft, darüber der freie Himmel, nicht einmal die Trümmer eines Dachs, als sei ein Riese vorbeigekommen und habe das Dach abgenommen, um mal zu schauen, was darunter ist: gelbes Wintergras in den Ritzen zwischen den Betonplatten, Bänke, Bierdosen, zwei Männer unter Mützen. Sie haben ihre Fahrräder an die Wände gelehnt, offenbar sind sie extra zu dieser Bushaltestelle ohne Dach gefahren, an der schon lange kein Bus mehr gehalten hat, um hier in Ruhe ihr Bier zu trinken, eine Art Sonntagsausflug. Als sie mich sehen, stehen sie auf und treten aus dem Windschatten der Betonwände hinaus in den Sturm. Sie lehnen sich aneinander wie die Seiten eines Daches, keiner könnte ohne den anderen stehen. Sie sind Brüder, sagen sie. Ich bin seit vielen Stunden niemandem mehr begegnet, ich würde mich gerne mit ihnen unterhalten hier draußen in der Einsamkeit der Landschaft, aber sie sind zu betrunken. Ich gehe weiter, die endlose Landstraße entlang mit den windschiefen Bäumen, schief wie die Männer. Irgendwann höre ich sie hinter mir rufen, sie sind wieder auf ihre Räder gestiegen, kommen hinter mir her, sie fahren Schlangenlinien, überholen mich johlend und lachend und winkend, was ihr prekäres Gleichgewicht weiter gefährdet. Die Straße führt jetzt steil bergan, sie stemmen sich gegen den Sturm, der auch sie zurücktreiben will, sie geben auf, steigen ab, schieben ihre Räder hinauf zur Höhe, zwei schwankende Gestalten in der grauen Landschaft.

Wir Heimatvertriebenen: Vielleicht können wir uns glücklich schätzen, denn unsere Heimatlosigkeit hat einen Grund, eine historische Ursache in den Tiefen des verfluchten zwanzigsten Jahrhunderts. Wir wissen, warum wir ohne Heimat sind. Denn sind wir nicht alle heimatlos? Sind wir nicht alle Vertriebene?

Es regnet, es hat die ganze Nacht geregnet und regnet weiter, als wolle es noch sehr lange regnen. Von Deutschland zieht ein Orkantief nach Osten, gegen Abend soll es anfangen zu schneien. Reichenbach, das heute Dzierżoniów heißt, liegt verlassen an diesem grauen Morgen Ende Januar, fast glaubt man nicht, dass hier wirklich Menschen leben, dass hinter den Gardinen vielleicht ein alter Mann am Küchentisch sitzt und das Käseblatt liest, während seine Frau das Frühstücksgeschirr in die Spüle räumt. Oder irgendwo in einer Schule die fünfte Klasse in der zweiten Stunde Mathe hat. Das Kopfsteinpflaster am Marktplatz glänzt von Nässe, am Rande sammelt sich das Wasser zu großen Pfützen, ab und zu rattert ein Auto über die Steine, wie ferngesteuert. Es übertönt nur kurz das Rauschen des Regens und die Stille dahinter.

Der Krieg, der Strzelin verwüstete, kam nicht bis Reichenbach, die Rote Armee zog weiter nach Nordwesten Richtung Görlitz, Dresden und Berlin. So blieb Reichenbach verschont, das Rathaus, die Kirche, die alten Häuserreihen am Marktplatz, alles unversehrt, alles heil, heil wie kaum eine deutsche Stadt, verschont auch von den Exzessen des modernen Kapitalismus, einladend und heimelig, gepflegt und freundlich renoviert, die Apotheke lindgrün und daneben der Laden für Hörgeräte in gelblichem Beige, davor Bänke zum Verweilen mit schweren schmiedeeisernen Füßen.

Alle Städte und Dörfer in Niederschlesien haben zwei Ortsnamen, einen damaligen deutschen und einen heutigen polnischen, sie wurden alle 1945 umbenannt, die polnischen Namen sind den deutschen akustisch nachempfunden, gehen zurück auf ältere slawische Ortsnamen oder übersetzen die deutschen: So wurde Grottkau zu Grodków, Freiburg zu Świebodzice, von swoboda, Freiheit, und Greiffenberg zu Gryfów. Aber Reichenbach ist zweimal umbenannt worden, zuerst, 1945, bekam das Städtchen einen jiddischen Namen, Rychbach, bevor es ein Jahr später, im Mai 1946, noch einmal umbenannt wurde und nun Dzierżoniów heißt nach dem Insektenforscher Jan Dzierżon, genannt Vater der Bienen, einem katholischen Geistlichen.

Unweit des Marktplatzes von Dzierżoniów stehe ich plötzlich vor einer großen Synagoge: ein wuchtiger grauer Würfel wie ein gigantischer Bauklotz, den man zwischen die bunten Häuschen geworfen hat, umgeben von einem Grundstück mit Kieswegen und säuberlich gestutzten Lebensbäumen, die Inschrift über der Eingangstür in hebräischen Lettern, in den Bögen der hohen Fenster Davidsterne. Sie liegt mitten in der Stadt und doch abseits, ein Solitär, allein, während sich die übrigen Häuser dicht aneinanderschmiegen, verlassen und abweisend wie ein Bunker. Die Fenster im ersten Stock sind vergittert, und vor dem Zaun liegt ein riesiger schwarzer Findling, als würde er Wache halten. Die Inschrift ist mit weißer Farbe überschmiert, ein fettes Kreuz, ein X, als habe jemand sie durchstreichen wollen. Die weiße Schmiere ist verblasst, der Regen spült sie fort, vielleicht hat auch jemand versucht, sie abzuwaschen. Die Pforte ist verschlossen.

Wieso ist die Synagoge erhalten geblieben, wie hat sie die Pogromnacht vom November 1938 überstanden, als auch in Schlesien die Synagogen brannten, wie die Nazi-Zeit, warum wurde sie nicht zerstört? Wer unterhält das Gebäude? Gibt es hier, in einer niederschlesischen Kleinstadt, eine so große jüdische Gemeinde? Auf einem Schild am Zaun steht eine Telefonnummer, aber niemand nimmt ab. Der Regen geht in Schnee über.

Ich gehe ins städtische Museum. Ich weiß, Ihr seid damals nicht ins Museum gegangen, Ihr musstet weiter, egal wie das Wetter war, aber ich erlaube mir das, ich habe seit Tagen kein Gespräch mehr geführt, ich möchte verstehen, wie die Menschen in Dzierżoniów auf die Geschichte ihrer Stadt blicken mit dem Bruch, der jetzt 75 Jahre zurückliegt. Das städtische Museum von Dzierżoniów ist eine Villa im Stil der Neo-Renaissance mit Stuckdecken und einer Wandverkleidung aus dunklem Eichenholz, einst gebaut für die Brüder Cohn, Hermann und Arnold, wohlhabende Tuchfabrikanten, Juden. Vielleicht erfahre ich hier etwas über die Synagoge.

Das städtische Museum ist noch nicht einmal zehn Jahre alt, eröffnet im Mai 2011, mehr als sechzig Jahre nach dem Ende des Krieges, nach dem Bruch, mehr als zwanzig Jahre nach dem Ende des Kommunismus. Es erzählt die Geschichte von Dzierżoniów, vorsichtig und unvollständig, einiges bleibt weiter im Dunkeln, aber die Vergangenheit, auch die deutsche, ist nicht mehr Tabu. Zwei Generationen und einen Regimewechsel hat es gedauert. Jetzt ist die Wunde so weit verheilt, dass man den Verband vorsichtig lösen kann, sie schmerzt noch immer, aber es lässt sich aushalten.

Das Parkett knarrt ohrenbetäubend, als ich – einzige Besucherin – durch die Räume gehe: frühgeschichtliche Tongefäße, ein Stadtmodell, Urkunden und alte Landkarten, alles auf Deutsch, einen Stich von «Reichenbach in Schlesien um 1800», ein Webstuhl, eine alte Nähmaschine. In Deutschland würde man es ein Heimatmuseum nennen.

Es ist ein Museum der verbotenen Dinge, voller Zeug, das die Deutschen zurückließen, als sie vertrieben wurden, Alltagsgegenstände: eine Tasse, eine irdene Kuchenform, ein hölzernes Butterfass, einen Teller mit der Aufschrift «Zur Silberhochzeit», eine Kuckucksuhr. Auf Polnisch heißen die Dinge, die die vertriebenen Deutschen zurückließen, poniemieckie – nachdeutsch, oder: ehemals deutsch. Verbotene Dinge: Nach dem Krieg sollten alle Spuren der Deutschen getilgt werden, vor allem die deutsche Sprache und Schrift, im Privaten wie in der Öffentlichkeit: Ortsnamen und Straßennamen, Bücher und Landkarten, die Namen der Geschäfte und die Inschriften der Grabsteine, die Vorratsdosen, auf denen «Mehl» oder «Graupen» stand, die Tassen mit den deutschen Kindernamen und die Geschirrtücher mit den Sinnsprüchen in Kreuzstich. Wie eine lange verborgene Liebe, die man plötzlich zeigen darf, ist das, was nicht zerstört wurde, hier mit nachholender Hingabe ausgestellt, nichts ist zu gering, um einen Platz im Museum zu verdienen, nicht der Reklameteller der Meierei-Zentrale «Meine Milch» mit dem pausbäckigen Kind und nicht die Mehltüte, einst gefüllt mit 1 kg Weizenmehl Type 1050 der Hilbertsmühle K.-G. Reichenbach i. Eulengebirge mit stilisierten Ähren und einer Eule im Gebirge. Alles ist mit größter Sorgfalt gesammelt und liebevoll ausgestellt, die Menschen in Dzierżoniów brachten, was sie in ihren Kellern und auf den Dachböden fanden, alles atmet eine Sehnsucht nach Geschichte, nach Verankerung in der Vergangenheit, auch der deutschen, vielleicht gerade der deutschen, nach Heilung.

Wir Deutschen sind es gewohnt, Geschichte als Lehrstück zu erzählen, immer mit Moral. Wer war schuld? Deutsche Geschichte ist eine Erzählung von Schuld und Verantwortung, vor allem die des verfluchten zwanzigsten Jahrhunderts. Damit man was lernt. Damit sowas nie wieder passiert.

Im städtischen Museum von Dzierżoniów hat Geschichte keine Moral. Geschichte sind die Zeugnisse, die man zusammenträgt, ein bisschen wie Archäologie. Geschichte wird nicht national gedacht, sondern lokal, nicht als Erzählung einer Nation, sondern eines Ortes: Was geschah in dieser Stadt? Das erlaubt es, viele schwierige Fragen auszuklammern, es spielt dann keine Rolle mehr, welcher Nationalität die Menschen waren, die hier lebten. Wenn man einiges verdrängt, wird anderes möglich.

Das Museum ist ein Bekenntnis: Wir nehmen dieses Land als unseres an. Seine Geschichte ist jetzt unsere Geschichte, obwohl unsere Vorväter und Urgroßmütter nicht von hier stammten, obwohl hier bis vor zwei Generationen nur Deutsche lebten. Es ist ein Ort der Aneignung.

Die deutschen Schlesier haben Schlesien immer nur als verloren angesehen, das Land, das die Polen ihnen genommen hatten. Das ist ihre Perspektive. Aber die Polen hatten Schlesien nicht gewollt, man hat es ihnen überlassen, zugewiesen auf fernen Konferenzen. Hier wurde niemand gefragt, die Deutschen nicht und auch nicht die Polen. Auch die Polen waren nach dem Krieg nicht Sieger, sondern Verfügungsmasse, sie wurden herumgeschubst. Schlesien war eine Entschädigung, ein Trost, für immer verbunden mit der Erinnerung an den Verlust, den Preis, den sie bezahlt hatten. Die Polen nahmen das ungeliebte Land mit seiner Geschichte, die nicht ihre war, ein Land mit anderer Leute Geschichte. Und lange durften sie darüber noch nicht einmal sprechen.

In Deutschland ist es immer nur um das Loslassen gegangen, um Ansprüche, die es aufrechtzuerhalten oder aufzugeben galt: Schlesien ist nicht mehr unser. Aber das hier ist die andere Seite: Was die Deutschen loslassen mussten, mussten die Polen annehmen. Auch das war viel verlangt.

Ein Foto im Museum zeigt, wie die Deutschen mit Handwagen und Koffern über den Marktplatz von Rychbach ziehen, um abtransportiert zu werden, ein einziges Foto für den vollständigen Austausch der Bevölkerung von Reichenbach, dazu ein einziger Satz: *Die ersten Nachkriegsmonate bedeuteten den Zustrom polnischer und jüdischer Bevölkerung aus dem Osten, die Deportation der Deutschen nach Westen und die lästige Präsenz der sowjetischen Garnison (bis 1947).*

Ein einziger Satz, mit dem, so scheint es, alles gesagt ist: die Deutschen wurden deportiert, Polen und Juden kamen, und die Russen waren lästig.

Zu den Flüchtlingen, die im Winter 1945 durch Reichenbach kamen, findet sich im Museum nichts. Niemand weiß etwas. Es ist, als habe es Eure Flucht nicht gegeben, niemand erinnert sich daran, niemand fragt, niemand will gedenken.

Als ich das Museum schon verlassen will, kommt ein kleiner Mann auf mich zu. Ich könne, sagt er, unmöglich gehen, ohne die Wanderausstellung gesehen zu haben. Es ist, sagt er, eine einmalige Sammlung von Krakauer Krippen, etwas ganz Besonderes, das könne ich mir auf keinen Fall entgehen lassen, er ist entgeistert, als er merkt, dass ich nicht weiß, was Krakauer Krippen sind, jene berühmten Krakauer Krippen, handgefertigt, gebastelt nur aus Holz, Pappe, Papier und bunter Silberfolie, meterhohe filigrane Gebäude, Monumente der Geduld und Gottesfurcht, in deren glitzernder Pracht irgendwo weit unten, winzig, Maria und Josef das

Kind umsorgen, Krippen, der Architektur von Krakau nachempfunden, seinen Kirchen, Türmen und Palästen, der armselige Stall zu Bethlehem umgedeutet zu Prachtbauten. Es sind Produkte eines frommen Zeitvertreibs, Stunde um Stunde, Abend um Abend, Tage, Monate, Jahre der Bastelarbeit, bis so eine bäuerlich-bunte Kathedrale fertig ist.

Weil wir so wenig Zeit haben auf Erden, sagt der kleine Mann. Und weil sie uns doch lang wird.

Ich frage den Mann nach der Synagoge. Ob ich vielleicht Juden treffen könnte, die in Dzierżoniów leben?

Es gibt keine Juden mehr in Dzierżoniów, sagt er.

Oder die Synagoge besichtigen?

Kaum. Sie ist abgeschlossen.

Jemand muss den Schlüssel haben.

Der Mann mit dem Schlüssel ist in Israel.

So ist das mit der Wunde. Manches bleibt weiter im Dunkeln, die jüdische Geschichte von Rychbach hat keinen Platz im Museum.

Der kleine Mann bringt mich zu Piotr, dem Konservator des Museums. Piotr sieht wild aus mit geschorenem Schädel, Tattoo und Dreitagebart, lächelt aber schüchtern und antwortet freundlich auf meine Fragen, vorsichtig, Geschichte ist eine heikle Sache dieser Tage in Polen. Piotr kocht mir in der Küche des Museums einen Kaffee.

Wie geht man mit einer Geschichte um, die nicht die eigene ist?

Das ist eine schwierige Frage. Etwas ändert sich. Die ältere Generation ist in der Geschichte des Zweiten Weltkriegs verhaftet, aber die junge fühlt anders. Sie hat kein Problem damit, dass das Land hier früher deutsch war und jetzt polnisch ist. Für sie ist das vorbei.

Und die Synagoge? Warum erfährt man im Museum nichts darüber, dass Reichenbach unmittelbar nach dem Krieg ein Zentrum für Juden war, die den Holocaust überlebt hatten?

Der Holocaust ist eure Geschichte, sagt Piotr. Der Holocaust ist Menschheitsgeschichte, korrigiert er sich später, aber besonders eure Geschichte. Entscheidend ist: Der Holocaust ist nicht unsere Geschichte, nicht polnische Geschichte, was können wir dafür, dass die Deutschen ihre Verbrechen in Polen begangen haben.

Wir Deutsche haben immer das eigene Schicksal gesehen, unseren Verlust, unseren Schmerz und unsere Schuld. Wir sahen die Verbrechen der Deutschen, wir waren immer sehr beschäftigt mit uns, mit dem Bösen, das wir getan hatten, was vielleicht auch eine Art von Narzissmus ist, jedenfalls ging es in erster Linie um uns selbst. Es ging nicht um das Leid der Polen, den Schmerz, der ihnen zugefügt wurde durch das Umfüllen, den Schmerz, in einem fremden Land zu leben, zufrieden sein zu müssen, mit einem Dorf, das nicht das eigene ist, in einem Land zu leben, fremd und verheert durch die Verbrechen der Deutschen.

Wir haben nicht verstanden, dass wir den Holocaust nicht nur den Juden angetan haben, sondern auch den Polen, die nun an den Orten des Grauens leben müssen und hilflose Gesetze erlassen, um die Verbindung zu kappen zwischen ihrem Land und unseren Verbrechen, den Verbrechen der Deutschen, die nicht einmal den Warschauer Aufstand vom Aufstand im Warschauer Ghetto unterscheiden können. Den Holocaust, den wir den Polen angetan haben, nicht nur weil Polen, Juden und Nichtjuden, in den Lagern ermordet wurden, sondern weil wir es in ihrem Land taten, das Verbrechen dort begingen und sie zwangen, Zeugen unserer Verbrechen zu sein. Wie lebt man weiter in einem Haus, in das der Mörder seine Opfer brachte, um sie dort zu töten?

Unsere Verbrechen stellten die Polen vor die Wahl zu kollaborieren, wegzusehen oder Widerstand zu leisten und sich und ihre Familien zu opfern. Weil wir schuldig waren, konnten sie nicht unschuldig sein.

Was wissen die Deutschen, was weiß Europa schon über die Nazi-Okkupation in Polen, sagt Piotr, Ihr solltet wissen, dass die deutsche Besatzung in Polen etwas anderes war als in Frankreich. Hier gab es keinen Staat der Kollaborateure wie in Vichy. Natürlich besteht kein Volk nur aus Supermenschen. Auch in Polen gab es Menschen, die Juden verrieten und den Deutschen auslieferten. Aber der polnische Untergrundstaat sah sie als Verbrecher, sie wurden zum Tode verurteilt. In Frankreich gab es das nicht.

Warum ist die Vergangenheit so wichtig in Polen? Deutschland hat Polen überfallen und die Sowjetunion angegriffen. Warum streiten jetzt Russen und Polen darüber, wer mehr gelitten hat und wen welche Schuld trifft?

Weißt du, was die Russen in Ostpreußen getan haben?

Natürlich. Aber weißt du, was die Deutschen in der Sowjetunion getan haben?

Das ist kein Grund, ihnen dasselbe anzutun. Wir Polen haben uns nicht auf diese Weise an den Deutschen gerächt.

Die Rote Armee hat Polen befreit, die Russen meinen, dass Polen dafür heute nicht dankbar genug ist.

Die sowjetische Armee hat Polen von der deutschen Unterdrückung befreit, vom Nazi-Totalitarismus, das ist wahr, aber frei waren wir deshalb nicht. Wir bekamen den kommunistischen Totalitarismus.

Draußen lässt der Regen langsam nach. Piotr schenkt mir noch Kaffee nach. Ich hasse Politik, sagt er. All das Schreckliche, was zwischen Polen und Deutschen, Polen und Russen, Juden und Polen, Deutschen und Juden passiert ist, ist Geschichte. Man muss gedenken und erinnern, aber es sollte keinen Einfluss haben auf die Beziehungen heute. Man soll die Geschichte den Historikern überlassen.

Der Holocaust ist eure Geschichte. Es gab eine Zeit, da lebten mehr Juden als Polen in Rychbach. Nach Ende des Krieges kamen Juden aus dem nahen Konzentrationslager Groß-Rosen und seinen Außenlagern in die Stadt, auch wegen der Synagoge, die als einzige in Schlesien nicht zerstört worden war. Bald nannten sie Rychbach das schlesische Schytomyr.

Die Synagoge war 1937 an Konrad Springer, den Gärtner des jüdischen Friedhofs verkauft worden, der selbst nicht Jude war, vermutlich für einen symbolischen Betrag. Die Synagoge wurde «arisiert», um sie zu retten, und das gelang. Als Eigentum eines arischen Besitzers blieb sie während der gesamten Nazi-Zeit verschont. Nach einer anderen Erzählung explodierte die Handgranate, die in der Pogromnacht die Synagoge treffen sollte, in der Hand des Werfers. Jedenfalls verpachtete der Gärtner das Gebäude bald darauf an die Hitlerjugend. Nach dem Krieg gab er die Synagoge an die jüdische Gemeinde zurück, als hätte er sie nur verwahrt.

Reichenbach wurde zu einem Zentrum für die Juden aus Polen und der Sowjetunion, hierher kamen demobilisierte Soldaten, Juden, die in der polnischen oder sowjetischen Armee gekämpft hatten. Zeitweilig lebten in Rychbach mehr als 18 000 Juden. Jakob Egit, ein aus der Nähe von Lwiw stammender polnisch-jüdischer Kommunist, träumte davon, in Niederschlesien eine Heimstätte für Juden in Polen aufzubauen, als Gegenentwurf zum Zionismus, und Egit fing sofort an, organisierte die Selbstverwaltung, Schulen, Krankenhäuser, ein Theater, Zeitungen. Die Synagoge, die jetzt verlassen ist, war nach dem Krieg so überfüllt, dass sie oft nicht alle Gläubigen fassen konnte. Aber mit dem Pogrom von Kielce, bei dem im Juli 1946 vierzig polnische Juden ermordet wurden, kehrte die Angst zurück, noch im selben Jahr verließ mehr als die Hälfte der Juden, die nach dem Holocaust in Polen geblieben waren, das Land. Mit der Zeit trieben antisemitische Pogrome fast alle Juden in die Emigration. 1980 lebte nur noch eine Handvoll Juden in Dzierżoniów. Die Synagoge wurde geschlossen.

Der Holocaust ist eure Geschichte. Rosenthal liegt etwa 180 Kilometer nordwestlich von Auschwitz, sehr wahrscheinlich, dass eine der Transportrouten in das Vernichtungslager durch Niederschlesien verlief. Fuhren die Züge durch Lossen? Hielten sie vielleicht manchmal an dem Bahnhof, von dem aus Manfred nach Brieg zum Piasten-Gymnasium fuhr? Immerhin lag Lossen, drei Kilometer von Rosenthal entfernt, an der Bahnlinie, die Berlin mit Oberschlesien verband. Was wussten die Rosenthaler über die Vernichtung der Juden, was konnten sie wissen? Sahen sie, dass die Züge leer zurückkehrten?

Es gab keine Juden in Rosenthal, aber es gab Doktor Schifthan in Lossen, der Gotthards Oberschenkelhalsbruch behandelte und irgendwann durch Doktor Langerfeld ersetzt wurde. Und es gab den Tuchhändler Glaser in Löwen, mit dem Dein Vater gerne über den Preis verhandelte, bevor auch Glaser eines Tages verschwand. In Brieg gingen, so schreibt Dein Bruder Manfred, die Fenster der Synagoge zu Bruch.

Man hatte ein ungutes Gefühl, nahm es aber schließlich hin.

Und es gab den Rosenthaler Franz Dlugosch, der sich weigerte, in den Krieg zu ziehen, und dafür hingerichtet wurde. Was konnte man in Rosenthal wissen? Was musste man wissen?

Die Rosenthaler kommen am 31. Januar durch Reichenbach, vier Tage, nachdem die Rote Armee Auschwitz befreit hat. Die Synagoge ist zu diesem Zeitpunkt noch Versammlungsraum der Hitlerjugend, wahrscheinlich werden in diesen Tagen Flüchtlinge dort einquartiert. Aber die Rosenthaler verbringen die Nacht nicht in der Stadt, sondern ein paar Dörfer weiter.

Wir übernachteten in Gasthaussälen, in leerstehenden Arbeitsdienstbaracken, in Turn- oder Fabrikhallen auf Stroh, schreibt Gretel Kosok, *und, wenn wir Glück hatten, in einem Bauernhaus in der warmen Küche oder manchmal sogar im Bett.*

Zuvor habt Ihr zwei Tage lang gerastet. Der Schneesturm, der über Schlesien tobt, ist Ende Januar so mächtig, dass Ihr unmöglich weiterziehen könnt. Ihr bleibt in einem Ort namens Gnadenfrei, von dem die Kinder noch Jahre später glauben, dass er so heißt, weil er ihnen in seiner Gnade zwei freie Tage beschert, zwei Tage, an denen Du nicht laufen musst, nicht hinaus musst in Schnee und Kälte. Zwei Tage, an denen Deine Mutter frühmorgens nicht hinausgeht in den Schneesturm, um die Pferde einzuspannen und den lahmen Onkel in Decken zu packen.

In Gnadenfrei verliert Onkel Walter den Verstand. Er wird verrückt, er redet wirr, und wenn er klar ist, ist ihm alles egal, er verflucht den Führer und schmäht den Endsieg. Die Kinder kichern, man schickt sie hinaus. Manchmal weint Onkel Walter oder schreit oder singt. Es kann sein, dass er nachts, wenn Ihr zwischen den anderen Familien in einer Turnhalle auf Stroh liegt, plötzlich anstimmt: Im schönsten Wiesengrunde steht meiner Heimat Haus, erst leise, dann immer lauter und wilder. Oder: Davon geht die Welt nicht unter.

Irgendwann kann er nicht mehr beim Treck bleiben. Das war Dein Satz über den Onkel: Er konnte nicht bleiben. Wer entscheidet das damals? Wer bestimmt, dass Onkel Walter irgendwo in den Zug gesetzt wird, dass er den Treck verlassen muss, zusammen mit seiner Mutter, Deiner Großmutter Johanna, die damals schon eine alte Frau ist, ein gehbehinderter Mann, der den Verstand verloren hat, in einem Land, in dem Menschen, die den Verstand verloren, ihr Lebensrecht verwirkt hatten.

Ich fragte und fragte, aber auch über Onkel Walter blieb es bei diesem einen dürren Satz.

Es hat aufgehört zu regnen, ich muss mich beeilen, um Świdnica, ehemals Schweidnitz noch vor Einbruch der Dunkelheit zu erreichen. Ich gehe jetzt schneller, nicht mehr 4,5 oder 5 Kilometer pro Stunde, sondern 6, der Körper hat sich an das Laufen gewöhnt. Als schnellen Marsch bezeichnet man ein Tempo zwischen 4,5 und 7,2 Kilometern pro Stunde. Gemessen wird in Schritten, also 100 bis 120 Schritte pro Minute bei einer Schrittlänge von 75 bis

100 Zentimeter. Das übliche militärische Marschtempo mit leichtem Gepäck liegt laut Wikipedia bei 120 Schritten pro Minute. Jeden Abend trage ich auf meiner Karte ein, wie weit ich gegangen bin, es wird früh dunkel, ich schaffe selten mehr als dreißig Kilometer am Tag.

Wenn ich in die Dörfer komme, in denen der Treck rastete, suche ich mir ein Haus aus, in dem Ihr übernachtet haben könntet, in Peiskersdorf zum Beispiel, wo Ihr die Nacht zum 1. Februar verbringt. Hier kaufe ich etwas Brot und Käse im Laden, ich teile das Essen mit dem neunjährigen Jungen und mit einer Katze, damit ich den Rest nicht tragen muss.

Der Wind hasst mich, aber auch die Hunde sind nicht meine Freunde. Ich wünschte, sie wären es, eigentlich sind wir natürliche Verbündete, sie und ich hier draußen alleine, während alle anderen drinnen am warmen Ofen sitzen. Aber die Hunde dürfen nicht meine Freunde sein. Böser Hund, sagen die Schilder an den Gartenzäunen, oder: Der gute Hund beißt, oder: Guter Hund. Hat aber schwache Nerven. Manchmal sind ihre Opfer aufgelistet: eine Strichliste der Hühner, Katzen und Zweibeiner, die sie schon zur Strecke gebracht haben, sehr witzig. Je kleiner die Hunde, desto martialischer die Schilder, Achtung böser Hund kann ein Pinscher sein, kleine Kläffer, die angerast kommen und hinter dem Zaun Panik verbreiten. Neubauten werden eher von großen Hunden mit tiefen Stimmen bewacht. Oft schlagen sie erst an, wenn ich schon fast vorbei bin, in meinen Rücken hinein, pflichtschuldig, wir haben dich gesehen. Und obwohl ich das weiß und damit rechne, erschrecke ich mich jedes Mal neu, zucke zusammen, die natürliche Reaktion, um weniger Angriffsfläche zu bieten. Meist trennt uns ein Zaun, manchmal liegen die Hunde im Hof an der Kette, selten kommt einer aus dem offenen Tor. Dann suche ich mir manchmal einen Stock oder schreie ihn an, wir stehen uns auf der Landstraße gegenüber, ein bellender Hund und eine brüllende Frau, jeder mit seiner Angst.

Die Hunde sind nicht meine Freunde, aber der Wind ist jetzt mein Feind, er will mich fertigmachen. Er hat genug von meiner Beharrlichkeit, heute erteilt er mir eine Lektion, während ich auf der Landstraße dahineile im Marschtempo, der neunjährige Junge ist verschwunden, wahrscheinlich habe ich ihn abgehängt, links die Hügel des Eulengebirges, rechts die Ebene, sehe ich den Wind, wie er hinabgestiegen ist auf die Erde, wie er, Materie geworden, auf mich zurollt, eine dunkle Wetterfront, ein übermächtiger Gegner, höre ich ihn heulen und toben wie den Drachen, ich kann gerade noch die Regenhose aus dem Rucksack reißen, dann rast er die Straße entlang auf mich zu, noch hundert Meter entfernt, noch fünfzig, Hagelkörner prasseln, der Asphalt wird weiß, dann wird es düster, die Front ist da, schlägt über mir zusammen wie eine Ozeanwelle, donnernd, ich kann nichts mehr sehen, mich kaum noch aufrecht halten, weiß nicht mehr, wo hinten und vorn ist, oben und unten. Der Wind, der mich jeden Tag gewarnt hat: Kehr' um, geh' zurück, jetzt ist er es leid. Ich krieche in den Straßengraben, kauere dort, geduckt wie in meinen Alpträumen, wenn die Flieger kommen. Ich bin blind, Gesicht und Hände brennen, die Jacke ist sofort durchnässt, in Sekunden, obwohl der Verkäufer in Berlin geschworen hatte, dass sie dicht sein würde, er kannte die schlesischen Hagelstürme nicht, vielleicht hat er mich auch einfach nur beschissen, gab sich fachmännisch, fachsimpelte von der Wassersäule, tat meine Fragen ab als sei ich blöde, und jetzt das.

Irgendwann hat die Front mich überrollt, lassen die Hagelschläge nach, krieche ich aus dem Graben, richte mich wieder auf und stemme mich weiter gegen den Sturm unter dem strömenden Regen, hält irgendwo in dem Inferno ein Schulbus an einem einsamen Gehöft, Kinder steigen schreiend aus, es schüttet noch immer, der Bus wendet, wartet, öffnet freundlich die Tür, ob ich einsteigen wolle, wartet. Ich ziehe es noch nicht einmal ernsthaft in Erwägung. Konntet Ihr etwa den Schulbus nehmen? Der Wind soll nur nicht glauben, dass ich aufgebe, dass ich mich geschlagen gebe vor seiner Wut.

Nach einer halben Stunde ist alles vorüber, es wird wieder heller. Ich gehe weiter, ich denke immer weniger, werde leerer, mich interessiert schon lange nicht mehr, was im Straßengraben liegt. Ich gehe, gehe nur noch, singe nicht mehr, ich bin unterwegs, durchnässt und sauer auf den Wind und enttäuscht von den Bäumen, wie sie so schicksalsergeben dastehen und nicht aufmucken und auf irgendwas warten seit fünfzig Wintern, wie sie alles hinnehmen, Kälte und Sturm und peitschenden Regen, ruhig, ohne Widerstand, schlechte Verbündete sind die Bäume, sie biegen sich, sie passen sich an. Wann kommt der Aufstand der Bäume? Ich kann Onkel Walter verstehen.

Die Flucht, sagt meine jüngere Tochter Marina, war in ihrer Kindheit immer präsent. Die Geschichte von der Flucht aus Rosenthal ging allen anderen Geschichten voraus, wie die Genesis, die biblische Schöpfungsgeschichte. Deine Flucht war, immer wieder erzählt, Marinas erste Begegnung mit der deutschen Vergangenheit.

Ich wusste, dass Opa fliehen musste, bevor ich wusste, wer Hitler war oder was der Holocaust.

Als wir alle zusammen nach Rosenthal fahren, ist Marina zwölf, kaum älter als ich damals, als wir mit Dir und Manfred zum ersten Mal dort waren. Nicht lange nach unserer Reise fragt sie mich, ob ich mit ihr nach Auschwitz fahre. Ich bin noch nie in Auschwitz gewesen, ich finde, dass Marina dafür noch sehr jung ist. Wann ist man alt genug für Auschwitz?

Mit den Kindern und dem Holocaust ist es ein bisschen so wie früher mit dem Klapperstorch, der Frage, woher die kleinen Babies kommen. Wann sagt man es ihnen? Und wie? Es ist eine ganz andere Scham, abgründig und bodenlos, zu sagen, was wir ihnen aufbürden, welche Geschichte wir ihnen vererben, was die Generationen vor ihnen getan haben, eine andere Unschuld, die man ihnen bewahren möchte, solange es geht, den Glauben an den Menschen.

Als erstes sprechen wir mit den Kindern über Hitler. Hitler, sagen wir, war ein böser Mann, ein sehr böser. Einmal machen wir auf dem Weg in die Schweiz halt in Berchtesgaden und besichtigen den Obersalzberg. Die Kinder sind noch klein, im Vorschulalter, und ich habe nicht damit gerechnet, dass die Dokumentation über Hitlers Berghof mit einem lebensgroßen Foto aus Buchenwald beginnen würde, einer Stellwand, die einen Berg von Leichen zeigt, mehrere Quadratmeter nackter, ausgemergelter Körper. Die Kinder dürfen das nicht sehen, denke ich, ich stelle mich vor das Foto, plustere mich auf, mache mich groß und dick und fuchtele mit den Armen, um mit meinem Körper den Holocaust zu verbergen, ich fühle mich lächerlich klein, winzig vor diesem Berg von Schrecken und Leid, ich rede auf die Kinder ein und sehe ihnen fest in die Augen, damit sie den Blick nicht von mir abwenden auf das Bild hinter meinem Rücken. So lotse ich sie in den nächsten Raum.

Marina meldet sich in der Schule für den deutsch-polnischen Jugendaustausch und fährt für eine Woche nach Kreisau, dem einstigen Gut der von Moltkes in Schlesien, damals ein Zentrum des Widerstands gegen den Nationalsozialismus, heute eine Gedenk- und Begegnungsstätte. Sie liest eine Biografie über Freya von Moltke. Als sie fünfzehn ist, fahren wir nach Auschwitz.

Rosenthal, sagt Marina zu mir, ist Deine Geschichte und Opas, aber bei Auschwitz geht es um mich. Für sie ist die deutsche Schuld wichtiger als das Schicksal ihrer Vorfahren.

Auf dem Weg von Berlin nach Auschwitz biegen wir vor Wrocław spontan von der Autobahn ab, weil Marina mir Kreisau zeigen will. In der Nachmittagshitze des Augusttages fahren wir durch polnische Dörfer. Pralle Apfelbäume, verfallende Herrenhäuser, Kinder auf Fahrrädern, in der Ferne das Riesengebirge. Wir fahren nach Kreisau, als müssten wir Kraft tanken für morgen, für Auschwitz, uns noch einmal vergewissern, dass es das gab: Widerstand.

Als wir in Auschwitz ankommen, ist es schon dunkel. Am nächsten Morgen sind wir um kurz nach sieben am Gelände des Stammlagers, die Schlange vor dem Kartenverkauf ist schon hundert Meter lang. Ich habe kurz überlegt, ob wir lieber eine Führung auf Englisch buchen sollen, es ist nicht angenehm, an diesem Ort mit einem Aufkleber an der Brust herumzulaufen, auf dem steht: Führung Auschwitz Deutsch.

Marina wollte nach Auschwitz fahren, um den Holocaust zu verstehen, um irgendwie diese sechs Millionen zu verstehen, diese Zahl, die sie nicht begreifen kann, sie könne sich das, sagt sie, nicht vorstellen, sie hofft, dass es helfen wird, den Ort zu sehen, an dem das geschehen ist, sie will Zeit dort verbringen, nicht nur Bücher lesen. Die Bücher, meint sie, erzählten immer nur die Geschichten der Überlebenden. So entstünde der Anschein, dass viele überlebt hätten.

Marina ist schon in Sachsenhausen gewesen, mit der Schule, sie fuhren mit der S-Bahn hin an einem kalten Novembertag, es stürmte und regnete in Strömen. Sie fror entsetzlich, trotz ihrer Daunenjacke, das machte es ein wenig leichter, sich vorzustellen, wie es gewesen war, stundenlang in dünner Häftlingskleidung draußen auf dem Platz zu stehen. Sachsenhausen war kalt und düster gewesen.

Auschwitz dagegen ist warm und schön, ein herrlicher Sommermorgen. Die Sonne geht auf im Wald, die Vögel singen, und es braucht viel Kraft, sich vorzustellen, dass sie auch so gesungen haben, während die Öfen brannten. Ihre Gleichgültigkeit nicht als Entschuldigung zu gebrauchen für unsere. Für mich ist dieser Ort fast fünfzig Jahre eine Chiffre gewesen, und jetzt, da er konkret wird, verliert er etwas von seinem Schrecken. Das schmerzt und beschämt. Die Phantasie ist grauenvoller als die Realität, vor allem an einem sonnigen Augusttag. In meiner Vorstellung war das

Lager Schwarzweißgrau, kahl und kalt, das innere Bild bestimmt von den Fotos der Befreiung Ende Januar, den Fotos von den Jahrestagen der Befreiung, hier herrschte ewiger Winter. Jetzt ist Auschwitz ein freundliches Sommeridyll am Waldrand. Der Rasen vor dem Eingang leuchtet grün, die roten Backsteinbauten des Stammlagers sind sehr solide Gebäude in gutem Zustand, ähnlich den Häusern meiner norddeutschen Geburtsstadt, zwischen hohen Bäumen, Kastanien, Pappeln und riesigen Eichen, die alles mitangesehen haben müssen, wo bleibt der Aufstand der Bäume.

Unsere Führerin, eine zierliche Polin, blond in schwarzem Rock und dunkler Jacke, spricht perfekt Deutsch. Sie erzählt sachlich mit vielen großen Zahlen, alles ist unglaublich korrekt, eine Kaskade von Informationen und Fakten, vorgetragen mit monotoner Stimme, ruhig, maximal distanziert, scheinbar ohne innere Beteiligung. Als würde sie die Gebrauchsanweisung einer Waschmaschine vorlesen. Vielleicht ist das gut so, ich bin nicht sicher. Sie weiß alles, kann jede Nachfrage beantworten, ausführlich, sie spricht immer gleich unbeteiligt. Als wolle sie sich in die Fakten retten. Als läge eine Rettung in dem Wissen.

Ich frage die Polin, wie sie ihre Arbeit erträgt. Sie ist erstaunt über meine Frage.

Es ist eine wichtige Arbeit, sagt sie.

Eigentlich hat sie nichts Neues erzählt, sagt eine Teilnehmerin der deutschen Gruppe. Sie haben alles so oft gehört, sie kennen alles, was sie sehen, schon von Fotos und Filmen, den Berg der Brillen, den Haufen von Haaren und später in Birkenau die Rampe. Nichts Neues. Als käme man hierher, um etwas Neues zu erfahren.

Es bleibt so abstrakt, sagt Marina.

Sie ist still und ernst. Am meisten berührt sie eine Schautafel über drei Gefangene, verurteilt zum Tod durch den Strang. Als man ihnen die Schlinge um den Hals legt, wartet einer von ihnen nicht ab, bis man ihn stößt, sondern kommt dem Henker zuvor. Er springt.

Ein Akt des Widerstands, sagt Marina.

Dieser letzte Rest von Freiheit rührt sie mehr als alles andere.

An all das erinnere ich mich nicht, als ich jetzt an Kreisau vorbei Richtung Westen gehe, im Nieselschneeregen auf einem endlosen Feldweg, dem Weg, den Du vor 75 Jahren gegangen bist, vorbei an Kreisau, wohin Freya von Moltke gerade aus Berlin zurückgekehrt war, während so viele andere schon auf der Flucht nach Westen waren. Im Untergeschoss des Kreisauer Schlosses ist in diesen Wochen Anfang Februar 1945 eine Versorgungseinheit der Wehrmacht einquartiert, die von dort aus die Soldaten an der Front ein paar Kilometer nördlich verpflegt. Freyas Mann, der Widerstandskämpfer Helmuth James von Moltke, ist eine Woche zuvor in Plötzensee hingerichtet worden, am 23. Januar, dem zweiten Tag Eurer Flucht.

An all das denke ich nicht auf dem Feldweg, weil sich dieser Weg nicht zum Denken eignet. Aber später verstehe ich, dass es vielleicht doch etwas mit Rosenthal zu tun hat, dass Marina sich für Kreisau interessierte, dass sie unbedingt nach Auschwitz fahren wollte und danach anfängt, Hannah Arendt zu lesen, dass sie verstehen will, wie ein Völkermord geschehen kann und warum Menschen Widerstand leisten, dass das alles irgendwie zusammenhängt und sich nicht so genau trennen lässt.

Später frage ich Urszula, meine Polnischlehrerin, was es mit unserer Reiseleiterin in Auschwitz auf sich hatte. Warum war sie so distanziert?

Ich weiß es nicht, sagt Urszula, ich kann es dir auch nicht erklären.

Sie sagt das mit einer leisen Ungeduld, ich glaube, meine Frage missfällt ihr. Als wollten die Deutschen den Polen jetzt auch noch Vorschriften machen, wie sie deutsche Touristen durch Auschwitz zu führen haben.

Als Urszula das erste Mal nach Auschwitz fährt, ist sie fünfzehn. Sie lebt damals in einer Kleinstadt, etwa achtzig Kilometer von Oświęcim entfernt, in der 8. Klasse fahren alle Schüler der Gegend dorthin.

Wir haben nicht viel verstanden, sagt sie.

Bei ihr zu Hause wird wenig über den Holocaust gesprochen, aber Urszula weiß, dass ihre Großmutter bald nach dem Krieg in Auschwitz gewesen ist, lange bevor der Ort zum Museum wurde.

Meine Großmutter sagte: Dort haben sie Juden umgebracht.

Als Urszula mit der Schule nach Auschwitz fährt, ist von Juden nicht die Rede. Jetzt heißt es: Dort haben sie Polen umgebracht.

Ich kann mich nicht erinnern, dass während des Besuchs ein einziges Mal das Wort Jude gefallen ist. Urszulas Großeltern lebten in einem Dorf in der Nähe der Kleinstadt Stopnica, gut hundert Kilometer östlich von Krakau, sie waren Bauern wie meine Großeltern, Herbert und Olga.

Urszulas Großeltern sprachen über den Krieg, das war ihre wichtigste Erinnerung, die Angst vor den Deutschen, die Demütigung durch die Deutschen. Das erste Foto, an das Urszula sich aus ihrer Kindheit erinnert, zeigt deutsche Soldaten, die einen Schlagbaum aufstoßen, am 1. September 1939, den Beginn des Krieges. Ihr Großvater zeigte es ihr.

Schau sie dir an, das sind die Deutschen, sagte er. Sie haben uns wie Kakerlaken behandelt.

Urszula weiß damals nicht, was Kakerlaken sind.

In der Gegend von Stopnica gab es vor dem Krieg viele Juden, man lebte mit ihnen, sie waren Mitschüler, Kollegen, Freunde, Saufkumpane. Wenn Urszulas Großeltern über die Juden sprachen, erzählten sie alltägliche Geschichten.

Mein Großvater mochte die Juden, sagt Urszula, aber meine Großmutter sprach schlecht über sie: Die Juden sind schuld an Polens Unglück, die Juden haben sich gefreut, als die Polen hungerten, die Juden sind schuld am Kommunismus.

Über den Holocaust sprachen die Großeltern kaum. Aber sie erzählten, dass es im Dorf einen Bauern gegeben hatte, der Juden verriet. Urszulas Großmutter weinte, wenn sie davon erzählte. Dieselbe Frau, die die Juden für Polens Unglück hielt. Sie verbot Urszula, in die Nähe dieses Bauern zu gehen. Bald darauf sagte sie wieder: Es ist gut, dass es keine Juden mehr in Polen gibt.

Später, in Deutschland, wird Urszula oft gefragt, ob die Polen Antisemiten seien. Urszula gibt dann nicht immer die gleiche Antwort. Sie hört auf die feinen Untertöne in der Frage. Soll die polnische Schuld benutzt werden, um die deutsche Schuld zu relativieren? Manchmal fragt sie zurück: Würde es dir besser gehen, wenn ich Ja sage? Ja, die Polen sind Antisemiten?

Urszula wehrt sich dagegen, dass die Deutschen jetzt die Guten sind, weil sie die Vergangenheit so vorbildlich aufgearbeitet haben. Die Deutschen sind ihr nicht demütig genug.

In den frühen Morgenstunden des 4. Februar nimmt die Rote Armee Rosenthal ein. Seit dem Vortag hat das Dorf unter schwerem Beschuss gelegen, russische Flieger bombardieren Artillerie-Stellungen in unmittelbarer Nähe, eine Granate trifft Weirauchs Wohnhaus unweit der Kirche, es brennt ab. Die ganze Nacht über rattern Maschinengewehre, aber als die ersten sowjetischen Panzer in der Morgendämmerung durch Rosenthal rollen, hat die Wehrmacht das Dorf fast vollständig geräumt, es wird kaum gekämpft. Den ganzen Tag über zieht die Rote Armee durch Rosenthal, Panzer und Autos, begleitet von Kolonnen mit kleinen Pferden. Sie kommen aus Koppen, wo die Rote Armee eine Holzbrücke über die zugefrorene Oder geschlagen hat, und ziehen weiter an Eurem Hof vorbei die Landstraße entlang Richtung Lossen, auf der Euer Treck fast zwei Wochen zuvor Rosenthal verlassen hat, auf dem Weg, den ich 75 Jahre später noch einmal gehe.

In Rosenthal ist Wilhelm Scholz nicht mit auf die Flucht gegangen, er ist mit 65 Jahren ein alter Mann, seine Frau lebt nicht mehr, die Söhne sind im Krieg.

Von 8.00 Uhr ab kam Leben in die Stube, schreibt Scholz in seinen Erinnerungen an den Einmarsch der Russen. *Es kamen dauernd Soldaten herein, gute und böse.* Die einen unterhielten sich freundlich mit ihm, die anderen schlugen ihm die Zähne aus, ständig hatte er eine Pistole am Kopf oder vor der Brust, wurde an die Wand gestellt und mit dem Maschinengewehr bedroht, aber immer schritten in letzter Minute eine Kommissarin oder ein Offizier ein. Andere hatten weniger Glück. Von den zurückgebliebenen Einwohnern überlebten den Einmarsch nur wenige.

Die Rote Armee marschiert nach Rosenthal ein wie ins Schlaraffenland.

Seit dreieinhalb Jahren sind die sowjetischen Soldaten im Krieg, sie sind abgekämpft, müde und hungrig, ganz Russland hungert, das war das Kriegskalkül der Deutschen, sie sollten verhungern, eine Millionenstadt wie Leningrad. Und nun kommt diese Armee nach Rosenthal mit seinen riesigen Scheunen, mit Ställen voller fett gemästeter Schweine und Kühe, die Euter voller Milch, mit Vorratskellern, in denen Butterfässer lagern, lange Regale von Eingewecktem, in mancher Kammer hängt vielleicht noch ein Schinken, der zu Weihnachten geräuchert wurde. Sie kommen in große, feste Häuser mit Schränken voller Hemden und Wäsche, Truhen voller Federbetten. Sie essen, sie trinken, sie plündern.

Die Soldaten nahmen aus der Kammer einen großen Topf mit 9 l prima Sirup, erinnert sich Scholz, *12 Gläser mit eingekochten Blaubeeren, 6 Gläser eingekochten Gänse- und Schweinebraten. Im Keller hatte ich einen Koffer mit Zucker, Wäsche und Kleiderstoffen gut versteckt, den fanden sie auch und nahmen ihn mit, auch 4 gute Legehennen und ein starkes, fettes Kaninchen. Dann kamen 2 riesig Starke und durchsuchten alles. In einem Karton hatte ich noch 23 eingelegte Eier, die hatten sie gefunden. Sie ver-*

langten einen Topf und 3 Esslöffel Fett, schlugen sämtliche Eier hinein zu Rührei und schnitten, als alles fertig war, noch zwei große Dauerwürste hinein, dazu zwei Glas Apfelmus. Das aßen die beiden in kurzer Zeit auf und ließen nichts übrig. Ich staunte.

Familie Hennek hat sich früh vom Treck getrennt und ist, nachdem sie drei Wochen durch die vom Krieg verheerte Gegend geirrt ist, Mitte Februar nach Rosenthal zurückgekehrt. Das wird sich als Fehler erweisen.

Doch zunächst sind freundliche Russen bei der Familie einquartiert, sie sprechen sogar etwas Deutsch, eines Tages kommen sie mit einem Ferkel in die Küche und verlangen, dass Mutter Hennek es ihnen brät, im Ganzen, ein Spanferkel, Inbegriff des Wohllebens, mit fetttropfender Schwarte, mit Kartoffeln und Blaukraut. Zum großen Erstaunen der Russen weiß die schlesische Bauersfrau nicht, wie man ein Spanferkel zubereitet.

Da Mama noch nie so etwas gemacht hatte, schnitt sie dem Ferkel den Kopf ab, schreibt Bertold Hennek, der damals neun Jahre alt war, in seinen Erinnerungen. *Sie war noch nicht ganz mit dem Reinigen fertig, da kam der Russe dazu und ward ganz außer sich.*

Nicht so! Nicht so! Wo Kopf?

Ein zweites Ferkel wird geschossen, und unter Anleitung des jungen Soldaten aus Wladiwostok bereitet Frau Hennek nun den Schmaus, nimmt das Tier aus, kocht die Innereien, rührt die Füllung zusammen, brät und würzt, bindet dem Ferkel zum Schluss noch eine rote Schleife um den Hals und serviert. Die Deutschen werden eingeladen.

In voller Harmonie saßen hier Russen und Deutsche an einem Tisch. Es ist der 21. Februar 1945.

Doch das ist die Ausnahme. Die Aufzeichnungen von Bertold Hennek sind eine lange Folge von Jagdszenen auf seine zwanzigjährige Schwester Gisela, jede Nacht und oft auch während des Tages, eine junge Frau in Angst und Panik, die nach den Beschreibungen ihres Bruders sehr schnell laufen kann, flink wie ein Wiesel, und auf diese Weise oft, aber keineswegs immer den Soldaten, die ihr nachstellen, entwischt, den russischen Bestien, wie Bertold sie nennt, sie versteckt sich auf Dachböden, in Kellerlöchern und später, im Sommer, in den Kornfeldern. Doch sie wird immer wieder verraten von den eigenen Leuten, den wenigen Deutschen, die im Dorf noch am Leben sind, den Volkssturmmännern, die überlebt haben, Nachbarn. Wenn neue Russen in das Dorf kommen, findet sich immer ein Rosenthaler, der ihnen erzählt, dass es bei Hennek unweit der Kirche ein Mädchen gibt. Für einen kleinen Vorteil, um sich beliebt zu machen, vielleicht, um sich selbst zu retten oder das, was von ihrer Habe noch übrig ist. Zu Vater Hennek sagen sie, er solle seine Tochter doch den Russen geben, damit endlich Ruhe ist. Es ist, wie Deine Mutter immer sagte, eine Zeit, die das Beste und das Schlechteste in den Menschen hervorbringt.

Ich gehe Deinen Weg, aber ich finde Dich nicht. Ich bin zu beschäftigt, mit meinen eigenen Schmerzen und meiner eigenen Müdigkeit, mit Regen und Wind, zu zählen, wie viele Kilometer ich noch gehen muss bis zur nächsten Rast. Aber vielleicht bin ich Dir gerade in der Erschöpfung nahe, den Schmerzen, in der Leere, der Unfähigkeit, einen klaren Gedanken zu fassen, der Mühe, mich am Abend an den gewesenen Tag zu erinnern, der Überwindung, die es mich immer neu kostet, mit den Menschen am Weg ins Gespräch zu kommen, mich der Welt zuzuwenden, vor der ich gerade auf der Flucht bin, auch wenn sie so viel freundlicher ist als damals die Deine. Vielleicht bin ich Euch gerade nahe, weil ich im endlosen Gehen genauso dumpf werde, wie Ihr es damals wart, weil ich anfange zu verstehen, warum Du Dich an nichts erinnern konntest.

Die Kirchen an meinem Weg sind alle verschlossen, die Dorfkirchen genauso wie die Kathedralen in den Städten, die Friedhofskapellen genauso wie die Kirchen am Marktplatz. Fast wäre ich deshalb am Ortsausgang von Świebodzice an der Kirche zum Heiligen Franziskus vorbeigegangen.

Ich wollte nicht noch einmal vor verschlossener Tür stehen wie so viele Male zuvor: hohe Holztüren, die sich nicht öffnen, wenn ich die Klinke drücke, das kalte, schwarze Metall der schmiedeeisernen Türgriffe, die immer ein bisschen zu zierlich scheinen für die schweren Portale, die sie öffnen sollen, der kurze Moment der Hoffnung, wenn die Klinke unter meiner Hand nachgibt und sich senkt, und dann die immer gleiche Enttäuschung, wenn die Tür sich erst leicht im Rahmen bewegt und dann doch hart anschlägt, Holz auf Holz, als würde ein Sargdeckel geschlossen.

Aber hier in Świebodzice, beim Heiligen Franz von Assisi, parken Autos vor der Kirche, viele Autos, Menschen gehen hinein, nachmittags um drei.

Der Tote liegt mit den Füßen zum Altar im offenen Sarg, der leicht erhöht vor dem Altarraum steht, den Kopf in Richtung Trauergemeinde, so dass aus der hintersten Reihe, in die ich mich leise setze, vor allem sein kahler Hinterkopf zu sehen ist, ein Mann mit breiter, runder Glatze, genau wie Du.

Die Totenmesse hat noch nicht begonnen, Menschen gehen den Mittelgang entlang, knien hinter dem Sarg, küssen die Glatze und suchen sich einen Platz in den Reihen, die sich immer mehr füllen, es sind schon an die hundert Trauergäste. Die Kirche ist schlicht, nur an der linken Kirchenwand ein monumentales Bildnis des Heiligen Christophorus, sicher fünf Meter hoch, ein Riese mit vollem Bart und türkisblauem Umhang über dem weißen Gewand, unter dem die bloßen Füße hervorschauen. Auf dem rechten Arm hält er ein winziges Jesuskind. Mich rührt der Hüne mit dem sanftmütigen Blick, der das sitzende Jesulein so behutsam ans sichere Ufer trägt, heiliger Christophorus, Nothelfer der Fahrensleute und Reisenden, der Trucker, Matrosen und Wanderer auf einsamer Landstraße. Hatte er mich nicht vor dem Wolf bewahrt, mir im Sumpf über den Graben geholfen, mir freundliche Menschen geschickt? Wer weiß, wo ich seines Schutzes noch bedürfen würde.

Irgendwann setzt die Orgel ein. Ein Mann singt sehr laut und sehr schnulzig in ein Mikrofon, die Gemeinde, wie eingeschüchtert, bewegt kaum die Lippen. Ich ergreife die Flucht.

Bei Deiner Beerdigung war ich so erkältet, dass ich nicht singen konnte, die Kapelle überfüllt, alle Sitzplätze früh besetzt, die Trauergäste standen an die Wände gelehnt, von der Empore sang der Chor, dem Du vierzig Jahre lang eine Stütze der Tenorstimme gewesen warst.

Als wir aus der Klinik nach Hause kamen, hatte Mutter sofort die Unterlagen vom Dachboden geholt, darunter auch den DinA-5 Zettel, auf dem Du vermerkt hattest, welche Lieder zu Deiner Beerdigung gesungen werden sollten. Ich brauchte den Zettel nicht, ich wusste, was Du wolltest: den Schlusschoral aus der Bach-Motette Jesu meine Freude, der mit der Zeile begann: Weicht Ihr Trauergeister, und mit dem Wort Freude schloss, einem Dur-Akkord am Ende eines Chorsatzes in Moll, bei dem der Tenor die entscheidende Terz beisteuerte. Es passte zu Dir, dass Du schon im Trauergottesdienst die Trauergeister bannen wolltest. Als zweites Lied sollte «Wer nur den lieben Gott lässt walten» gesungen werden.

Kein anderes Kirchenlied war so mit Dir verbunden wie dieses, Bilder aus den Tiefen der Kindheit, ich sah Dich in der Kirchenbank sitzen und aus vollem Herzen den Lobpreis von Gottvertrauen und Gelassenheit singen, ich fühlte die Sicherheit und den Trost, die darin lagen, dass eigentlich nichts wirklich schiefgehen konnte. Der Aufruf, nichts im Leben allzu schwer zu nehmen, nicht Verlust und Leid, nicht Flucht und Tod. Was helfen uns die schweren Sorgen. Deine grundsätzliche Heiterkeit. Die Bereitschaft, sich in das Schicksal zu fügen, nicht zu viel zu erwarten, gar zu verlangen, die Begabung, zufrieden zu sein. Die andere Seite war: eher nicht zu kämpfen, und damit auch manchmal unter seinen Möglichkeiten zu bleiben.

Vielleicht war es auch mein kindliches magisches Denken, das mich zwischen walten und Walter eine besondere Verbindung vermuten ließ und Dir dieses Lied deshalb so fest zuordnete.

Das Lied stand nicht auf dem Zettel. Offenbar hattest Du eine andere Vorstellung von Deiner Beerdigung als ich.

Vor der Flucht aus Rosenthal wart Ihr keine besonders gläubige Familie gewesen. In den Aufzeichnungen Deines Bruders Manfred, immerhin siebzig Seiten, spielt Religion so gut wie keine Rolle, man ging Weihnachten in die Kirche und legte am Totensonntag Kränze auf die Gräber der Ahnen. Zu Manfreds Konfirmation wurde ein Schwein geschlachtet, der neue Pfarrer erbat nach der Predigt Gottes Segen für Führer, Volk und Vaterland, sein Vorgänger hatte sich zur Waffen-SS gemeldet.

Eure Religion war ein bäuerlicher Gewohnheitsglaube, Gott war eine Selbstverständlichkeit und spielte ansonsten keine nennenswerte Rolle. Dein Vater, der so gerne sang, hatte ein breites Repertoire, das von Volks- und Wanderliedern über Moritaten und aktuelle Gassenhauer bis zu Oper und Operette reichte. Fromme Kirchenlieder sind nicht überliefert.

Wirklich gläubig wurdest Du erst nach der Flucht, in der evangelischen Jugend mit ihren Fahrten und Liederabenden, der Bibelarbeit und den Diskussionen. Die evangelische Jugend war ein Teil Deines großen Ankommens, ein wichtiger Teil. Glaube hieß für Dich Gemeinschaft und Engagement, der christliche Freundeskreis, in dem lebensnah und politisch über Fragen christlicher Ethik diskutiert wurde, die vielen Ehrenämter, Bibelarbeit, Gebete vor den Mahlzeiten, der sonntägliche Kirchgang. Du wurdest in den Kirchenvorstand gewählt, nach dem Gottesdienst zählten wir im Kirchenbüro die Kollekte, rollten die Münzen in vorgedruckte Papiere und verstauten sie in der eisernen Kasse, für die Du den

Schlüssel hattest. Du kanntest die Gemeinde und wusstest, wer die großen Scheine in den Klingelbeutel gesteckt hatte. Manchmal stattetest Du einen persönlichen Besuch ab, um im Namen der Gemeinde zu danken. Später sangst Du im Kirchenchor. Kirche war Heimat, Teil jenes Netzes von Sicherheiten, das Du aufgebaut hast, seit Ihr in Wedel angekommen wart.

Du warst evangelisch, aber Dein Glaube fühlte sich immer anders an als Mutters frommer Protestantismus, der seine Wurzeln in einem ostpreußischen Pfarrhaushalt hatte. Woher der Unterschied kam, habe ich erst in Rosenthal verstanden und dann auf dem Weg, im Wandern durch einen Landstrich, den der Dreißigjährige Krieg wie kaum einen anderen verheert und entvölkert hatte.

Die Rosenthaler wurden nach der Reformation im Jahr 1534 in der Mehrzahl evangelisch, auch unsere Familie, bis zu Eurer Flucht war das Dorf etwa zu zwei Dritteln protestantisch. Die Kirche, von den Johannitern in Lossen gegründet, blieb bis zum Anfang des neunzehnten Jahrhunderts katholisch, dann einigte man sich darauf, sie gemeinsam zu nutzen. Von da an hielten sonntags frühmorgens zuerst die Katholiken ihre Messe, und wenn sie fertig waren, setzten sich die Protestanten in den Weihrauchduft und lauschten der Predigt ihres Pastors.

Ein Reisender, der Rosenthal, vermutlich in der zweiten Hälfte des neunzehnten Jahrhunderts, besuchte, schreibt: *Ich gewann den Eindruck, als lebe da ein fleißiger und vernünftiger Menschenschlag, der die Eintracht liebt und dem eine der großen Torheiten, durch die sich Menschen das Leben verleiden, fremd sind. Als Beispiel will ich nur anführen, dass sich zwei Glaubensbekenntnisse ohne Reibung miteinander vertragen und das Gotteshaus gemeinsam benutzen. Sonntags gehen erst die Katholiken in die Kirche und wenn ihr Gottesdienst beendet ist, kommen die Evangelischen. Wo, in aller Welt ist solche Verträglichkeit noch anzutreffen?!*

Der Dreißigjährige Krieg hatte die Gegend, durch die ich auf Eurem Fluchtweg komme, verwüstet, viele Städte waren fast vollständig zerstört und entvölkert. Du kamst aus einem Land, das unter ungeheuren Schmerzen gelernt hatte, wofür es Toleranz braucht, gelernt hatte, wie man nach dem Morden weiterleben kann, gemeinsam. Was es braucht, damit der Hass nicht zurückkehrt, vielleicht Versöhnung möglich wird, zumindest ein friedliches Nebeneinander von Menschen, die sich vorher erbittert bekämpft hatten. Das war die Tradition vor dem Bruch von 1945. Man lernte, miteinander zu leben, Zugeständnisse zu machen, das Land, seine Städte und Kirchen zu teilen. Das ging ganz gut, bis das verfluchte zwanzigste Jahrhundert kam.

Nach Stalins Plänen sollte die Rote Armee spätestens Ende Februar die Elbe erreichen. Doch die Niederschlesische Operation verläuft nicht nach Plan, die 1. Ukrainische Front kommt viel langsamer voran als erwartet. Grottkau, durch das Ihr am zweiten Tag Eurer Flucht gekommen seid, kapituliert am 8. Februar, doch die Gebiete südwestlich von Rosenthal bleiben bis in den März umkämpft. In diesem Frontabschnitt kommt die Rote Armee innerhalb eines Monats gerade einmal dreißig Kilometer nach Westen voran.

Das Wetter ist schlecht, der Widerstand der Deutschen stärker als erwartet, die Soldaten sind abgekämpft, und die Disziplin schwindet, seit die Truppen die Oder überschritten haben. Der Vormarsch kommt zeitweise praktisch zum Erliegen, weil die Soldaten mit Plündern beschäftigt sind und gar nicht mehr nüchtern werden. Jedem sowjetischen Frontsoldaten stehen täglich 100 Gramm Wodka zu, aber zusätzlich erbeuten sie in den Vorratskammern der Dörfer und den Weinkellern der Städte Schlesiens große Mengen Alkohol, Bier, Wein und Korn, vor allem die nachrückende sowjetische Infanterie ist regelmäßig so betrunken, dass sie das eroberte Gelände nicht sichern kann, was wiederum den Deutschen die Möglichkeit zu Gegenstößen gibt. Die Einheiten der Roten Armee sind zeitweise am Rande der Auflösung. Befehle des Oberkommandos zur «Wiederherstellung der Ordnung» fruchten wenig. Mitte Februar muss General Konjew seine ehrgeizigen Pläne korrigieren. Erst Mitte März rückt die Rote Armee in Richtung Strehlen vor, das die Wehrmacht nach schweren Gefechten am 24. März aufgibt. Vor Schweidnitz kommt der sowjetische Vorstoß zum Stehen. Trotzdem bleibt es Konjews Ziel, auch das Sudetenvorland zu erobern, in dem Ihr Euch mit Massen von Flüchtlingen drängt. Etwa eine Million Schlesier sind jetzt auf der Flucht.

Als die Rote Armee Rosenthal einnimmt, ist Euer Treck schon gut zwei Wochen unterwegs, Ihr seid zu diesem Zeitpunkt etwa 160 Kilometer gegangen.

So quälte sich der Treck mühselig dahin, schreibt Gretel Kosok, *Menschen und Zugtiere waren erschöpft, und wir hofften, bald einen Ort zu finden, wo wir bleiben und das Ende des Krieges abwarten könnten. Aber der Flüchtlingsstrom nahm kein Ende. Jeden Morgen hieß es nur weiter, weiter, Platz machen für die Folgenden, der Russe ist uns auf den Fersen.*

So irrt Ihr durch das Hinterland der Front, es sind die letzten Monate des Krieges, als alles sich auflöst, alle Ordnung verloren geht, irrt umher in einem Kontinent voller zu Tode erschöpfter Menschen, die Männer an der Front, Frauen und Kinder auf der Flucht oder schlaflos in den Kellern, während über ihnen die Städte brennen, verwüstete Dörfer in allen Ländern, Millionen, von den Deutschen zu Feinden erklärt, verfolgt, gefoltert, ausgehungert, ermordet, irrt durch das Sudetenvorland, während in Rosenthal Frau Hennek für die Soldaten aus Wladiwostok ein Spanferkel brutzelt und zwei alte Frauen tot in einem Misthaufen stecken, die man aber erst viel später finden wird, während sich der Ring um die Festung Breslau immer weiter schließt, wo Dein Vater Munition an die Front fährt und dabei leise mit den Pferden spricht und überhaupt nicht mehr singt, sondern sich um seine Söhne sorgt, während Dein jüngerer Bruder Gotthard die Oderlinie nicht halten konnte und nun irgendwo in Richtung Dresden auf dem Rückzug ist und Dein älterer Bruder Manfred in Gotenhafen seine Ausbildung zum Ein-Mann-U-Boot beim Verband der Kleinkampfmittel abgeschlossen hat, dann aber, mangels Kleinkampfmittel auf das Passagierschiff Hansa abkommandiert wird, das Flüchtlinge über die Ostsee nach Schleswig-Holstein bringen soll. Es verlässt Gotenhafen einen Tag später als die Gustloff. Als sie in See stechen, wissen sie schon, dass das Schiff mit Tausenden von Flüchtlingen an Bord gesunken ist.

Am 4. Februar, dem Tag, an dem die Rote Armee in Rosenthal einzieht, läuft Manfreds Schiff mit 4500 Flüchtlingen in den Hafen von Kiel ein.

Manchmal lässt der Wind gegen Abend nach, es ist, als gebe er auf, aus Gnade oder aus Einsicht, es ist mir gleich, Heiliger Christophorus sei Dank, die Wolken stehen still am Himmel, zwischen ihnen wächst das Blau, der Nacken schmerzt nicht mehr.

An diesem Tag komme ich in die Dunkelheit. Ich gehe einfach immer weiter, auch als es längst dämmert und schließlich stockfinster ist, ich habe mich verschätzt, habe mich an vielen Orten zu lange aufgehalten, beim Frühstück an der Friedenskirche in Świdnica, bei der Trauerfeier in Świebodzice und bei einem bizarren Freilichtmuseum für Militaria in Bögendorf, Witoszów, wo Ihr auch eine Nacht verbrachtet. Plötzlich standen am Wegrand Panzer auf den Äckern neben einem alten Bauernhaus, Transportpanzer und Schützenpanzer, Selbstfahrlafetten, Kampfflugzeuge MIG-21, SU-22, eine rote Fokker, Haubitzen, Radarinstallationen, geschmückt mit polnischen Fahnen, eine private Sammlung von 2000 militärischen Exponaten, bewacht von einem deutschen Schäferhund.

Ich trödele den ganzen Tag, laufe an einigen Orten einfach vorbei, wo ich für die Nacht hätte bleiben können, will nicht wahrhaben, wie weit es noch ist bis nach Bolków, in die nächste Stadt mit einem Hotel. Es ist mir, um die Wahrheit zu sagen, auch egal geworden, ich habe jetzt eine Gleichgültigkeit erreicht, die mich unverwundbar macht, ich sorge mich nicht, ich habe keine Angst mehr, nicht vor Menschen und nicht vor Wölfen, mich kann nichts schrecken.

Neben der Straße fließt lange ein Flüsschen, das laut Karte Wütende Neiße heißt, darüber steht der Mond und wirft seinen Silberschein auf das Wasser, die Höfe liegen abseits der Straße, hin und wieder schlägt ein Hund an, sonst ist es still, nichts zu hören außer meinen Schritten auf dem Asphalt und dem gleichmäßigen Atem. Straßenlaternen stehen in weiten Abständen, gelbes, schwankendes Licht, Straßenlaternen immerhin, die ein gnädiger Gott hier hingestellt hat oder die EU, in einem Abstand, der die Finsternis dazwischen erträglich macht. Sechs Kilometer lang fürchte ich bei jeder Laterne, dass sie die letzte sein wird, dahinter nur noch Dunkel, aber als es geschieht, ist es auch nicht schlimm, denn der Himmel ist sternenklar, der Mond scheint hell, und ich gehe weiter und immer weiter in seinem fahlen Licht, biege sogar von der Straße ab auf einen Feldweg, weil das der kürzeste Weg nach Bolków sein soll, steige bergan zwischen hartgefrorenen Äckern und kleinen Gehölzen, es wird kälter, und als ich den letzten Hügel erklimme, liegt oben Schnee, es zieht ein Mondenschatten als mein Gefährte mit. Dann geht es hinunter in das Städtchen.

Nachts wache ich auf, und es schmerzt. Ich wache auf in eine große Traurigkeit hinein wie eine dichte, dunkle Wolke. Sie hat Ränder, sie ist nicht endlos. Ich werfe mich hinein in der Hoffnung, ich könnte den Schmerz aufbrauchen, wenn ich mich ihm aussetze, in der Hoffnung, er werde dann verschwinden.

In der fernen Welt tritt in diesen Tagen Großbritannien aus der EU aus, und man weiß nicht, ob es das Ende von etwas ist oder der Beginn. In Schlesien ist das vereinigte Europa allgegenwärtig: Die bunt sanierten Schulen, das Gesundheitszentrum mit Rollstuhlauffahrt, die neue Turnhalle, das Gemeindehaus, die Bibliothek, alles tipptopp saniert in dezenten Farben, nichts bröckelt, die modernsten, stabilsten, schicksten Gebäude in den Orten haben das blaue Emblem mit dem gelben Sternenkreis: gefördert von der EU, finanziert aus irgendeinem Brüsseler Topf, mit freundlicher Unterstützung des EU-Landwirtschaftsfonds, des EU-Gesundheitsfonds, des EU-Bildungsfonds, des EU-Umweltfonds, des EU-Fonds für regionale Entwicklung, des EU-Fonds für die Entwicklung Niederschlesiens.

Viele Polen, mit denen ich spreche, mögen die EU nicht besonders. Polen ist der Union beigetreten, um Polen zu stärken und zu schützen, nicht wegen einer europäischen Idee.

Die Polen meinen, dass Europa ihnen Dank schuldet, sagt Urszula, meine Lehrerin, historische Dankbarkeit. Europa müsse den Polen dankbar sein, denn Polen habe Europa gerettet. Dreimal, mindestens. Im Jahr 1688, als die Türken vor Wien standen, sei es ein Pole gewesen, Jan Sobieski, der mit seinem Heer dem christlichen Abendland zu Hilfe eilte und Wien von den Muselmanen entsetzte, der Retter Europas. Und nach der Russischen Revolution von 1917, als in Russland der Bürgerkrieg tobte, seien es die Polen gewesen, die 1920 den Vormarsch der Roten nach Westen vor Warschau zum Stehen brachten und Europa vor dem Bolschewismus bewahrten, die Retter Europas. Und auch die Wende von 1989, die Osteuropa von der sowjetischen Diktatur befreite, habe in den achtziger Jahren in Polen ihren Ausgang genommen, mit der Solidarność-Bewegung, die als erste gegen den Kommunismus aufbegehrte, und so gehe auch das freie, vereinigte Europa eigentlich von Polen aus, so sehen es, sagt Urszula, die Polen, die Retter Europas, Wien, Warschau, Danzig, das seien die Verdienste Polens, und nun sei Europa Polen etwas schuldig, weshalb die EU mit all ihren Zahlungen, mit allem Geld, das aus Brüssel fließt, immer nur ihre Schuld abtrage, während Polen niemandem etwas schulde.

Der Hunger nach Anerkennung ist unstillbar, sagt Urszula.

Die Polen finden, dass die Deutschen reich sind, unverdient reich, sagt sie. Die Deutschen haben den Krieg angefangen, und sie haben ihn verloren, sie haben so viele Verbrechen begangen, aber jetzt sind sie schon wieder reich und haben in der EU das Sagen. Die Deutschen werden respektiert und anerkannt, auf die Polen schaut man herab, obwohl Europa ihnen doch dankbar sein müsste. Es irritiert die Polen, sagt Urszula, dass die Deutschen heute wieder so großen Einfluss haben in Europa.

Du weißt, wie sehr ich die Rechtspopulisten hasse, aber in dieser Frage haben sie irgendwie einen Punkt.

Für die Rechtspopulisten lohnt es sich, die historischen Wunden offen zu halten, sie nicht heilen zu lassen, lohnt sich politisch, denn mit der Geschichte kann man Wahlen gewinnen, mit der alten Erzählung von der Selbstbehauptung Polens gegen fremde Mächte, die Polen auslöschen wollen, gegen ein Deutschland, das den Schafspelz übergezogen hat, das Gewand der EU, aber in Wahrheit noch genau derselbe alte Wolf ist, herrschsüchtig und mächtig. Mit Ängsten, die heute nicht mehr begründet sind, aber immer noch verständlich. Es ist so leicht, alte Ängste wachzuhalten, alte Demütigungen aufzurufen, und so schwer herauszufinden aus dem Dunkel der Geschichte.

Viele Polen haben das Gefühl, dass den Deutschen nicht bewusst ist, was sie den Polen angetan haben. Immer geht es um den Holocaust, für den Holocaust gibt es einen Gedenktag und ein Mahnmal mitten in Berlin. Die polnische Regierung fordert auch ein Denkmal in Berlin, ein Mahnmal für die polnischen Opfer von Krieg und Besatzung, sie wollen keinen gemeinsamen Gedenkort für alle Kriegsopfer, sondern etwas Eigenes, nur für die polnischen.

So wie die Juden. Je länger der Krieg zurückliegt, desto wichtiger wird das Denkmal.

Polen wird ein Denkmal bekommen, es wird eine feierliche Einweihung geben, Reden, der Bundespräsident wird sprechen. Es wird ein Ritual bleiben. Unter den Politikern in Berlin gibt es ein Wort für die Mahnmale, die man von den Deutschen fordert: Kranzabwurfstelle.

Die polnische Regierung fordert auch Reparationen von Deutschland, Milliarden Euro für Millionen Menschenleben und ein verwüstetes Land. Reparationen und ein Mahnmal, das ist die Oberfläche. Aber es geht nicht mehr um Wiedergutmachung, jenes Kinderwort, als ließe sich das jemals wiedergutmachen. Es geht darum, die mächtigen Deutschen daran zu erinnern, dass sie Grund zur Demut haben.

Was willst du? frage ich Urszula. Was sollen die Deutschen tun? Was erwartest du von den Deutschen?

Das ist eine sehr schwierige Frage, sagt sie.

Sie schweigt, denkt nach.

Das sage ich dir nächste Woche.

Ich wünsche mir, dass die Deutschen bescheidener wären, sagt sie eine Woche später. Ich habe das Gefühl, dass die Deutschen auf uns Polen herabschauen. Ich habe studiert, ich habe zwei Universitätsabschlüsse, aber wenn ich Deutsche treffe, die mich nicht kennen, und sie hören, dass ich aus Polen komme, weißt du, was sie über mich denken?

Was denken sie?

Sie denken, ich bin eine Putzfrau. Das ist der erste Gedanke, wenn Deutsche eine Polin kennenlernen. Du kannst dir nicht vorstellen, wie oft ich in Berlin für eine Putzfrau gehalten werde.

Es ist noch schlimmer, als du meinst, sage ich zu Urszula: Polen ist den meisten Deutschen gleichgültig. Polen interessiert sie nicht. Wir stehen mit dem Rücken nach Osten, wir schauen nach Westen. Die Verbindung wird noch brüchiger, seit die ältere Generation nicht mehr nach Polen fährt aus Heimweh nach einem Deutschland, das es nicht mehr gibt. Kein Nachbarland ist den Deutschen fremder, so gut wie niemand lernt Polnisch und nur wenige reisen nach Polen in den Urlaub. Kein anderes großes Land in der EU kennen wir Deutschen so schlecht wie Polen, und das, obwohl die historischen Verbindungen so viel enger sind als, sagen wir, mit Spanien. Und nicht nur die Geschichte verbindet uns, auch die Gegenwart: So viele Polinnen und Polen arbeiten in Deutschland, sie renovieren unsere Badezimmer und pflegen unsere Alten, sie halten unseren sterbenden Eltern die Hände, aber wir kennen sie nicht.

Am nächsten Tag wird es einsamer und kälter, die Landschaft ist hier bergiger, die Hügel bewaldet, die Ortschaften immer weiter voneinander entfernt. Wenn ich oben auf einer Höhe ankomme, fällt der Blick nicht auf Häuser und einen Kirchturm, sondern auf Wald und Wiesen, soweit das Auge reicht, und auf eine einsame Allee, der Asphalt ein Flickenteppich, von Rissen durchzogen, Schlaglöcher jeglicher Größe und Tiefe, geflickte und offene. Manchmal kommt zwanzig Minuten lang kein Auto, ich gehe mitten auf der Fahrbahn, die Straße gehört mir.

Damals war hier ein ganzes Volk unterwegs, die Straßen überfüllt mit Flüchtlingen und Wehrmachtssoldaten auf dem Rückzug. *Die Hauptstraßen waren mit Militärkolonnen verstopft, und auf den Nebenstraßen stauten sich die Flüchtlingstrecks,* schreibt Gretel Kosok.

Die Wagen der Rosenthaler sind ungeeignet für die bergige Gegend, sie haben gar keine Bremsen. So steckt man bergab dicke Knüppel zwischen die Speichen der Wagenräder. Bergauf helfen alle schieben, auch Du. Manchmal, wenn es zu steil wird, spannt man zwei Gespanne voreinander.

So wurde durch gegenseitige Hilfe die bergige Strecke überwunden. Mit der Zeit lassen sich die Rosenthaler in einer der Dorfschmieden an der Strecke eiserne Hemmschuhe für die Wagen anfertigen, sie werden mit einer Kette befestigt und blockieren bergab ein Rad. *Manchmal sahen wir einen umgestürzten Wagen oder ein totes Pferd am Wegrand liegen und dankten Gott im Stillen, dass er uns bisher von solchem Unglück bewahrt hatte.*

Der Treck kommt nun schon in die Ausläufer der Sudeten, er überquert das Bober-Katzbach-Gebirge, Anfang Februar kommen die Rosenthaler durch Kleinhelmsdorf, sie bleiben für zwei Nächte. Das Dorf, das ich am frühen Nachmittag erreiche, ist anders als alle Dörfer, durch die ich bisher gegangen bin: freundlicher, lebendiger, weniger verlassen, weniger trostlos. Große Schautafeln erklären auf Polnisch, Deutsch und Englisch, was es hier alles zu sehen gibt: die Kirche, Keramikwerkstätten, die Imkerei, eine Seidenpapier-Werkstatt und eine Schule für Geo-Ökologie, gefördert von Island, Liechtenstein und Norwegen, das ganze Dorf ist zu einem Ökomuseum des Handwerks geworden, ein lebendiges Freilichtmuseum. Und es gibt die Villa Greta.

Der riesige Berner Sennenhund schlägt nicht an, als ich in den Hof komme, er rührt sich überhaupt nicht, bleibt ruhig auf der Treppe liegen und zwinkert mir freundlich zu. In der Gaststube brennt ein Feuer im Kamin, an der Wand hängt das alte Schwarzweißfoto eines Brautpaars und eine weißgestickte Hochzeitshaube hinter Glas, mit Spruchband in Kreuzstich: der ewige Bund. Auf Deutsch.

Greta, nach der die Villa benannt wurde, das ist Margarete Kowalski, geborene Wittwer, Jahrgang 1931, die nach dem Krieg in Kleinhelmsdorf blieb, als ihre Familie vertrieben wurde, weil sie sich verliebt hatte in Janek Kowalski, einen jungen Soldaten aus Łuck in Ostpolen. Er war mit der polnischen Armee bis nach Berlin gezogen, konnte dann, wie so viele, nicht mehr zurück in seine Heimat, die nun zur Sowjetunion gehörte und war in Kleinhelmsdorf geblieben. Für ein paar Monate lebten sie unter einem Dach zusammen auf dem Hof, die Familie Wittwer mit ihrer Tochter

Greta und der polnische Soldat, bevor die Wittwers vertrieben wurden, lange genug für zwei junge Menschen, um sich zu verlieben und zusammenbleiben zu wollen für immer.

Janek war allein, seine Familie nach Kasachstan deportiert. Gretas Familie war gegen die Verbindung, natürlich, der Vater drohte, die Mutter flehte, aber Greta entschied sich für Janek, entschied sich zu bleiben, denn so ist das mit der Liebe. Als die Deportationspapiere kamen, versteckte Janek seine Verlobte im Nachbardorf bei einem Freund auf dem Dachboden. Und während Gretas Eltern und Geschwister mit allen anderen Deutschen aus Kleinhelmsdorf abtransportiert wurden, machte sich Janek auf nach Warschau, um bei den neuen Machthabern um die Erlaubnis zu ersuchen, eine Deutsche zu heiraten, eine aus den Reihen des Feindes.

So brachte der Krieg die Menschen zusammen, das verfluchte zwanzigste Jahrhundert, Janek und Greta oder Maria aus Jeschen und ihre Freundin, sie wurden herumgeschubst, zusammengepfercht und auseinandergerissen, aber sie liebten und verbanden sich trotzdem, egal ob sie Deutsche waren oder Polen, woher eine kam und welche Sprache sie sprach.

Es war dann nicht leicht für Janek und vor allem für Greta, als Bauern im kommunistischen Polen, als Deutsche in einem Land, das die Deutschen verwüstet hatten, als Deutsche, die weiter auf dem Hof ihrer Eltern lebte in einem Dorf, in dem sie noch viele Jahrzehnte nach dem Ende des Krieges Angst hatten, dass die Deutschen zurückkommen und sich ihre Höfe zurückholen würden. Janek war ein stattlicher Mann, einer mit Autorität, mit dem man sich besser nicht anlegte. Das half. Wenn es ein Problem gab, rief er nicht die Polizei, sondern regelte das selbst, so musste man sein, wenn man in den fünfziger und sechziger Jahren mit einer Deutschen in einem schlesischen Dorf leben wollte. Trotzdem gab es Zeiten, da wäre Greta lieber zu ihrer Familie in der Nähe von Hannover gezogen, wenn man sie alle hätte gehen lassen. Aber ohne Janek und die Kinder kam das nicht in Frage.

Heute gehört der Hof Gretas Enkel, Krzysztof Rozpędowski, wieder sind es die Enkel, die wirklich ankommen. Zusammen mit seiner Frau Ewelina hat er den Hof nach dem Tod seiner Großmutter 2003 übernommen, es ergab sich so, sie hatten zuvor in Krakau gelebt, Studenten, Weltreisende beide. Sie zogen nach Kleinhelmsdorf, das heute Dobków heißt und keine 500 Einwohner hat. Der Hof der Großmutter war groß, sehr viel Dach, sagt Krzysztof. Es kamen Deutsche zu Besuch, die in der Gegend geboren wurden, Krzysztof und Ewelina richteten Gästezimmer ein, erst zwei, dann immer mehr, irgendwann gab Krzysztof seinen Job auf, sie bauten den Hof in ein Hotel um, eröffneten ein Slow-Food-Restaurant mit lokalen Ökoprodukten, mittlerweile ist es im polnischen Gault&Millau verzeichnet, sie beherbergen Firmen-Seminare und Yoga-Workshops, Ewelina, die Geologin, hat eine NGO gegründet, das Land der erloschenen Vulkane soll Unesco-Geopark werden, Dobków hat den Wettbewerb «Das schönste Dorf Niederschlesiens» gewonnen. Aus einem traurigen, grauen und perspektivlosen Dorf fernab aller Städte, wie es auf der Internetseite heißt, wurde ein lebendiger, attraktiver Ort.

Krzysztof ist der einzige im Dorf, der einzige weit und breit, dessen Vorfahren hier seit Jahrhunderten gelebt haben. Der Krieg gerät langsam in Vergessenheit, sagt er, nur die rechtspopulistische Regierung versucht weiter, die Geschichte für sich zu instrumentalisieren.

Sie kennen unsere Regierung, sie macht Propaganda wie Goebbels, sucht Streit mit Russland, mit Deutschland und Tschechien. Aber zwischen den normalen Menschen, zwischen Deutschen und Polen hat sich das Verhältnis entspannt.

Und da fällt ihm die Geschichte von Franz Dienst aus Leipzig ein, der in Kleinhelmsdorf geboren wurde. Über Jahrzehnte arbeitete Franz Dienst an einem Buch über das Dorf, sammelte alles, was er finden konnte. So entstand mit den Jahren eine Chronik von fast 600 Seiten über einen Ort, der zu seinen besten Zeiten 1000 Einwohner zählte. Franz Dienst lässt sein Buch im Selbstverlag drucken, die erste Auflage 1993 hat 500 Exemplare, die zweite 2009 noch einmal 200. Mit jedem Jahr gibt es weniger Deutsche, die in Kleinhelmsdorf geboren wurden, und für ihre Kinder ist das Dorf schon nicht mehr so interessant. Doch Franz Dienst arbeitet weiter, das Werk wird immer dicker, die Auflage immer kleiner. Von der letzten Auflage 2016 druckt er noch 25 Exemplare.

Die Zeiten ändern sich, sagt Krzysztof. Anfangs erwerben Deutsche alle Bücher, die Franz Dienst drucken lässt, die letzte Auflage kaufen vor allem Polen. In den letzten Jahren lässt er sogar noch zweimal 20 Exemplare nachdrucken. Er wollte das Andenken an Kleinhelmsdorf für die Deutschen bewahren, die von dort vertrieben wurden. Am Ende bewahrt er die Geschichte des Dorfes für die Polen, die heute dort leben.

Er hat sein ganzes Leben für uns gearbeitet, sagt Krzysztof. Franz Dienst ist sehr wichtig gewesen für das Dorf, er ist in der ganzen Region bekannt. Am Anfang war er gegen uns Polen, und jetzt sind wir fast Freunde.

Jetzt interessieren sich die Polen für die Geschichte ihres Dorfes und seiner Region, für die deutsche Geschichte, wie im Museum von Dzierżoniów.

Hier haben fast alles die Deutschen gebaut, wir Polen kamen erst nach dem Krieg, wir wissen das, wir verstehen das, sagt Krzysztof, wir wissen, dass Schlesien nie zu Polen gehörte und wir es nicht wiederbekommen haben.

Franz Dienst kam immer wieder nach Dobków, manchmal mehrmals im Jahr. Die Leute im Dorf sammelten alte Gegenstände, die ihn interessieren könnten, ein Fahrradteil mit der Aufschrift: Kleinhelmsdorf, solche Dinge. Einmal fand ein Freund im Dorf eine Kiste mit Zeug, das die Deutschen vor ihrer Vertreibung vergraben hatten, Wäsche und Klamotten, ein halber Liter Schnaps war auch dabei, Selbstgebrannter, der ein halbes Jahrhundert in der Erde gelegen hatte.

Wir haben die Flasche geöffnet und zusammen getrunken, zwei Polen und Herr Dienst.

Über die Flüchtlingstrecks, die im Winter 1945 durch Kleinhelmsdorf kamen, weiß Krzysztof nichts. Auch in den Aufzeichnungen von Franz Dienst werden sie nicht erwähnt. Wahrscheinlich, meint Krzysztof, haben sie im Gasthaus im Zentrum des Dorfes übernachtet. Es wurde vor ein paar Jahren abgerissen.

Ich bin zu spät gekommen, Krzysztofs Großmutter Greta ist tot, niemand interessiert sich für die Flüchtlinge, alle waren mit ihrem eigenen Schicksal beschäftigt, mit dem Krieg und der Vertreibung, niemand erinnert sich an den neunjährigen Jungen, der, in eine Pferdedecke gehüllt, neben dem Wagen durch diese Dörfer wankte. Warum habe ich so lange gebraucht, warum bin ich so spät aufgebrochen? Warum konnte ich mich erst jetzt auf diesen Weg machen, da Du tot bist?

Selbst wenn ich früher gekommen wäre – hier wurde die Bevölkerung ausgetauscht, hier hätte ich auch vor zwanzig oder vierzig Jahren so gut wie niemanden getroffen, der im Januar 1945 schon hier lebte.

Die Gaststube der Villa Greta ist warm und behaglich wie eine Höhle, die Wände aus grauen Feldsteinen, das niedrige Gewölbe aus rotem Ziegel, im Kamin brennt das Feuer, eine junge Frau serviert Karottensuppe im irdenen Teller, und plötzlich möchte ich nur noch bleiben, erscheint die ganze Wanderei sinnlos, möchte hier in dieser Höhle überwintern, nicht mehr weitermüssen hinaus in die Kälte so wie Ihr damals. Aber mein Weg ist noch weit.

Er ist noch sehr weit. Als die Rosenthaler durch Kleinhelmsdorf kommen, sind sie seit mehr als zwei Wochen unterwegs, noch nicht einmal die Hälfte des Fluchtwegs liegt hinter ihnen, aber das wissen sie natürlich nicht. Sie schaffen im Durchschnitt vierzehn Kilometer am Tag, obwohl sie morgens früh aufbrechen. Wenn ich aufwache, ist es schon hell, Ihr seid damals in der Dunkelheit aufgestanden, Bauern, die es gewohnt waren, um fünf Uhr raus zu müssen, Großmutter fütterte im Dunkeln die Pferde, und Dir gaben sie vielleicht vor dem Aufbruch noch eine heiße Milch.

Ich breche zu spät auf, trödele, kann mich nicht überwinden, die warme Stube zu verlassen, hinauszutreten in den Wind und die Einsamkeit der Landstraße, ich trinke lieber noch einen Kaffee, während sie im Frühstücksraum schon das Geschirr zusammenräumen. Trotzdem schaffe ich täglich mehr Strecke als Ihr, gestern, als ich in die Dunkelheit kam, waren es mehr als vierzig Kilometer, ich spüre sie in Muskeln und Knochen.

Und nun, da ich die Villa Greta verlasse, dämmert es bald schon wieder über den winterbraunen Äckern, dämmert über den kahlen Wäldern, die hinter den Äckern beginnen und das Land bis zum Horizont überziehen wie ein dunkles struppiges Fell, weißmeliert von Birkenstämmen, schon wird hellgrau zu dunkelgrau, breitet sich das Schwarz aus zwischen den Stämmen. Es ist kalt und unwirtlich, die Höhen bedeckt mit Schnee.

Die gemütliche Stube mit dem Kamin hat mich gewärmt, hat mich weich und verwundbar gemacht, nun fehlt der Wille, noch einmal stundenlang durch die Dunkelheit zu laufen, noch zwanzig Kilometer bis Wleń, wo ich übernachten kann, fast vier Stunden, ich habe die freundliche Stimme des Hotelbesitzers noch im Ohr, ich solle nur anrufen, er könne mich abholen, wenn ich will. Noch zwölf Kilometer bis Wleń, jetzt ist es wirklich stockfinster, noch nicht einmal der Mond begleitet mich, die Handybatterie ist fast leer, und ich gebe auf. Ich wollte den ganzen Weg zu Fuß gehen, Euren Weg, aber diese zehn Kilometer werde ich mich auf den Wagen setzen, so wie Du, werde mich mitnehmen lassen, von wem auch immer, ich strecke den Arm raus und versuche zu trampen, aber niemand hält an, und ich kann es ihnen nicht verdenken, eine Wanderin in dieser Finsternis, schlammverschmiert, schließlich wähle ich die Nummer des Hotelbesitzers. Zwanzig Minuten später sitze ich bei Luk im Auto.

Luk Vanhauwaert, ein Flame um die siebzig mit grauem Seemannsbart, kam vor zwanzig Jahren in diese Gegend. Der Geschäftsmann aus Antwerpen war auf der Durchreise nach Krakau, aber er verliebte sich Hals über Kopf in die Landschaft und blieb. Blieb, wie er sagt, für immer, denn so ist das mit der Liebe.

Ich hatte meine Seelenlandschaft gefunden, ich wusste sofort: Hier will ich leben, hier will ich sterben.

Vanhauwaert kauft das verfallene Schloss Lähnhaus, ein herrschaftliches Anwesen unterhalb der mittelalterlichen Burgruine von Wleń, sechzig Hektar Land und ein halbes Dutzend maroder Gebäude, den Palast Belvedere, das Herrenhaus mit der Aussicht über Hunderte von Obstbäumen, seltene alte Obstsorten, bis weit zum Riesengebirge, der Aussicht, wo, wie Luk sagt, nichts das Auge stört, dazu Stallungen, Wirtschaftsgebäude, eine Kapelle. Anfangs haust er in einem einzigen Zimmer, es regnet durchs Dach, Strom gibt es nicht, ein Abenteurer, mutig und eigensinnig und etwas melancholisch, ein Aussteiger, der nicht in die Toskana ging, sondern nach Niederschlesien.

Wir brettern im Stockfinstern über Feldwege, schrecken Rehe und Hasen auf, die durch den Scheinwerferkegel des Wagens springen, Luk ist von der Landstraße abgebogen, weil er eine Abkürzung kennt, jedenfalls zu kennen glaubt, aber der Weg verliert sich auf einem Acker, Luk ist hier schon länger nicht mehr gefahren, ist aber ganz sicher, dass es einen Weg geben muss, obwohl es ihn erkennbar nicht gibt, aber Luk ist nicht beunruhigt, er lässt sich von der Wirklichkeit nicht beeindrucken, sonst hätte er vor zwanzig Jahren wohl kaum die Ruine des Lähnhauses gekauft.

Er beginnt, Polnisch zu lernen, renoviert die Gebäude, kämpft gegen die polnische Bürokratie, gegen Vorurteile und Fremdenfeindlichkeit, hält durch, als ihm der Bürgermeister im Streit das Wasser abstellt, hält durch, weil er stark ist und starrsinnig und weil die Leute im Ort zu ihm halten. Er baut Gästezimmer aus und Gästewohnungen, Penthousewohnungen mit viel Glas und dem Blick in die Landschaft, damit alle verstehen, warum er sich in die Aussicht verliebte, er eröffnet ein Café mit legendärem Kuchen, er will sanften Tourismus und Ökolandwirtschaft, er beantragt die polnische Staatsbürgerschaft, er will dazugehören.

Es gibt auch Push-Faktoren, es gefiel ihm nicht mehr in Antwerpen, zu viele Migranten dort, es wurde ihm zu laut, es war nicht mehr seine Stadt. Er zog nach Polen, wo er kein Wort verstand, weil er sich in seiner Heimatstadt fremd fühlte? Wegen der Migranten?

Die Deutschen, meint Luk Vanhauwaert, sähen das vielleicht anders, sie hätten vielleicht weniger Probleme mit der Zuwanderung.

Weil viele selbst Flüchtlinge waren.

Die Deutschen, die selbst Flüchtlinge waren, kommen zu ihm ins Hotel in den ersten Jahren, er unterhält sich viel mit ihnen, aber jetzt werden es immer weniger, dafür kommen ihre Kinder und Enkel, kommen jetzt, da ihre Eltern tot sind. Früher, als die Eltern noch lebten, haben sie sich nicht für die Vergangenheit interessiert, wollten nichts davon wissen, lasst uns damit in Ruhe, wir leben jetzt hier in Köln oder Leipzig, kommt uns nicht mit Schlesien. Aber jetzt, da es zu spät ist, wollen sie ihre Herkunft verstehen, jetzt bereuen sie, dass sie die Eltern nie gefragt haben. Stattdessen fragen jetzt die Polen.

Früher haben sie mit Steinen nach den Deutschen geworfen, jetzt bewirten sie sie mit Kuchen, sagt Luk. Sie fragen die Deutschen, wie es damals war, wollen wissen, was das für Leute waren, die früher in ihren Häusern lebten, wollen, dass die Deutschen von früher erzählen, damit sie etwas über die Geschichte des Landes erfahren, in dem sie jetzt leben.

Er erzählt mir das alles, während wir durch die Nacht fahren über die Äcker, er ist erkältet, er fiebert, er hat Mittel genommen und den ganzen Tag im Bett gelegen. Ich hätte ihn vielleicht doch nicht anrufen sollen, es ist alles etwas viel. Das Schloss ist ihm fast schon zur Last geworden, nach zwanzig Jahren sind noch nicht alle Gebäude restauriert, das Herrenhaus ist sehr schön, aber es hat keine rechte Funktion, es gibt so viele Herrenhäuser in Schlesien, renovierte und verfallende, Häuser aus einer vergangenen Zeit, für die es heute kaum noch eine Verwendung gibt. Als Ausländer bekommt er in Polen keine Fördergelder, er ist also doch nicht Pole geworden, die Löhne sind in den letzten Jahren gestiegen, und es wird immer schwieriger, bezahlbare Arbeitskräfte zu finden. Er bereut nicht, dass er der Liebe gefolgt ist, aber er hat es sich leichter vorgestellt.

Wir sind angekommen, er bringt mich noch hinauf in mein Zimmer, großzügig und geschmackvoll mit altem Holz und modernem Bad. Im Kamin brennt ein Feuer. Dann verabschiedet er sich, er wohnt nicht mehr in einem der alten Gebäude, er hat sich ein modernes Haus gebaut hinter dem Wald abseits vom Schloss, wo er seine Ruhe hat. Sie sagen, es habe eine riesige Glasfront und eine Aussicht, noch schöner als hier. Dort lebt er allein mit der Landschaft, seiner Liebe.

Am nächsten Morgen ziehe ich weiter über die Mittelgebirgshöhen des Isergebirges, dies ist ein anderes Schlesien als an der Oder, hier gibt es keine Straßendörfer mehr, keine großen Bauernhäuser mit riesigen Scheunen, sondern Haufendörfer mit Häusern aus Feldsteinen und Fachwerk.

Hinter dem Dorf biege ich bergan in einen Feldweg ein, auf dem eine dünne Schicht Schnee liegt, aus dem letzten Hof tritt ein Mann, er geht mit Mühe, kommt durch den Matsch aus Lehm und Schnee auf mich zu gehumpelt und freut sich, mich zu sehen, als sei ich eine alte Bekannte, drückt zur Begrüßung meine Hand, gibt sich unbeschreibliche Mühe, mir den Weg zu erklären, nach dem ich nicht gefragt habe, zwischen seinen Lippen ein Heuhalm, vielleicht merkt er es nicht, vielleicht ist es eine Marotte, drückt zum Abschied noch einmal meine Hand.

Als ich weitergehe, sehe ich plötzlich Euren Wagen, einen alten Holzwagen aus groben Planken, mit einem Boden, zwei Wänden an den Seiten und einer an der Stirn, genau wie Euer Fluchtwagen, steht da, als hättet Ihr ihn eben dort zurückgelassen. Nun ja, er hat keine Speichenräder, sondern Gummireifen, man wird sie ersetzt haben irgendwann in den letzten 75 Jahren, seit der Wagen hier zurückblieb, weil Flüchtlinge nicht mehr weiterkonnten, die krank wurden oder verrückt und in einen Zug gesetzt wurden wie Onkel Walter.

Es regnet, als ich am frühen Nachmittag nach Lubomierz komme, ehemals Liebenthal, es regnet bei eben über Null Grad, niemand ist auf der Straße, nur selten huscht eine Gestalt vorbei, den Kopf eingezogen, den Rücken krumm. Seit vielen Kilometern hatte ich von Lubomierz geträumt, hatte mir vorgestellt, wie ich in einem Café sitzen und mich aufwärmen würde oder sogar in einem Restaurant, aber die Pizzeria am Marktplatz ist geschlossen, der Dönerstand zugenagelt, ich gehe entlang der Häuserreihen, alles hübsch renovierte Häuser, aber verschlossen, die Kirche natürlich auch. Im einzig geöffneten Laden kaufe ich eine Dose Cola und eine Packung Kekse und setzte mich im Nieselregen auf eine Bank, verfroren und hungrig, erscheint mir Lubomierz als der trostloseste Ort meiner Reise, bis die Suchmaschine mir erklärt, dass dieses depressive Städtchen im ganzen Land berühmt ist als Hauptstadt der polnischen Komödie. Sehr witzig.

In Lubomierz wurde Mitte der sechziger Jahre einer der beliebtesten und bekanntesten polnischen Filme gedreht, ein Klassiker, dessen Dialoge die Polen bis heute auswendig rezitieren, die Komödie «Sami swoi», auf Deutsch etwa: Unter uns. Lubomierz hat dem Film ein Museum gewidmet, davor zwei lebensgroße Holzskulpturen der beiden legendären Hauptfiguren, und das Museum hat sogar geöffnet. Es ist hell, modern und so sauber, dass ich mich schäme, wie ich aus Wald und Matsch komme, am liebsten würde ich meine Schuhe ausziehen, aber der freundliche Herr, der die Eintrittskarte verkauft, beruhigt mich und macht mir, einzige Besucherin, auf einem Computer den Film an, ein Zusammenschnitt der bekanntesten Szenen, schwarzweiß, die Qualität ist sagenhaft schlecht, ich verstehe kein Wort, die Schauspieler sprechen mit starkem Dialekt, sie schreien übertrieben, aber es ist zu erkennen, dass der Film auf dem Marktplatz spielt, über den ich soeben gegangen bin und dass sich seither nicht viel geändert hat außer den Farben der Häuser.

«Sami swoi» ist die Geschichte der polnischen Bauernfamilien Kargul und Pawlak, die nach dem Zweiten Weltkrieg aus dem Osten, den Kresy, in die neuen polnischen Westgebiete umgesiedelt werden, sie kommen in ein verlassenes deutsches Dorf, alles ist fremd, sie suchen sich Höfe. Die Familien Kargul und Pawlak verbindet eine jahrzehntelange Feindschaft, doch nun suchen sie sich wieder benachbarte Höfe, der vertraute Feind ist ein Stück Heimat, einer von uns, sie fühlen sich ein bisschen weniger fremd, weil er auch da ist.

«Sami swoi» war der erste Film, der die Umsiedlung nach dem Krieg zum Thema machte, gedreht im kommunistischen Polen, unter der Zensur, in einer Komödie war es möglich, das Tabu zu brechen, das Schicksal zu thematisieren, das Millionen polnischer Familien betraf. Liebevoll macht der Film sich lustig über die rückständigen Bauern aus dem Osten, die Charaktere sind authentisch und doppelbödig: primitiv und aggressiv, aber zugleich herzlich und gutmütig, misstrauisch und abweisend, aber zugleich gastfreundlich und offen. Die polnische Nation lachte über zwei Familien, die aus dem Osten nach Schlesien umgesiedelt wurden, und es hatte wohl etwas Befreiendes, dass man darüber lachen konnte.

Im freien Deutschland wäre es in den sechziger Jahren undenkbar gewesen, eine Komödie über die Vertreibung der Schlesier zu drehen.

Ihr kommt Anfang Februar durch diese Gegend, das Wetter ist jetzt vorübergehend etwas milder, zu diesem Zeitpunkt seid Ihr seit fast drei Wochen auf der Landstraße, mit jedem Tag weiter entfernt von Rosenthal, von der Stille des Dorfes. Du bist noch nie weiter von Zuhause entfernt gewesen als in der Kreisstadt Brieg oder zu Besuch bei der Großmutter in Kreisewitz. Nun schleppt Ihr Euch durch den Lärm des Krieges in Richtung Westen, eine millionenfüßige Schar von Flüchtenden, angewiesen auf fremde Hilfe, der Gewalt ausgeliefert und den Leidenschaften, die eine existentielle Gefahr hervorbringt, in der nichts zählt als der Wille zu überleben, angewiesen darauf, dass die Pferde durchhalten und der Verstand Euch nicht verlässt, weil es das schlimmste ist, wenn einer durchdreht und schreit wie Onkel Walter, weil dann der letzte Rest von Ordnung zusammenbricht und Panik sich breitmacht, weil es alle so viel Kraft kostet, nicht durchzudrehen, während Onkel Walter das einzig Angemessene in dieser Lage tut und den Verstand verliert. Warum seid Ihr nicht alle verrückt geworden?

Seit anderthalb Wochen gehe ich Euren Weg, langsam den Verstand verlierend, im Gespräch mit Wind und Bäumen, trotzig und wund vor Einsamkeit, gehe durch Nachkriegslandschaften, ohne Schutz gegen die Trostlosigkeit niederschlesischer Dörfer an grauen Januartagen, gehe diesen Weg, um Euren Schmerz zu fühlen in meinen Beinen und im Nacken, in dem Euch der Russe saß, um das zu erinnern, was Du vergessen hast, gehe, von den Menschen freundlich und kopfschüttelnd aufgenommen wie eine heilige Närrin, meinen Pilgerweg, mein Exerzitium, ich tue Buße, ohne zu wissen, wofür, für alles, was nicht erinnert wurde, um den Schmerz zu fühlen, über den in meiner Kindheit geschwiegen wurde, den Schmerz, den Ihr nicht fühltet, den ich nur ahnte, den es nicht geben durfte und der doch allgegenwärtig war. Den Schmerz, der in Eure Körper gefahren war, in Mutters Knochen und in Dein Herz, das so früh krank wurde.

Der Wind ist mein Peiniger, er hat sich hier unten Verstärkung organisiert, seine Truppen stürmen gegen mich an, Lieferwagen und einfache Laster, große Trucks und schwere LKWs.

Ich gehe den Weg Deiner Entwurzelung, unser aller Entwurzelung. Ich gehe den Weg, der alle Bewegung für immer verdächtig machte. Wer unterwegs ist, wurde vertrieben, musste, wie es heißt, sein Heil in der Flucht suchen, aber welches Heil sollte da zu finden sein, in der Flucht, vertrieben, unfreiwillig aufgebrochen, so dass aller Aufbruch, alle Veränderung für immer verbunden blieben mit dem Schmerz, weil der eine, große Aufbruch ein einziger Verlust war.

Ich gehe die Alleen entlang, vorbei am endlosen Spalier der Bäume, die ihre kahlen Äste schütteln über der rastlosen Wanderin, standhaft alle, sesshaft, mit Wurzeln, man müsste sie schlagen, man müsste sie töten, um sie zu bewegen.

Ich wandere am Rande der Landstraße zwischen Asphalt und Straßengraben, von vorne rast schweres Gerät auf mich zu –Transporter, Zementmischer, Sattelschlepper – ihr Windstoß wirft mich fast um. Von den Autodächern wehen Eis und Schnee auf mich herab.

Bewegung ist Passion, ist Leiden, Stillstand ist Sicherheit, im Beharren liegt das Heil, so hast Du gelebt, das Haus, Mutter, wir Kinder, die Freunde, Du hast alles getan, um ein Baum zu werden, damit wir nicht spürten, was wir wussten, dass es diese Sicherheit für uns nicht gibt und nie wieder geben wird.

Ich sehe die Angreifer auf mich zukommen, schätze aus der Ferne die Gefahr, der Stoß hängt ab von Gewicht, Fläche und Fahrtgeschwindigkeit, Zementmischer zum Beispiel sind leicht zu unterschätzen, weil sie nicht groß sind, aber sehr schwer. Doch am gefährlichsten sind die Kurierdienste, skrupellos und todesmutig.

Bewegung ist zugleich Rettung, wer nicht flüchtet, stirbt, wer flüchtet, wird heimatlos, bleibt immer bedroht, aber er kann überleben, kann vielleicht Zuflucht finden, weshalb Flucht immer eine Möglichkeit bleibt, auch später, in jeder Lebenslage, Flucht ist immer ein Ausweg.

Wenn die Angreifer gegen mich anstürmen, weiche ich aus in Richtung Graben, mehr oder weniger weit je nach Gefahrenlage, ich drehe der Fahrbahn den Rücken zu und warte, bis der Schlag vorüber ist, dann wende ich mich wieder nach vorne und stapfe weiter. Ich nehme es ihnen nicht übel, ich habe es verdient.

Es ist immer möglich zu gehen, es ist unmöglich anzukommen, wir werden nie wieder Wurzeln schlagen bis in die dritte Generation, wir werden nie wieder zu Hause sein. Wir werden uns allenfalls vorübergehend niederlassen hier oder da, wie eine Wanderin auf einer kalten Bank im Winter, immer bereit, weiterzuziehen, loszulassen. Alles. Sogar das Leben.

In Sicherheit ist nur, wer keinen Schmerz mehr fühlt.

Ich habe mich auf diesen Weg nicht vorbereitet, so wie Ihr Euch nicht vorbereiten konntet. Ich schaue, was auf mich zukommt. Wie hätte ich mich vorbereiten können?

Ich werde dieses verfluchte zwanzigste Jahrhundert aus mir herauslaufen, aus uns allen, ich werde alles erinnern und alles vergessen, und am Ende meines Weges werden wir frei sein, heil, wenn ich hier durchkomme, werde ich mich nie mehr umdrehen und zurückschauen, ich werde nur noch nach vorn blicken, ich werde Mandarin lernen und mich bei TikTok anmelden, ich werde fertig sein mit Europa und seiner verfluchten Vergangenheit und nur noch für die Zukunft leben.

Der Bahnhof von Gryfów Śląski, ehemals Greiffenberg, ist menschenleer, das Gelände so verlassen, dass ich nicht sicher bin, ob hier seit 1945 noch Züge gehalten haben. Die Türen des Bahnhofsgebäudes sind verschlossen, die Fenster vergittert, ein schlammiger Weg führt am Gebäude vorbei durch eine urinstinkende Unterführung auf den Bahnsteig. Niemand zu sehen. War es hier, wo sie Onkel Walter und Deine Großmutter in den Zug setzten?

Irgendwann kommt dann doch eine überraschend moderne Bahn voller Oberschüler mit schwarz lackierten Fingernägeln, zerrissenen Jeans und rosablond gefärbten Haaren, alles normal, ich bin zurück in der Welt, auf dem Rückweg, 220 Kilometer liegen hinter mir, noch nicht die Hälfte Eurer Strecke, ich unterbreche kurz meine Wanderung, um nach der Familie in Berlin zu schauen, in wenigen Wochen werde ich wiederkommen und den Weg fortsetzen, so glaube ich.

3

Man kann nicht bleiben, wo man ist.
Zitat einer Zeitzeugin
in der Ausstellung «entKommen» in Zittau

An einem Frühlingsabend Ende April 2005 versammeln sich die Rosenthaler im Hinterzimmer eines Hotels in Görlitz. Sie nennen sich mit dem Nachnamen zuerst. Scholz, Ilse, und Peisker, Rudi. Sie nennen die Frauen bei ihren Mädchennamen. Sie duzen sich. Auch Du. Eigentlich hattest Du nicht mitfahren wollen. Seit Dein Bruder Manfred tot ist, ist Rosenthal Dir noch ferner. Und außer Scholz, Ilse, die alles organisiert hat, kennst Du ja sowieso niemanden mehr.

Die kennen sich ja untereinander viel besser, sagst Du.

Am Ende fährst Du mit, weil ich mitfahre.

Nach der Flucht bleiben die meisten Rosenthaler in der sowjetischen Zone. Nicht zu weit weg von Schlesien, als werde man dann eher zurückkehren. Einige der Familien, die nicht mehr zurück über die Neiße gekommen sind, stranden in einem Dorf zwischen Dresden und Cottbus, 350 Kilometer westlich von Rosenthal. Andere kommen dazu, man findet sich wieder an einem Ort, die alten Nachbarn, wie in der polnischen Komödie «Sami swoi». Sie arbeiten wieder in der Landwirtschaft, aber natürlich ist nichts wie früher. Sie sind jetzt Neubauern, wie das in der DDR heißt. Es soll nach Aufbruch klingen und nicht nach Verlust. Sie sind arm, sie hungern, die Alten sterben früh.

Fast sechzig Teilnehmer sind zum Rosenthaler-Treffen nach Görlitz gekommen, mit so viel Interesse hat niemand gerechnet. Die Älteren sind gerührt, dass dieses Mal auch Jüngere mitfahren, meine Generation, sie sagen das immer wieder, wie schön das ist, dass es weiter geht. Aber die meisten haben doch, wie Du, die Flucht als Kinder erlebt, Menschen mit einer kurzen Kindheit. Sechzig Jahre danach haben sich viele noch einmal aufgerafft, die eigentlich schon nicht mehr auf Reisen gehen.

Das ist nun sicher das letzte Mal, sagen sie.

Menschen mit Bauerngesichtern und Bauernhänden, aufgekratzt und herzlich wie bei einem Klassentreffen oder einer Goldenen Konfirmation. Man erzählt sich, was man so macht, die Kinder, die Enkel. Dazu gibt es schlesischen Streuselkuchen. Man erhebt sich, Kosok, Gretel, verliest eine Liste mit den Namen der Verstorbenen seit dem letzten Rosenthaler-Treffen vor zwei Jahren, sie bittet um eine Schweigeminute. Als sich alle wieder gesetzt haben, erzählt sie etwas über schlesische Bräuche und die schlesische Mundart. Sie trägt ein Scherzgedicht vor über die Bedeutung des Hefekloßes für den Schlesier, es hat sechzehn Strophen, aber die Mundart geht ihr nur holprig von der Zunge, der Faden zur Kindheitssprache droht abzureißen. Man verteilt Textzettel, doch der Versuch, ein Lied auf Schlesisch zu singen, wird nach der zweiten Strophe aufgegeben.

Eine Familie ist zum ersten Mal dabei, drei Generationen, sie wollen sich in Rosenthal auf die Suche nach den Wertsachen machen, die damals auf dem Hof vergraben wurden. Sie haben einen Plan dabei, eine Zeichnung, aber eigentlich brauchen sie ihn nicht, denn die Großmutter, damals fünf Jahre alt, hat alles im Kopf, sie hat eine genaue Vorstellung von dem Hof, den sie vor sechzig Jahren zum letzten Mal gesehen hat, und davon, wo gegraben werden muss. Ziebolz, Hannchen, hat Kindheitsfotos dabei, liebevoll digitalisiert. Die Einschulung, die Glockenweihung in der Rosenthaler Kirche, auch zwei Bilder von der Flucht. Ein ordentlicher Treck, schnurgerade die Straße entlang, soweit das Auge reicht. Kess lehnt die Schwester am Wagen. Der Schrecken ist nicht auf den Bildern.

Sie reden nicht von der Flucht, aber wenn man sie fragt, erinnern sie sich noch, sogar mit Details. Es sind die Erinnerungen von Kindern, die eine beschwerliche und abenteuerliche Reise gemacht haben, die erst im Nachhinein ihre schreckliche Bedeutung erhielt. Sie erinnern sich an die Kälte, immer wieder die Kälte, an Füße, die so eisig waren, dass man wie auf Nägeln ging, an Gnadenfrei, wo der Treck zwei Tage rastete, und Strehlen, wo sie aus der Ferne mitansahen, wie ein Lazarettzug bombardiert wurde. Wie komisch es war, als Onkel Walter verrückt wurde. Und an eine gefährliche Gaslampe in einem Quartier. Sie hatten Angst, es könne Gas austreten und alle vergiften. Von der Flucht erzählen sie wenig, mit Distanz, lebendig ist die Erinnerung an Rosenthal, an das Dorf, ihre Höfe, Mensch und Tier. Sie erinnern die Anekdoten und Geschichten, wie die Geschichte Deiner Zeugung, Geschichten einer kurzen Kindheit, fünf Jahre, neun Jahre, manchmal 14.

Die Kindheit von Peisker, Rudi, endete am 27. Dezember 1944, dem Tag, an dem er zum Volkssturm eingezogen wurde, siebzehnjährig wie Dein Bruder Gotthard. Auch die Rote Armee rekrutierte fast den ganzen Jahrgang 1927, auf beiden Seiten kämpften nun die Siebzehnjährigen. Rudi Peisker bekam eine Ausbildung, bevor er in den Häuserkampf nach Breslau geschickt wurde. Sie dauerte einen Tag, man zeigte ihm, wie eine Handgranate funktioniert: viereinhalb Sekunden Zünderzeit. Einundzwanzig, zweiundzwanzig und dann werfen. Es ging immer morgens um vier Uhr los, davor ließ der Zugführer die Schnapsflasche kreisen, Nullkommasieben Liter für zehn Mann, das war immer daumenbreit. Peisker nimmt die Mineralwasserflasche vom Hoteltisch, legt seinen Daumen quer an und zeigt, wieviel jeder morgens um vier bekam. Er schwankt leicht mit dem Oberkörper hin und her.

So haben wir dann gezielt.

Auch auf der russischen Seite gaben sie den Jungen Wodka. Das war am Ende der Krieg: angetrunkene Halbwüchsige, die so schnell starben, dass man nicht einmal wusste, woran. So wie Gotthard.

Peisker, Rudi, erinnert sich genau an seinen ersten Angriff, sie sollten den Brückenkopf, den die Russen westlich der Oder errichtet hatten, zurückerobern, mit dem Flammenwerfer aus der Deckung und auf die Häuser halten. Der erste, den sie rausschickten, fiel mit einem Herzschuss zurück in den Graben, als nächstem schnallten sie Peisker das Ding auf. Er beobachtete, wie der Feind den Graben mit Maschinengewehr-Feuer überzog. Dann sprang er aus der Deckung.

So ein Flammenwerfer reicht sechzig Meter weit, die Häuser gingen sofort in Flammen auf.

Sie hatten ihm gesagt, dass er gleich wieder zurück in Deckung müsste, aber er konnte nicht mehr denken, der Kopf leer, sie zogen ihn zurück in den Graben, halb bewusstlos vor Angst.

Ich war völlig fertig.

Den Brückenkopf haben wir nie zurückerobert.

Er beugt den Kopf beim Sprechen leicht nach vorne, die Schultern eingefallen, der Rücken krumm, der Mund ein trauriger Strich, traurige, traurige Augen. Ein Muttersöhnchen sei er gewesen, sagt er, ist es bis heute, ein Mann, der auf die achtzig zugeht, und noch immer Kind, das gestärkte Hemd, die frisch geschnittenen weißen Haare, alles sehr ordentlich, wie ein Junge, den man am Sonntagmorgen für den Kirchgang zurechtgemacht hat, bedürftig, in seinem Blick die Sehnsucht nach der Jugend, die er nicht hatte. Über den Kopf zieht sich zur Stirn hin eine große Narbe.

Kopfschuss, sagt er.

Er erklärt, wie die Munition funktioniert, die ihn fast tötete, erklärt präzise, wie sie beim Aufprall explodiert, als würde es helfen, wenn man versteht, wie sie sich umbrachten. Er hatte den Stahlhelm auf. Trotzdem sah es so schlecht aus, dass sie ihm schon die Marke und das Soldbuch abnahmen. Am 11. März 1945 war das. Drei Tage später kommt Peisker in einem Lazarett wieder zu sich, langsam kehrt die Erinnerung zurück, nur die Sprache bleibt lange gestört, ist es bis heute ein wenig. Nach Kriegsende bekommt er Gesundheitsklasse 3, das bewahrt ihn vor der Gefangenschaft, vor Russland.

Der Kopfschuss war mein Glück.

Peisker schlägt sich nach Rosenthal durch, trifft dort niemanden mehr an, irgendwann findet er seine Familie bei Görlitz wieder, nur sein Bruder ist, zwanzigjährig, bei Wien gefallen.

Am nächsten Morgen geht es über die Grenze, ein Bus voll Rosenthaler auf dem Weg nach Różyna, auf dem Weg in die alte Heimat, wie sie sagen, als habe es später noch eine neue Heimat gegeben. Sie fahren nicht nach Polen, sie fahren auf die polnische Seite und meinen: in den polnischen Teil Schlesiens. So wird Schlesien zum Oberbegriff, etwas, das eins bleibt, auch wenn man es jetzt mit den Polen teilt.

Als wir in Rosenthal ankommen, liegt die Dorfstraße ruhig in der Vormittagssonne. Keine Autos, kein Verkehr, es ist ja nur die Nebenstrecke nach Frohnau. Es ist der Tag vor dem 1. Mai, Löwenzahn und Gänseblümchen sprenkeln die grünen Wiesen. Der Bus fährt die Dorfstraße entlang vorbei am Wirtshaus, wo schon eine Delegation örtlicher Würdenträger wartet. Aber der Bus fährt weiter, vorbei am ehemaligen Lehrerhaus und der Kirche bis ganz ans Ende des Dorfes unweit des Friedhofs. Dann wendet er, es geht zurück zum Gasthof, der unter den Polen Dom kultury, Kulturhaus, wurde und jetzt eine Art Gemeindehaus ist. Die Zeit nach 1945 nennen die Rosenthaler: unter den Polen.

Die Bürgermeisterin und der Kreisvorsteher von Różyna begrüßen die Rosenthaler, man tauscht Gastgeschenke, jemand übersetzt, die Atmosphäre ist herzlich, man kennt sich von früheren Treffen. Man hat ein Mittagessen aus der Kreisstadt kommen lassen. Den Kuchen zum Nachtisch haben die Frauen aus Różyna selbst gebacken.

Die Rosenthaler sitzen an langen Tischen im Festsaal im ersten Stock von Fuhrmanns Gasthaus, dort, wo ihre Eltern Hochzeiten feierten und Leichenschmaus hielten und Dein Bruder Manfred bei seinem letzten Heimaturlaub den Film «Reitet für Deutschland» sah. Die Polen respektieren den Schmerz der Deutschen, ihren Wunsch, immer wieder an diesen Ort zurückzukehren, sie verstehen das. Nähe oder Freundschaft entsteht nicht. Kaum ein Rosenthaler kann auch nur ein paar Worte Polnisch. Die Polen sind freundlich, aber sie erwarten nichts von den Deutschen, sie haben eigene Sorgen, die Arbeitslosigkeit vor allem. Die Landwirtschaft rentiert sich nicht mehr. Wer kann, fährt ins Ausland zum Arbeiten. Die Männer verdienen das Geld in den Schlachthöfen von England und Irland. Die Frauen pflegen in Deutschland Alte und Kranke. Das ist ihr Bezug zu Deutschland, nicht die alten Rosenthaler, die alle paar Jahre zu Besuch kommen.

Nach dem Essen schlendern die Deutschen in Grüppchen durch das Dorf, das verschlafen in der Mittagssonne liegt. Die Polen haben sich in ihre Häuser zurückgezogen. Nur ein paar Kinder radeln kichernd auf ihren Bikes die Dorfstraße auf und ab. Die Deutschen besichtigen die alte Heimat wie ein Freilichtmuseum. Scheunen stehen leer, Felder liegen brach. Irgendwo steht ein alter Leiterwagen, mit Blumen umwunden, und hinter mancher Scheune rosten ein Pflug oder ein Heuwender, hinter dem der Vater und Großvater gegangen sind. Schmerzliches Glück. Sie zeigen mit dem Finger auf Häuser und Scheunen, sie rufen sich gegenseitig zu, wo Weirauch gewohnt hat und wo Ziebolz.

Du hast einen Plan mitgebracht, auf dem die Gehöfte nummeriert und mit Familiennamen versehen sind. Er hilft Dir, Dich zu orientieren, obwohl Dir die Namen ja auch nichts mehr sagen. Du siehst viel auf den Plan und wenig auf das Dorf. Als könnte die Zuordnung der schwarzen Rechtecke Dich einer irgendwo schlummernden Vertrautheit vergewissern, während das wirkliche Dorf nur immer die Entfremdung wachruft. Man schaut noch in der Kirche vorbei, aber nach einer Stunde wissen sie nicht mehr, was noch zu tun wäre.

Wir haben das ja alles schon gesehen, sagen sie.

Wochenlang haben sie auf diesen Besuch hingelebt, und nun halten sie es nicht lange in Rosenthal aus. Das, was sie suchen, können sie nicht finden, sooft sie auch zurückkehren. Über die Polen sagen sie nur Gutes. Die tun, was sie können. Alles ist sauber und ordentlich. Mancher Deutsche wird in seinem Geburtshaus mit Kaffee und Kuchen bewirtet. Sie sind dankbar und zugleich peinlich berührt, wenn man sich dann schweigend am Wohnzimmertisch gegenübersitzt. Die Schatzsucher packen ihren Plan nicht aus. Sie haben das Dorf gesehen: Welche Reichtümer sollte man hier finden?

Die Jüngeren, zum ersten Mal in Rosenthal, sind stärker bewegt als die Alten. Sie können nicht sagen, was genau es ist, das sie anrührt. Nein, Rosenthal ist nicht ihre Heimat, aber ein Ursprung, es hat etwas mit ihnen zu tun. Vielleicht hoffen sie auch, hier etwas zu erfahren über die Schatten ihrer Kindheit, das unausgesprochene Leid, das sie erbten, oft, meistens, ohne es zu wissen. Jetzt, da die Großmütter oder Urgroßmütter sterben, fällt bei mancher ein wenig Licht in das Dunkel der Familiengeschichte, werden auf Beerdigungen mehr als nur Andeutungen gemacht, über das, was die erlebten, die jetzt tot sind. Die schweigende Generation tritt ab. Die jetzt noch leben, wissen nur wenig, Ihr, die Kriegskinder, die sich an kaum etwas erinnern, alle Nachgeborenen, die irgendetwas gehört haben, aufgeschnappt auf Familienzusammenkünften, was geflüstert wurde, Bruchstücke der dunklen Geschichten, die über Jahrzehnte verschwiegen wurden, was den Frauen angetan wurde vor den Augen ihrer Väter und Ehemänner, wie der Urgroßvater starb, vor den Augen von Frau und Kindern, das zweifache Leid, derer, die es erlitten, und derer, die es mit ansahen. Im tiefsten Dunkel sind die Geschichten der toten Kinder. Die es erlebten, schwiegen aus Schmerz und aus Scham, wollten nicht, dass Kinder und Enkel wussten, was sie erlebt hatten, aus Angst, sie zu belasten, und wie hätte man sonntags weiter zusammen Sahnetorte essen und Skat kloppen können, wenn das ausgesprochen worden wäre.

Auch in unserer Familie, in der mehr gesprochen wurde als in anderen, gab es viel Dunkel, Großvater schwieg über das, was er beim Volkssturm in Breslau erlebt hatte und in den Jahren der Gefangenschaft, Großmutter sprach nicht darüber, was im Sommer 1945 mit ihr geschehen war, als sie von den sowjetischen Besatzern zur Zwangsarbeit im Harz rekrutiert wurde. Wir erfuhren nie, woran Gotthard starb, und was genau mit Onkel Walter geschah.

Und was hattest Du erlebt?

Schlimmer als das Schweigen war das Raunen, das ein Kind spüren ließ, dass es etwas Schreckliches gab, etwas, vor dem man sich fürchten musste, das die nächtliche Angst nährte vor dem Krieg, so wie die Andeutungen über die Schwester meines Großvaters mütterlicherseits. Sie war aus Ostpreußen geflüchtet und es hieß, dass das, was sie damals erlebte, der Grund dafür war, dass sie schon in jungen Jahren ergraute. Meine Kindheitserinnerung an ihr schlohweißes Haar, das ich anstarrte, als könnte es mir das dunkle Geheimnis enthüllen, über das Ihr nicht sprechen wolltet. Und warum begann mein Haar weiß zu werden an der Stirn, als ich gerade Anfang dreißig war?

Jan und Jadwiga sind nicht beim Essen im Gemeindehaus. Sie wussten nicht, dass von ihren Deutschen jemand mitgekommen ist, sie haben nicht mit uns gerechnet. Als wir zu unserem Hof bei der Lehmgrube kommen, sitzt Jadwiga unter dem Stoffbaldachin. Ich sage tatsächlich: unser Hof. Vielleicht, weil Du das sagst.

Jadwiga kann sich nicht an mich erinnern, es ist fast dreißig Jahre her, dass ich hier gewesen bin, als Kind, und Dich kann sie auch nur mit Mühe zuordnen, Manfreds Bruder, das sagt ihr etwas, vor allem freut sie sich, dass wir da sind, zieht uns an ihre weiche Brust und herzt und küsst uns. Das Haupthaus steht damals schon leer. Der alte Furman ist gestorben, die Kinder fortgezogen nach Opole und Wrocław, seine Witwe lebt jetzt beim Sohn in Krakau und kommt nur einmal im Jahr nach Różyna, um nach dem Haus zu sehen. Das Land ist verpachtet. Auch Jan und Jadwiga betreiben schon lange keine Landwirtschaft mehr.

Jadwiga beginnt sofort zu klagen. Sie hat so viele Sorgen. No co robić, co robić, was soll man machen, was soll man machen. Alles ist so teuer geworden. Noch bevor das Wasser für den Kaffee kocht, wissen wir, dass ihre Pension 500 Zloty beträgt und die von Jan 1000, zusammen weniger als 400 Euro, dass das Dach repariert werden müsste, dass sie den Enkeln die Schule finanziert und das Krankenhaus für das zu früh geborene Urenkelkind. No co robić, co robić.

Jadwiga erinnert sich mit großer Freude aller vorangegangenen Hoffmannschen Besuche. Sie kennt Teile unserer Verwandtschaft, von denen ich noch nie etwas gehört habe. Jan zeigt uns die leerstehenden Ställe und Scheunen. Auf dem Acker wächst Löwenzahn. Großvaters Obstgarten ist verwildert. Auf dem ganzen Hof gibt es noch nicht einmal ein Gemüsebeet. Jan hat es mit dem Herzen und Jadwiga mit den Beinen. Und es lohnt sich ja nicht, selbst für die Hühner ist das Futter teurer, als es Eier sind, sagt Jadwiga. Ein Sohn betreibt noch Landwirtschaft, er sei fleißig, sagt sie. Die Kinder helfen nach der Schule, aber es springt trotzdem nichts heraus. Im Dorf stünden schon zehn Häuser leer, sagt Jan. In zwölf weiteren lebt nur noch eine Person, alles Alte. Eine Schule gibt es in Rosenthal schon lange nicht mehr, und den Kindergarten haben sie Mitte der neunziger Jahre geschlossen.

Wer will noch in Rosenthal leben?

Als Dein Bruder Manfred noch lebte und der Kalte Krieg noch nicht zu Ende war, hatte alles eine politische Bedeutung. Jetzt erscheinen die Diskussionen an Großmutters Küchentisch unendlich fern, das ganze Rechten über Unrecht und Rückkehrrecht, darüber, wem dieses Land rechtmäßig gehört. Jetzt, da sich hier jeder alte Rosenthaler eines der leerstehenden Häuser kaufen könnte, für ein paar Zloty, stellt sich heraus, dass niemand das will. Von den Jungen, die nach Rosenthal reisen, würde es keinem in den Sinn kommen, hier zu leben. Und auch die Alten wollen nicht mehr zurückkehren, die Welt, die sie vermissen, gibt es nicht mehr, der Besitz, über den so viel gestritten wurde, die Häuser und das Land, sind nicht der wahre Verlust.

Du verbindest mit Rosenthal die Erinnerung an Deine Eltern und den Verlust, den sie erlitten. Heimat nanntest Du Rosenthal nur, wenn Manfred dabei war. Und selbst für Manfred war die Sehnsucht nach Rosenthal vielleicht weniger die Sehnsucht nach dem realen Dorf als nach dem geliebten Kindheitsort. Die gewaltsame Vertreibung hatte ihn zusätzlich verklärt.

Am Nachmittag beginnt in der Lehmgrube, die unter den Polen trockengelegt wurde, der Tanz in den Mai. Neben dem Beachvolleyballfeld sitzen die Rosenthaler und die Leute aus Różyna nebeneinander auf Holzbänken und trinken Bier. Es ist warm. Die Obstbäume blühen. Unter einem Baldachin schnulzen drei Dorfschönheiten ins Mikrofon. Später spielt eine Fünf-Mann-Kapelle La Paloma und dann polnischen Rock. Die Rosenthaler stellen sich zum Gruppenfoto an den Rand der Lehmgrube, daneben hupt der Bus. Als sie abfahren, stimmt Kosok, Gretel, an: Ade, du mein lieb Heimatland.

Der Bus fährt den Fluchtweg entlang, den der Treck am 22. Januar 1945 nahm. Dieser Weg ist sechzig Jahre später immer noch schmerzlich. Gretel weint die ganze Zeit. Wofür sie damals fünf Tage brauchten, schafft der Bus in gut einer Stunde.

Damals glaubte ich, dass mit unserem zweiten Besuch in Rosenthal etwas zu Ende gehen würde, eine Ungewissheit, eine Suche, dass ich nun geheilt wäre von der Sucht, mich immer wieder mit dieser Herkunft zu beschäftigen. Ich war Ende dreißig und dachte, Rosenthal hätte jetzt seinen Platz in meiner Geschichte gefunden, ein für alle Mal. Es war nicht unser Hof, es war der Hof meiner Großeltern, Rosenthal nicht mein Ort, sondern der Ort meiner Vorfahren. Aber so einfach war es dann nicht.

Etwas Neues erfuhr ich auf dieser Reise doch über Dich, aber das hatte nichts mit Krieg und Flucht zu tun, sondern mit Deiner Geburt, genauer gesagt, mit Deiner Zeugung. Dein Vater Herbert, der hart arbeitete, gerne sang und lachte und andere zum Lachen brachte, konnte ausgiebig und ausgelassen feiern. Im Dorf war er bekannt für seine Geselligkeit und seinen Humor, die Dorffeste, die Hochzeiten oder den jährlichen Feuerwehrball verließ er erst in den frühen Morgenstunden mit den Letzten, es könnte sich ja noch etwas ereignen. Das tat es zwar nie, aber man konnte nie wissen, allein die Möglichkeit ließ ihn die Feiern bis zur Neige auskosten.

Seine Skatrunde mit Scholz, Georg, und Ziebolz, Gustav, war legendär. Sie saßen samstagabends im Wirtshaus zusammen, und Herbert unterhielt seine Kumpane mit Scherzen und Geschichten. Und wenn der Wirt die letzte Runde ausgeschenkt hatte, fanden die Skatbrüder an manchen Abenden noch lange kein Ende, dann holte Dein Vater seine Ziehharmonika hervor, und sie zogen durch die Ställe und besangen die Kühe.

So saßen sie auch an einem Samstagabend im Dezember 1935 in Fuhrmanns Gasthof, drei Männer, die auf die vierzig zugingen, die vielleicht schon das nahende Alter in ihren Knochen spürten, die Müdigkeit der harten Arbeit, vielleicht war es das, was Herbert antrieb, jedenfalls brüstete er sich halb scherzhaft mit seiner Manneskraft. Seine Frau Olga stand kurz vor der Niederkunft mit Dir, ihrem dritten Kind. Sie war Ende dreißig, sie hatte schon zwei

Söhne geboren, Gotthards Geburt lag bald acht Jahre zurück, auch sie war müde, ein weiteres Kind hatte sie nicht gewollt.

Doch Herbert prahlte und stachelte seine Skatbrüder an: Jede Wette, das schafft Ihr nicht mehr! Scholz, Georg, und Ziebolz, Gustav, lachten, sie winkten ab. Aber Herbert ließ nicht locker. Irgendwann konnten die beiden es nicht mehr auf sich sitzen lassen. Man bestellte noch eine Runde Schnaps, und am Ende des Abends galt die Wette. Neun Monate später kamen in Rosenthal zwei Nachzügler zur Welt: Scholz, Ilse und Ziebolz, Hannchen. Dein Vater hatte die Wette verloren.

Es war nicht klar, wen die Schutzkleidung schützen sollte. Es hieß, Du hättest einen Krankenhauskeim, an sich eine alarmierende

Nachricht, die aber die Ärzte augenscheinlich nicht alarmierte. Wir fragten nicht nach. Vielleicht war es, wie Mutter mutmaßte, kein aggressiver Keim, vielleicht hattest Du auch so viel anderes, Ernsthafteres, dass der Keim nicht mehr ins Gewicht fiel. Sollte die Schutzkleidung uns vor Deinem Keim schützen oder das Krankenhaus vor der Ausbreitung des Keims? Aber das Krankenhaus hatte Dich ja infiziert. Ich redete mir gegen allen Verstand ein, dass ich mich so vermummte, um Dich zu schützen.

Durch die Handschuhe hindurch fühlte ich, wie eiskalt Deine Hand war. Dabei schienst Du nicht zu frieren. In den Stunden, die ich bei Dir saß und Deine Hand hielt, klagtest Du nie darüber, dass Dir kalt sei. Aber Deine Hände waren so eisig, dass ich schauderte. Der Arzt, den ich darauf ansprach, fand auch das nicht alarmierend, er sagte, Dein Körper sei jetzt mit anderem beschäftigt, als die Hände zu wärmen, sagte das freundlich, aber doch so, als sei es an sich eine überflüssige Frage, als könne jeder wissen, dass Dein Körper mit Wichtigerem beschäftigt war als dem Wärmen der Extremitäten. Es hatte sogar etwas Beruhigendes, wie er das sagte: mit anderem beschäftigt. Als sei das gut und richtig so, geradezu schlau von Deinem Körper, dass er sich jetzt auf das Wichtige konzentrierte, kein Grund zur Beunruhigung. Ich habe das so gehört und so geglaubt.

Ich habe nicht verstanden.

Ich habe immer nur gehört: kein Grund zur Beunruhigung. Bis heute friere ich, wenn ich daran denke, wie kalt Deine Hände waren durch die Gummihandschuhe hindurch. Dass etwas Lebendiges so kalt sein konnte.

Ein halbes Jahr nach Deinem Tod nehme ich noch einmal Kontakt zu dem Krankenhaus auf, in dem Du gestorben bist. Ich will noch einmal mit den Ärzten sprechen, die Dich in Deiner letzten Lebenswoche behandelt haben. Ich möchte alles über das Gespräch wissen, bei dem ich nicht dabei gewesen bin, das Gespräch, in dem

Du es abgelehnt hast, weiter behandelt zu werden, in dem Du Dich entschlossen hast zu sterben.

Warum?

Auf der Internetseite des Krankenhauses lächeln mich Patienten an, Ärzte im OP, Mütter mit Neugeborenen im Arm, die Überschrift: Zukunft gestalten. Als würde im Krankenhaus nicht gestorben.

Sehr geehrte Frau Hoffmann,

Ihre Mail mit Bitte um ein Gespräch hat mich heute erreicht. Gerne komme ich dem nach und möchte dahingehend einen Termin mit Ihnen vereinbaren. Frau Dr. S. und ich als verantwortlicher Oberarzt auf der Intensivstation haben im September letzten Jahres Ihren Vater behandelt und auch die Therapiebegrenzung in seinem Sinne initiiert.

Nach der Regelarbeitszeit stehe ich Ihnen, außer Donnerstag 18.04.2019, ab 16 Uhr zur Verfügung.

Mit freundlichen Grüßen Dr. Jörg Kersten

Ich hatte meine Wanderung Mitte Februar in Gryfów Śląski unterbrochen und war, wie ich glaubte, kurz nach Berlin zurückgefahren, um sie bald darauf fortzusetzen. Aber daraus wird nichts. Zwei Wochen später hat sich das neue Virus in Europa ausgebreitet, die Grenzen nach Polen und Tschechien sind geschlossen. Erst Ende Juni stehe ich wieder am Bahnhof von Greiffenberg. Er ist jetzt gelb, sie haben ihn frisch gestrichen, denke ich. Aber das stimmt nicht. Es ist einfach Sommer.

Die Sonne scheint, Menschen sitzen in Gärten und trinken Bier, Rüttelfalken stehen über den gemähten Heuwiesen, die ersten Kirschen sind reif. In den Feldern blüht violett Lupine, am Feldrand der Mohn, Vergissmeinnicht, wilde Stiefmütterchen und Glockenblumen, in den Gärten Pfingstrosen und Hortensien. Hühner picken, in einem Obstgarten grast ein Pferd. Nie ist der Sommer so schön wie in diesen Wochen, wenn alles noch vor uns liegt. Es ist der 22. Juni.

Es hat zwei Tage lang geregnet, jetzt ist es angenehm kühl und windig. Überall fließt und rauscht und gluckert es, auf den Wegen stehen Pfützen, in den Gräben das Wasser, die Dorfteiche sind übervoll, die Bäche strömen eilig dahin, sie treten über die Ufer, und das lange Gras, das sie umfluten, wogt in der Strömung wie die Mähnen wilder Pferde im Galopp.

Auf den Fußwegen sind die Schnecken los. Weinbergschnecken, Nacktschnecken, Wegschnecken, Laubschnecken wandern mit ihren Häusern und ohne, allein und in Paaren, zwei Nacktschnecken glitschen voran, eng aneinandergeschmiegt wie ein Liebespaar, ich steige vorsichtig über sie hinweg, peinlich berührt, als sei ich versehentlich in ein Schlafzimmer eingedrungen.

Alles ist frisch und voller Versprechen. Löwenzahnblätter stehen hoch wie Palmwedel. Wo sich das Gras nach dem Regen wieder aufgerichtet hat, reicht es mir bis zur Brust. Die Menschen hier lieben ihre Blumengärten auf eine chaotische, verschwenderische Art. Liebe heißt nicht Ordnung. Liebe ist großmütig, alles soll üppig sein und bunt. In einem Vorgarten stehen farbig bemalte alte Fahrräder, in den Körben blühen Geranien. Rhododendren und Flieder sind gerade erst verblüht.

In einem Dorf an der Kwisa hält ein Auto vor einem Neubau auf der Wiese am Bach, ein Blockhaus aus groben Baumstämmen, halb russische Bauernhütte, halb Wildwest, ursprünglich und einfach, zwei Frauen, Mutter und Tochter, steigen aus dem Auto, schauen neugierig zu mir herüber, unterhalten sich.

Ein schönes Haus, sage ich.

Die Tochter lacht: Was macht eine Frau, wenn sie sich von ihrem Mann scheiden lässt?

Sie baut ein Haus?

Sie baut ein Haus.

Sie schlägt mir vor, ein Zinkbergwerk in der Nähe zu besichtigen, übermorgen werde sie dort sein, dann könne sie es mir zeigen.

Übermorgen, sage ich, bin ich schon in Tschechien.

Zu Fuß? Zu Fuß. Allein? Allein.

Sie wendet sich zu ihrer Mutter: Siehst Du, ich habe es Dir gleich gesagt: Sie ist frei.

Lange bevor Ihr Euer Heil in der Flucht suchen musstet, gab es in der Familie Hoffmann etwas Unstetes, ein unbestimmtes Fernweh, eine Wanderlust. Unsere Vorfahren waren Bauern, aber in einem Winkel ihres Herzens wohnte die Sehnsucht nach fernen Ländern und fremden Gegenden, immerhin hatten sie im 13. Jahrhundert das Rheinland verlassen, nicht ganz freiwillig wohl, eher aus Not, heute würde man sie Wirtschaftsflüchtlinge nennen, aber sie hatten doch etwas gewagt, waren aufgebrochen und nach Osten gezogen.

Und dann gab es noch diese Geschichte, nicht mehr als ein Gerücht eigentlich. Unter den Hoffmannschen Vorfahren sei, so schreibt es Dein Bruder Manfred in seinen Aufzeichnungen, eine «Zigeunerin» gewesen, eine Frau aus dem Volk der Sinti und Roma. Sein Vater, schrieb Manfred, habe ihm das erzählt, sie habe in der Familiengeschichte eine gewisse Rolle gespielt. Mehr war nicht zu erfahren. Eine gewisse Rolle.

In jedem Fall war es ein aufregendes Gerücht, es gefiel Manfred offensichtlich, und mir auch, und entsprechend zahlreich fanden sich Indizien, die für seine Wahrhaftigkeit sprachen, Klischees natürlich, Stereotypen, der Charakter Deines Vater, das Musikalische und Sentimentale, die Liebe zu Gesang und Geselligkeit, zudem war er zierlich und dunkelhäutig, ebenso Gotthard und Du. Ich ließ eine DNA-Analyse machen, auch das eine Facette meiner Suche nach Herkunft, und sah das Gerücht weiter bestätigt: Die Analyse ergab, dass ein Teil meiner Vorfahren vom Balkan stammte, Anteil der Abstammung: fünfzehn Prozent.

Aber diese Geschichte war nicht alles. Hinzu kam der legendäre Onkel Paul, der als Sechzehnjähriger von zu Hause ausbüxte, weil ihn tief in Schlesien eine mächtige Sehnsucht nach dem Meer befallen hatte, er schlug sich nach Hamburg durch, heuerte als Schiffsjunge an und fuhr in die weite Welt hinaus, die große Freiheit. Und obgleich Onkel Paul, der Seefahrer, der Kap Hornier, nur ein entfernt angeheirateter Onkel war, wurde das Seemannsgarn, das er von seinen Reisen mitbrachte, in der Familie kräftig weitergesponnen, die Geschichte etwa, wie er, inzwischen zum Ersten Offizier aufgestiegen, eine Meuterei auf seinem Schiff niederrang oder wie er eines Nachmittags selig in seiner Hängematte träumend gerade noch rechtzeitig erwachte, um dem Malaien, der ihm mit dem Krummdolch zwischen den Zähnen nach dem Leben trachtete, die Augen auszustechen.

Und schließlich hatte sich Manfred nach dem Notabitur zur Marine gemeldet, und es gab Fotos von ihm in einem echten Matrosenanzug, nicht nur einem Kinderkostüm, wie das Deinige. Etwas war da in der Familie, das der Bodenständigkeit der schlesischen Bauern zuwiderlief, etwas, das uns in die Ferne zog.

Das Wort Grenze ist slawischen Ursprungs, granica wanderte von Osten in die deutsche Sprache ein, man stellte sich darunter ursprünglich nicht eine Linie vor, sondern einen Raum, das Grenzgebiet mit seinen fließenden Übergängen von Sprache, Kultur, Religion und Herrschaft. Die Idee einer linearen Grenze entwickelte sich in Mitteleuropa erst seit Beginn der Frühen Neuzeit. Bis heute eröffnet das Wort Grenze ein weites Feld, angrenzen, eingrenzen, ausgrenzen, entgrenzen, Grenzen können horizontal oder vertikal verlaufen, Raum oder Menge bezeichnen, es gibt Landesgrenzen und Obergrenzen, zum Beispiel für Flüchtlinge. Eine Grenze trennt und verbindet zugleich, ein Land grenzt an das andere, besonders hier, im heutigen Dreiländereck zwischen Polen, Sachsen und Tschechien.

An diesem Sommertag gehe ich über drei Landesgrenzen: früh morgens von Polen nach Tschechien, am Nachmittag zurück nach Polen, und gegen Abend überquere ich auf einer Brücke die Lausitzer Neiße, den Grenzfluss nach Sachsen. Damals, im Februar 1945, gab es hier keine Grenzen, Ihr wart Binnenflüchtlinge, bewegtet Euch innerhalb der Grenzen des Deutschen Reiches. Und auch jetzt, im Sommer 2020 gibt es hier eigentlich wieder keine Grenzen mehr, sind die Grenzanlagen verlassen, die Schlagbäume abmontiert, keine Kontrollen, niemand, der aus den Häuschen tritt, Pässe verlangt, Fragen stellt. Stattdessen schenkt mir, als ich nach Polen zurückkomme, ein freundliches Paar an seinem Obststand zur Begrüßung zwei Hände voll Erdbeeren.

Schon am zweiten Tag falle ich wieder in die Leere, den ganzen Nachmittag wandere ich an einem Braunkohletagebau entlang, eine Grube wie ein gigantisches Amphitheater, die Landschaft bis zum Horizont entstellt, Kilometer um Kilometer, während die Braunkohlelaster an mir vorbeidonnern, begleitet vom Geräusch des Schaufelradbaggers in der Ferne wie das Röcheln eines Ungeheuers. Das Ungeheuer hat sich Friedersdorf schon lange einverleibt, wo Ihr am 11. Februar übernachtet, und Bad Oppelsdorf wird auch bald verschwinden mit seinem Kurpark bei der Kirche, deren Glocken wie verrückt läuten, als wollten sie Alarm schlagen im Angesicht der drohenden Vernichtung.

In Bogatynia, ehemals Reichenau, wo ich übernachten wollte, ist kein Zimmer mehr frei, ich muss weiter bis Zittau, insgesamt mehr als vierzig Kilometer, ich habe für den Sommer leichtere Wanderschuhe gekauft, das war ein Fehler. Um mich vom Schmerz abzulenken, denke ich mir ein Ratespiel aus, ich versuche, die von hinten kommenden Autos am Geräusch zu erkennen, blind. Zuerst grob: PKW, LKW, Motorrad, das ist einfach, dann präziser: Limousine, Kleinwagen, Familienvan, SUV, Pick-up, Kleinbus, Kleintransporter, Linienbus, Lieferwagen, einfacher LKW oder mit Hänger, mit Doppelhänger, offen (zum Beispiel mit Braunkohle) oder geschlossen (Container), Holztransporter, weiter: Landwirtschaftsmaschinen wie Traktoren, Mähdrescher, verschiedene Baumaschinen wie Bagger, Schaufelradlader. Die Schwierigkeit ist, dass ich es erst im letzten Moment einschätzen kann, wenn der Wagen schon fast auf meiner Höhe ist, aber ich muss raten, bevor ich ihn sehe, sonst verfällt der Punkt.

Ich habe den neunjährigen Jungen wieder getroffen, er läuft neben mir her, er trägt jetzt eine kurze Hose, er ist mager, er hat viel durchgemacht, aber er freut sich über den Sommer, er versucht, mich aufzuheitern, wenn ich müde werde. Er spielt mit mir Autoraten. Das Geräusch der Autos variiert nach Straßenzustand, auf gut ausgebauter Trasse klingt es anders als auf geflicktem Asphalt, es kann zudem durch entgegenkommende Wagen gestört werden. Und wenn mehrere Autos direkt hintereinander fahren, ist der einzelne Wagen nicht gut zu hören. Klingt ein Auto nicht klein und trotzdem leise, ist es meist ein BMW, eine Limousine. Wenn es sich anhört wie ein Motorrad und trotzdem ein Auto ist, muss es in die Werkstatt. Manchmal werde ich übermütig und rate auch noch die Farbe: goldmetallic. Dann lacht der Junge.

Gegen Abend komme ich kurz vor Zittau an die Neiße, das Flüsschen strömt, begleitet von einem Radweg, inmitten von grünen Auen Richtung Norden, schmal und harmlos.

Ich stehe auf der Brücke und blicke hinab auf die Schreckenslinie meiner Kindheit, die Oder-Neiße-Grenze, über die am Sonntagnachmittag bei Kaffee und Kuchen räsoniert wurde, über Recht und Unrecht, Schuld und Vergeltung und dass alles ein Missverständnis gewesen sei auf der Konferenz von Potsdam, eine Verwechslung eigentlich, weil die Sieger sich nicht auskannten mit deutscher Geografie, wo es zwei Flüsse gibt mit Namen Neiße, diese hier, die Lausitzer oder Görlitzer Neiße, und dann die Glatzer Neiße, die mehr als 200 Kilometer südöstlich von hier unweit von Rosenthal in die Oder mündet. Sie waren verwechselt worden, da war man sich sicher, sie mussten verwechselt worden sein. Es war alles ein schreckliches Missverständnis, denn hätten sie sich damals nicht geirrt, dann wäre Schlesien, wäre Rosenthal heute noch deutsch. Dann wäre ich nicht in einem Vorort von Hamburg aufgewachsen, sondern in einem schlesischen Dorf. Es wurde geseufzt.

Es war eine Geschichte, die man sich oft erzählte unter Schlesiern, wahr wurde sie davon allerdings nicht. Denn es war keineswegs ein Irrtum oder geografische Unkenntnis, dass Stalin auf der Konferenz von Jalta die Lausitzer Neiße als künftige Westgrenze Polens gefordert hatte. In Teheran Ende 1943 war noch von der Oder die Rede gewesen, das war damals Stalins Vorschlag, noch im Sommer 1944 zeichnete er auf einer Karte im Kreml eigenhändig die Grenze entlang von Oder und Glatzer Neiße ein. Das entsprach in etwa dem Frontverlauf vor Beginn der Niederschlesischen Operation.

Aber im Februar 1945 ist die Lage eine andere. Als Stalin, Roosevelt und Churchill vom 4. bis 11. Februar 1945 im Liwadija-Palast von Jalta zusammensitzen und Europa aufteilen, steht die Vorhut der Roten Armee nördlich von Görlitz schon fast an der westlichen, der Lausitzer Neiße. Die Rote Armee hat Polen befreit, der Warschauer Aufstand ist gescheitert, Stalin kann davon ausgehen, dass Polen künftig zu seinem Einflussbereich gehören wird unter einer kommunistischen Regierung. Jetzt will er, dass auch Niederschlesien und das Sudetenvorland Polen zugeschlagen werden. Roosevelt und Churchill widersetzen sich. Am Ende einigt man sich nur grundsätzlich darauf, Polen nach Westen zu verschieben, die Oder-Neiße-Linie legen die Drei noch nicht fest. Doch es ist abzusehen, dass das Vorrücken der Roten Armee nach Westen Fakten schaffen wird, die sich nach Kriegsende nicht wieder rückgängig machen lassen.

Von all dem wissen die Rosenthaler nichts. An jenem 11. Februar, als der britische Premier und der amerikanische Präsident von der Krim abreisen, beziehen sie wenige Kilometer östlich der Lausitzer Neiße ihr Nachtquartier, wenige Kilometer von jener Linie entfernt, über die in Jalta gestritten worden ist. Tags darauf überqueren sie bei Zittau den Fluss, vielleicht genau dort, wo ich jetzt, im Sommer 2020, mit wunden Füßen über die Brücke humpele, neben mir der müde Junge. Sie ahnen nicht, dass das Flüsschen ihr Schicksal bestimmen, dass es wenige Monate später zur Grenze werden wird, unüberwindlich für die meisten von ihnen, die nie zurückkehren werden.

Gut fünfzig Jahre später, ein halbes Jahrhundert, nachdem die Rosenthaler die Neiße überquert haben, reise ich auf die Krim, die zu diesem Zeitpunkt nicht mehr zu Russland gehört, sondern zur Ukraine. Ich stehe vor dem großen runden Konferenztisch im Erdgeschoss, an dem sie Europa aufgeteilt haben und Grenzen gezogen, die Millionen heimatlos machten, Grenzen, die es heute schon wieder nicht mehr gibt in einem vereinten Europa. Ich besichtige den Konferenzpalast in Liwadija, die Lieblingsresidenz des letzten Zaren, den Weißen Palast über dem Schwarzen Meer, Italien auf der Krim, zwei Stockwerke, wohlproportioniert, licht, Palmen und Zypressen, aus den Fenstern überall der Blick auf das gleißende Meer, die Zarengemächer im ersten Stock. Ich spaziere durch den weitläufigen Park, in dem die Wehrmacht im Sommer 1942 mit einem großen Fest das siegreiche Ende des Krimfeldzugs feierte.

Der Neißemythos hatte etwas Tröstliches, weil er einen Funken Hoffnung ließ, dass eines Tages vielleicht alle ein Einsehen haben würden, weil man sich nur geirrt hatte. Aber er war nur ein Mythos, die Grenze war kein Irrtum, sie war Absicht, man wusste, was man tat, auch die Westalliierten: Eine geheime Karte des amerikanischen Außenministeriums vom 10. Januar 1945 zeigt die Varianten der polnischen Westgrenze auf, über die damals diskutiert wurde. Roosevelt dürfte sie in Jalta gekannt haben. Die Amerikaner hatten die Folgen der Grenzverschiebungen in absurd exakten Zahlen berechnet: wie viele Quadratmeilen Deutschland jeweils abgeben müsste, wie viele Deutsche in diesen Gebieten lebten,

Deutsche, die umgesiedelt werden müssten. Die Karte zeigt vier Varianten, vier Linien A, B, C und D.

Linie B wäre der Grenzverlauf entlang von Oder und Glatzer Neiße gewesen, die östliche Variante, die Rosenthal und Schlesien bei Deutschland belassen hätte, Deutschland hätte ein Gebiet von 35317 Quadratmeilen abgetreten, 6956060 Menschen, Stand 1939. Linie A ist die Maximalvariante, die Gesamtzahl der umzusiedelnden deutschen Einwohner steigt so auf 9677562. Der Unterschied beträgt 8106 Quadratmeilen und 2721512 Menschen, das war Niederschlesien, das wart Ihr, eine Familie mit drei Kindern, Großmutter, und Onkel, sieben Menschen von zweimillionensiebenhunderteinundzwanzigtausendfünfhundertzwölf, sieben Menschen, Stand 1939, von denen allerdings drei Krieg und Flucht nicht überlebten, also nur noch vier Menschen, Stand Ende 1945. Die Westmächte würden nach dem Kriegsende auf der Konferenz von Potsdam Variante A zustimmen.

Auf dem Konferenztisch in Jalta stehen in der Mitte die drei Fähnchen der künftigen Sieger, die Mächte, die Euer Schicksal bestimmten, die Nachkriegsordnung, die Zeit des Kalten Krieges. Und heute? Die Sowjetunion untergegangen, die USA und Großbritannien in tiefen Krisen. Kirschholzstühle, Stuckdecken, Marmorsäulen, Blumenreliefe und der Konferenztisch, an dem sie darüber sprachen, wie sie reinen Tisch machen wollten. Stalin war es gewohnt, ganze Völker umzusiedeln, und die anderen dachten, dass es zum Besten wäre, zum Wohle Europas, dass es dem Frieden dienen würde. Sie saßen da und planten die Stunde Null, die es nie gibt in der Geschichte, aber ein bisschen glaubte man wohl schon daran, an tabula rasa, den Traum, alle Geschichte zu tilgen, noch einmal bei Null anzufangen, ohne Gedächtnis, ohne Wunden, ohne den Wunsch nach Rache und Vergeltung.

Man plante ethnische Säuberungen für einen guten Zweck, man verband damit die Hoffnung auf einen dauerhaften Frieden. Britische Wissenschaftler unter der Leitung des Historikers Arnold

Toynbee hatten Pläne zur «Stabilisierung der europäischen Nachkriegsordnung» entworfen und dabei «Bevölkerungstransfers» als einen Beitrag zum Frieden empfohlen. Ethnisch reine Nationalstaaten, das war die Idee. Wenn es keine ethnischen Minderheiten mehr gäbe, wenn Deutsche nur noch mit Deutschen lebten, Polen mit Polen, Tschechen mit Tschechen, dann werde es friedlicher zugehen, so hoffte man. Die Vertreibung sollte die Deutschen nicht bestrafen, wie sie später glaubten, sondern künftige Kriege verhindern. Man nannte es Entmischung, das klang ein bisschen nach Rassenhygiene, aber es war nicht ideologisch gemeint, sondern pragmatisch.

Die Vertreibung ist das befriedigendste und dauerhafteste Mittel, sagte Churchill in einer Rede vor dem britischen Unterhaus: Es wird keine Mischung der Bevölkerung geben, wodurch endlose Unannehmlichkeiten entstehen... Es wird reiner Tisch gemacht werden.

Keine endlosen Unannehmlichkeiten.

Jenseits der Neiße liegt Zittau. Das Museum Franziskanerkloster zeigt in diesen Wochen die Ausstellung «entKommen. Das Dreiländereck zwischen Vertreibung, Flucht und Ankunft». Vor genau 75 Jahren, im Juni 1945, wurden die Deutschen von jenseits der Neiße nach Zittau vertrieben, aber das ist nur ein Anlass für die Ausstellung, die jene Vertreibung in einen größeren Zusammenhang stellt, historisch und geografisch, sie zeigt Flucht in drei Epochen, das Schicksal evangelischer Glaubensflüchtlinge im 17. Jahrhundert, die damals aus Böhmen nach Zittau kamen, die Vertreibung der Deutschen aus dem Zittauer Zipfel im Sommer 1945 und die Ankunft von Flüchtlingen aus Syrien, Afghanistan und der Ukraine in der Gegenwart, 2015. Man will das Jahr 1945 entdramatisieren, will zeigen, dass es das immer gab: Flucht.

Man arbeitete mit polnischen und tschechischen Historikern zusammen, weg von der nationalen Perspektive, das Begleitbuch ist zweisprachig, Polnisch und Deutsch. Das Museum schaltete

Anzeigen in der Lokalpresse, rief Zeitzeugen auf, sich zu melden, organisierte Gespräche, es meldeten sich viele, mehr, als sie erwartet hatten, mehrere Dutzend Menschen, die damals Kinder waren, zwischen sieben und zwölf, Deine Jahrgänge. Sie kamen mit ihren Kindern und Enkeln, sie wollten reden, sie verstanden den Zusammenhang zu Deutschland 2015. Einer sagte: Heute ist es wie damals. Uns wollte auch keiner haben.

Was weiß man im Museum über Euch, über die Flüchtlinge, die im Februar 1945 durch Zittau kamen? Man schickt mich zu Hartmut Müller.

Hartmut Müller wohnt am Rand von Zittau, in einer Seitenstraße parkt ein blauer VW-Touran, auf der Rückscheibe der Schriftzug: Merkel muss weg!! Zwei Ausrufezeichen. Das ist wegen Merkels Flüchtlingspolitik.

Müller, braungebrannt, kräftig und kahl, sitzt in seinem Wohnzimmer auf der Couch zwischen chinesischen Stickkissen. Es gibt Kaffee und Erdbeerkuchen, selbst gebacken und die Erdbeeren selbstgepflückt, sagt Müllers Frau. An der Wand, gerahmt, Familienfotos in Schwarzweiß, die Großeltern in Korbstühlen am Kaffee-Tisch im Garten, der Vater in Wehrmachtsuniform. Müller, Jahrgang 1942, kann sich nicht an damals erinnern, aber er ist Hobby-Historiker und Philatelist, sein Thema ist Heimat, er hat zwei Bücher veröffentlicht über die Geschichte der Philatelie im Kreis Zittau, Band 1 bis zur Wende und Band 2 bis 2015.

Philatelie ist ja auch Heimatgeschichte, sagt er.

Zittau, sagt Müller, war ab Februar 1945 ein Hauptumschlagplatz für Flüchtlinge aus dem Osten, ein Verkehrsknotenpunkt an der Bahnstrecke von Görlitz und Dresden Richtung Prag im Süden und Aussig im Westen. Viele, die mit ihren Leiterwagen in Zittau ankamen, fuhren von hier aus mit Zügen weiter nach Westen. Das Gebiet lag im Windschatten des Krieges, abseits, weil die Rote Armee Richtung Dresden und Berlin zog.

Hier war eine ruhige und sichere Ecke.

Die Wehrmacht nutzte das Gebiet Zittau als Rückzugsraum.

Ein einziges großes Militärlager, hinter jedem Baum lag ein Soldat.

Hierher brachte die Wehrmacht ihre Verwundeten, alle Schulen waren belegt als Lazarett oder als Unterkunft für Flüchtlinge, die Tanzsäle der Gasthäuser, die Hallen der Betriebe und Fabriken. So ähnlich wie 2015. Seit Mitte Dezember 1944 stand auf dem Zittauer Bahnhof der Hilfszug Ost der Wehrmacht, ein Versorgungszug.

Die haben täglich Tausende von Essen gekocht.

Zusätzlich gab es zentrale Versorgungsstellen, organisiert von der NS-Volksfürsorge, betrieben von der NS-Frauengruppe, da wurden Flüchtlinge verpflegt und versorgt, auch medizinisch.

Das war alles durchorganisiert, niemand musste hungern, sagt Müller, nicht ohne Bewunderung.

Als die Rosenthaler durch Zittau kamen, war Hartmut Müller zweieinhalb Jahre alt, und er lebte noch nicht einmal in Zittau, aber er ist der erste, dem ich auf meinem Weg begegne, der etwas über die Flüchtlinge weiß, der erste nach mehr als 250 Kilometern. Auch Hartmut Müller erinnert sich nicht, aber er weiß, dass es damals Flüchtlinge gab, er zeigt mir Fotos von ihren Wagen auf dem Marktplatz von Zittau.

Die Rosenthaler kamen am 12. Februar durch Zittau, die Stadt war schon voller Flüchtlinge, etwa 15 000 nach Müllers Recherchen, vielleicht bekamen sie einen Teller Suppe und einen Tee, bleiben konnten sie nicht, sie zogen weiter. In diesen Tagen schafften sie kaum zehn Kilometer auf den Straßen, die verstopft waren von Flüchtlingen und der Wehrmacht auf dem Rückzug.

Hartmut Müller, ehemaliger Lehrer für Mathe und Physik, begann 2004 mit seiner Heimatsammlung, wie er sie nennt, inzwischen sind es zwanzig Bände, zwanzig dicke schwarze Ordner mit Zittauer Geschichte, alles hinter Plastikfolie, Dokumente, Zeitungsartikel, ausgedruckte alte Fotos, Müllers Text.

Ich hab' unheimlich viel Zeit investiert.

Ein Dreivierteljahr lang sichtet er zweimal pro Woche in der Stadt-Bücherei die Zittauer Presse, er liest sämtliche Zeitungen von Mitte der zwanziger Jahre bis 1945, geht ins Archiv der Stadt und des Kreises. Auf der Couch stapelt sich noch ungeordnetes Material zwischen roten Aktendeckeln.

Da sind richtige Schätze dabei. Traumsachen.

Angefangen hat es mit der Feldpostsammlung seines Vaters, die in der DDR verboten war. Was treibt ihn an? Er kann es nicht sagen, etwas fasziniert, etwas ist nicht bearbeitet. Müller spricht ausführlich über die Verbrechen der Sieger, der Russen und der Tschechen, wie sie alle Volkssturmmänner erschossen und 12000 Soldaten aus der Gegend nach Sibirien verschleppten, von denen keiner zurückkehrte. Und wie die Tschechen Frauen und Kinder in Aussig von der Elbbrücke warfen.

Es wird unbehaglich zwischen den chinesischen Kissen, das Gespräch hat eine Unwucht bekommen, je länger es um deutsches Leid geht, nur um deutsches Leid, kein Wort von deutscher Schuld. Die Deutschen, sage ich, hatten den Tschechen ihr Land weggenommen und den Krieg gegen die Sowjetunion begonnen, denken Sie an die Kriegsverbrechen der Wehrmacht, sage ich, aber für Müller ist das kein Argument.

Es gibt internationales Kriegsrecht, das gilt für alle.

Ich danke für den Erdbeerkuchen und breche auf, gehe weiter auf Deinem Weg. Ihr seid immer noch auf der Flucht, es ist Mitte Februar. Die ersten Rosenthaler sterben, es sind die Alten, fangen sich irgendwas ein und erholen sich dann nicht mehr. Immer häufiger übernachtet Ihr in überfüllten Massenquartieren, manchmal auf Strohsäcken, manchmal auf dem nackten Boden, eingewickelt in eine Pferdedecke, die Kinder fiebern, es stinkt nach Menschen und Pferden, nach Urin und Kot. Oft ist es dunkel, bis Ihr ein Dorf findet, in dem es noch Quartier gibt.

Einige Rosenthaler haben ein Fahrrad, sie versuchen, vorauszufahren und Quartier zu machen für die kommende Nacht. Aber oft gelingt das nicht. Jeder denkt zuerst an sich. Ihr seid im Treck auf Euch gestellt, Deine Mutter und Du, bei manchen Familien sind noch Männer dabei, die nicht eingezogen wurden, Weirauch mit seinem Ischias und Bielor mit dem Holzbein, oder ältere Kinder wie Gretels Schwester Annelies. Ihr seid allein, eine Frau und ein neunjähriger Junge, Ihr steht, wie Euer Hof in Rosenthal, eher am Rand der Dorfgemeinschaft, Deine Mutter hat nach Rosenthal nur eingeheiratet.

Während Ihr durch Böhmen weiter nach Westen flüchtet, marschiert die Rote Armee im Norden in Richtung Berlin. Im Süden erstarrt der Frontverlauf nach dem Ende der Niederschlesischen Operation im Frühjahr 1945 für mehr als zwei Monate. Zittau, Görlitz und Schlesien westlich der Lausitzer Neiße, das Gebirgsvorland mit Waldenburg, Reichenbach, Schweidnitz, Hirschberg bleiben bis zur Kapitulation im Mai 1945 in deutscher Hand. Der Russe holt Euch nicht ein.

Sommermorgen im Böhmerwald, eine Märchenlandschaft, hoher Mischwald, Tannen und Eichen, ein Bach murmelt bald links, bald rechts des Wegs, an seinem Ufer wachsen Kresse und Fingerhut, Sonnenlicht spielt auf dem Waldboden im Gras. Hellblond blüht das Gras in den Wiesen, im Wald steht es tiefgrün, weich und wogend wie am Grund eines Sees, lasziv und einladend, ein langhaariges Fell, auf dem sich eine Wanderin ausstrecken und ausruhen könnte, wenn sie nicht weiter müsste, bergauf und bergab durch Mittelgebirgsdörfer mit kleinen Häusern entlang des Bachs, Häuser mit dunklem Holz und Geranienkästen, mit Schieferdächern und Verzierungen am Giebel, Dörfer, die sehr still daliegen in der Junisonne, nur die Vögel sind zu hören und selten eine Motorsäge fern im Wald. Sogar die Autos fahren langsamer.

Ich gehe wieder durch Kriegsland, über die Schlachtfelder des Siebenjährigen Krieges zwischen Österreich und Preußen, an Feldwegen erinnern daran Kreuze und Gedenksteine. Die Aufschriften auf Deutsch, aber am Sockel liegen tschechische Plastikblumen, auch das eine Aneignung. Im Wald steht hüfthoch der Farn, daneben Schachtelhalm, das Unkraut meiner Kindheit, der Feind in unserem Garten, Dein Feind. Der Schachtelhalm sei, so erklärtest Du mir, das schlimmste allen Unkrauts, das größte aller Übel. Weil er so tief wurzelt. Was man oben sieht, die zierliche, bäumchenartige Pflanze ist nur der kleinste Teil, heimtückisch Harmlosigkeit vortäuschend, während es unter der Erde eigentlich losgeht, wo sich lange Wurzeln hartnäckig an den Boden klammern, wuchern und andere am Wurzeln hindern. Es nütze nichts, sagtest Du, wenn man den Schachtelhalm oben ausreiße, die Wurzeln steckten tief in der Erde. Du zeigtest ihn mir, im Beet in der Hocke, in Gummistiefeln und Gartenhandschuhen, engagiert, aufgebracht über den tiefwurzelnden Schachtelhalm, der sich nicht wie anderes Unkraut einfach ausrupfen ließ, sondern in der Erde festkrallte und immer neu nachwuchs. Du zeigtest mir, wie man ihn mit der Schaufel ausgraben muss, ganz tief, ihn vollständig ausmerzen, ich müsse aufpassen, mahntest Du, wirklich auch das letzte Stückchen Schachtelhalmwurzel aus der Erde zu entfernen und am besten noch etwas mehr Erde, zur Sicherheit, als treibe der heimtückische Halm noch weitere, für das menschliche Auge unsichtbare Triebe in die Erde. Wenn man da nicht aufpasse, sagtest Du, komme er immer wieder.

Ich habe Dich in meiner Kindheit nie aggressiv erlebt, und auch später nicht, ich kann mich an keinen einzigen Wutausbruch erinnern, kein Männergebrüll, kein Türenknallen, kein Auf-den-Tisch-Hauen. Die Tirade gegen den Schachtelhalm – das war schon das Maximum.

Mitten in einem Tannenwald lauert ein Bunker, Beton mannshoch im Quadrat unter einer Haube aus Moos, sehr solider Beton, der nur oberflächlich wittert, grauscheckig wird, unter den Schießscharten liegen die Tannenzapfen wie Patronenhülsen, davor ein

Teppich aus grünem Gras, über dem die hellen Halme in der Sommerbrise zittern, der Wald steht still.

Ein Bunker wie an den Stränden von Nordsee und Atlantik, aber dieser hier wurde nicht von den Deutschen gebaut, sondern gegen die Deutschen, in den dreißiger Jahren, als die Tschechen schon Schlimmes ahnten und noch glaubten, sich verteidigen zu können gegen Hitlers Expansionsdrang, als sie noch nicht wussten, dass man sie verraten würde in München 1938. Tief im Böhmerwald, wo die Preußen in den Schlachten des Siebenjährigen Krieges verblutet waren, bauten die Tschechen Bunker und errichteten Panzersperren, hoben Gräben aus und verminten das Gelände, doch Tschechiens Grenze zum Reich wurde immer länger nach dem Anschluss Österreichs, ein kleines Land mit sehr viel Grenze. Und als es dann so weit war und die Deutschen kamen, brauchte niemand die Bunker und die Schießscharten, denn es wurde nicht gekämpft, man war allein gelassen worden und unterschrieb, kampflos.

Unweit des Bunkers steht eine alte Försterei, ein stattliches Haus aus dunklem Holz auf einem Fundament aus Feldsteinen, das sich, als ich näher komme, als Laden für Batik-Shirts und Wanderbedarf erweist, fernab von Dorf und Stadt, kein Mensch ist zu sehen, aber die Tür ist nicht verschlossen, im dunklen Flur begrüßt mich eine Katze, streicht um meine Beine, in der holzverkleideten Ladenstube stehen lange Ständer mit bunt gebatikter Kleidung, Indien im Böhmerwald, dazu graue Funktionskleidung, an den Wänden hängen alte Fotos des Ortes, schwarzweiß. Der junge Mann, der irgendwann erscheint in kurzer Hose, T-Shirt und mit Dreitagebart hält ein schlafendes Kleinkind auf dem Arm und lächelt unaufhörlich, und wenn er spricht, lächeln seine Augen weiter.

Ich bin auch Historiker.

Es wimmelt auf dieser Wanderung von Hobby-Historikern. Alle beschäftigt die Geschichte, auch diesen jungen Mann, die Geschichte des Zweiten Weltkriegs, seine Mutter ist Polin, der Vater

Tscheche, wir verständigen uns in einer gemischtslawischen Phantasiesprache. Der Großvater wurde im Krieg erst von den Deutschen zwangsrekrutiert, dann von den Russen gefangengenommen. Er konnte gerade noch rechtzeitig abhauen, bevor es nach Sibirien ging. Der Vater verweigerte unter den Kommunisten den Militärdienst, musste dafür in die Kohlegrube, und nun interessiert sich der Sohn für Geschichte, anders kann es nicht sein.

Was sind die Deutschen heute?

Deutschland heißt Erfolg.

Und die Geschichte?

Ist Geschichte. Wir vergessen das nicht, natürlich nicht, das Münchner Abkommen, den Verrat, Heydrich und all das, aber das ist Geschichte.

Am 17. Februar erreicht Ihr bei Tetschen die Elbe. Tags darauf, es ist ein Sonntag, zieht die lange Reihe der Wagen den ganzen Tag den Fluss entlang. Auf den Höhen jenseits der Elbe liegen Burgen. Einige Rosenthaler haben noch die Kraft zu sehen, wie schön die Gegend ist. *Wir bewunderten die herrlichen Burgen, was uns Schlesiern neu war. Wenn nur die Zeit nicht so schwer und traurig gewesen wäre, die Heimat wurde immer weiter entfernt und lange, lange waren schon die drei Tage vorbei.*

An diesem Tag kommen die Rosenthaler durch Aussig.

Im überdachten Biergarten des Brauhauses «Na Rychtě» in Ústí nad Labem, ehedem «Emil Hübels Pilsner Bier- und Weinstube» in Aussig an der Elbe, feiert die Abschlussklasse des Doktor-Václav Šmejkal-Gymnasiums ihr Abitur, auf den langen Tischen stehen Platten mit Kraut und Schweinebraten und große Krüge mit dunklem Bier. Filip im geblümten Hemd und Jakub in Lachsrosa, beide 18, beide schlau, werden Mathematik studieren, Filip in Wales, Jakub in Brünn, zwei selbstbewusste Europäer, die gut Englisch sprechen und sich wünschen, dass die Geschichte endlich vergeht.

Doch sie vergeht nicht. Die Geschichte, sagen sie, sei immer noch mächtig, sie beeinflusse die Politik, das Verhältnis zu Deutschland und zu Europa. Die ältere Generation, sagen sie, misstraue den Deutschen noch immer, manche hassten sie bis heute. Filip und Jakub verstehen das nicht.

Die Vergangenheit ist vergangen, sagen sie. Wer lebt denn noch von denen, die damals die Verbrechen begangen haben? Selbst die Tschechen, die heute alt sind, haben persönlich nichts Schlechtes von den Deutschen erlebt.

Warum hört das nicht auf?

In Tschechien sehnt sich die ältere Generation zurück nach dem Kommunismus und die mittlere will einen starken Führer. Nur wir Jungen sind wirklich pro-europäisch.

Wie denkt Ihr über die Vertreibung der Deutschen?

Die Vertreibung der Deutschen war ein Unrecht.

Und jetzt, habt Ihr keine Angst, dass Deutschland wieder zu mächtig wird?

Nein, unsere Generation hat keine Angst vor den Deutschen. Tschechien profitiert von Deutschland, wirtschaftlich, und auch von der EU.

Euer Ministerpräsident wettert gegen Brüssel.

Das darf man nicht ernstnehmen. Er schimpft zu Hause über die EU, weil das Wählerstimmen bringt, aber in Brüssel hält er den Mund und macht alles mit. Die EU hat von uns Tschechen nichts zu befürchten, wir Tschechen mucken sowieso nie auf, wir haben viel zu viel Angst. Tschechien wird die Union nicht verlassen, wenn Sie das meinen. Die Vorteile sind viel zu groß für unsere Exportwirtschaft. Die EU ist Tschechiens größter Absatzmarkt.

Sollte Tschechien dem Euro beitreten?

Nein, wir Tschechen wollen nicht für die Griechen zahlen oder die Italiener, die Spanier, wer weiß, was da noch alles kommt.

An den langen Tischen geht es laut und lustig zu, alle sitzen zusammen, Lehrer und Lehrerinnen, Schülerinnen und Schüler, aber mit mir sprechen nur die Jungen, die Mädchen genieren sich, sie sagen, ihr Englisch sei zu schlecht. Sie schauen zu und lassen die Jungen reden.

Probleme mit Deutschland, meinen Filip und Jakub, gebe es höchstens kulturell, die Sache mit den Minderheiten, LGBTQ-Rechten, Quoten. Natürlich sollten alle gleiche Rechte haben, aber das Thema dürfe nicht so eine übertrieben große Rolle spielen.

Das entspricht nicht unserer Kultur. Wir wollen nicht, dass Deutschland uns seine Kultur aufdrängt.

Auf meinem Weg durch Tschechien unterhalte ich mich oft mit jungen Leuten auf Englisch, jungen Leuten, die in Prag oder Edinburgh studieren und natürlich für die EU sind, aber fast immer aus Nützlichkeitserwägungen, ohne Leidenschaft, ohne Idealismus, wie die achtzehnjährige Denise, mit der ich in einem Café ins Gespräch komme, die nächstes Jahr Abitur machen und dann vielleicht irgendwo in Europa studieren wird, die aber findet, die Tschechische Republik solle eines Tages aus der EU austreten, nur jetzt sei es noch zu früh.

Jetzt brauchen wir die Finanzhilfen noch.

Die EU ist keine Herzenssache, keine Liebesheirat, sondern eine Vernunftehe, was ja manchmal von Vorteil sein kann, so ein nüchterner Blick, ohne Illusionen, nur dass die EU vielleicht nicht ohne Träume auskommt, ohne Leidenschaft, dass sie vielleicht nicht bestehen wird als Lebensabschnittspartner, als Zweckgemeinschaft. Es reicht nicht, sich einzulassen, solange es sich lohnt. Es braucht die Bereitschaft, auch das Schwere mitzutragen, das, was keine Vorteile bringt, zurückzustecken, weil man an die Gemeinschaft glaubt. In guten wie in schlechten Zeiten. Bis dass der Tod euch scheidet.

Wenn ich die jungen Menschen so reden höre, offen, sympathisch und klug, die offensten, sympathischsten, klügsten, wenn ich sie reden höre, sachlich und nüchtern, ohne Leidenschaft, überfällt mich manchmal wieder die alte Angst vor dem Drachen, dass er vielleicht nur schläft, die schreckliche Ahnung: dass dies nur eine Atempause sein könnte, ein kurzer glücklicher Moment in der Geschichte.

Am Tag, als Euer Treck an der Elbe Richtung Aussig zieht, schließt die Rote Armee den Belagerungsring um Breslau. Die Stadt, in der Dein Vater nachts in der Leuthenkaserne auf seiner Pritsche liegt und sich sorgt, ist jetzt vollständig eingeschlossen. Bis Ende Januar ist Breslau unversehrt geblieben, die letzte deutsche Großstadt, die noch nicht Ziel alliierter Bombenangriffe geworden ist, sie lag so weit im Südosten. Fast drei Monate lang leistet die vollständig eingekesselte Stadt weiter Widerstand, am Ende der Kämpfe sind mehr als zwei Drittel aller Gebäude zerstört.

Keine andere deutsche Stadt wird so fanatisch verteidigt wie Breslau, wo der Volkssturmmann Herbert Hoffmann Munition an die Front fährt, es ist das letzte Aufgebot, das hier kämpft, darunter 15 000 Volkssturmmänner, sie kämpfen immer weiter, obwohl die Rote Armee das eingekesselte Breslau hinter sich lässt und unaufhörlich weiter nach Westen vorrückt, kämpfen weiter, als Dresden im Februar dem Erdboden gleichgemacht wird, als Anfang April Breslau zwei Tage lang unter Dauerbombardement liegt, es ist das Osterwochenende, als Phosphorbomben einen Feuersturm entzünden, kämpfen weiter, als die Rote Armee den Flughafen von Breslau einnimmt, sprengen Häuser und Kirchen, um mitten in der Stadt ein neues Rollfeld zu planieren, fantasieren von Ausbruch und Entsatzung, hängen Deserteure und erschießen Plünderer, kämpfen weiter, als die Rote Armee Frankfurt an der Oder erobert, 300 Kilometer nordwestlich von Breslau, kämpfen um jedes Haus, jedes Wohnzimmer und jede Badewanne, kämpfen weiter, als sich Amerikaner und Russen an der Elbe die Hände reichen, als die Rote Armee in den Vororten von Berlin steht, kämpfen sogar noch weiter, als auf dem Reichstag die sowjetische Fahne weht

und die deutsche Hauptstadt sich ergibt. Erst vier Tage nach Berlin kapituliert auch Breslau.

Dein Vater Herbert hatte nie an den Endsieg geglaubt, er war nicht in die Partei eingetreten, obwohl seine Schwager ihn immer wieder bearbeiteten, Olgas Brüder, die Ortsbauernführer und Kreisbauernführer wurden, sie redeten auf ihn ein bei Taufen und Beerdigungen, aber er war nicht zu überreden, er wollte damit nichts zu tun haben. Herbert war ein einfacher Bauer mit Volksschulabschluss und einer Schreinerlehre, es wäre ihm nie in den Sinn gekommen, Widerstand zu leisten, auch nicht, als sie Dlugosch, Franz, erschossen, den Bauern aus Rosenthal, der sich weigerte, Kriegsdienst zu leisten. Herbert hielt seinen Sohn Manfred nicht davon ab, bei der Hitlerjugend Karriere zu machen, und wenn an

Führers Geburtstag an jedem Hof in Rosenthal die Hakenkreuzfahne wehte, dann wehte sie auch an der Nummer 89 bei der Lehmgrube. Aber er mochte die Nazis nicht, Hitler, die Partei, er wollte nichts mit ihnen zu tun haben.

Was dachte Herbert, als der Lärm des Krieges in Breslau am 6. Mai verstummte? Fühlte er etwas außer der Sehnsucht und der Sorge um die Söhne, die Frau, die Mutter, den Bruder und den Hof? War er erleichtert? Oder ahnte er, dass ihm das Schlimmste noch bevorstand?

Im Jahr 2006 fasst man in Ústí nad Labem, ehemals Aussig, einen tollkühnen Entschluss. Im städtischen Museum soll eine Ausstellung über die Deutschen entstehen, über die Geschichte der deutschen Bevölkerung in Böhmen vom Mittelalter bis ins zwanzigste Jahrhundert. Sie soll die große zentrale Dauerausstellung des Museums werden, in zwanzig Sälen auf zwei Etagen in dem riesigen Gebäude der Neo-Renaissance im Zentrum der Stadt. Es ist, wie gesagt, eine tollkühne Idee, diese Ausstellung über ein Thema, das mehr als ein halbes Jahrhundert Tabu war und noch immer schmerzt, ein Thema, mit dem bis heute Politik gemacht wird – in Tschechien und in Deutschland. Man wolle, so heißt es, einen unbelasteten Blick auf die Geschichte, aber wie soll das gehen, ein unbelasteter Blick? Sie nennen die Ausstellung: «Unsere Deutschen». Es ist eine Provokation, Liebeserklärung und Zumutung zugleich, ebenso ungeheuerlich wie genial. So werden die übermächtigen Deutschen zur Minderheit, die zu Tschechien gehört, unsere Deutschen. Unsere Deutschen, das sind Franz Kafka und Oskar Schindler, Ferdinand Porsche und Bertha von Suttner. Die Ausstellung arbeitet gegen die über Jahrzehnte eingeübten Stereotypen von den Deutschen als Aggressoren, sie holt die Deutschen zurück in die tschechische Geschichte, jenseits der Nazis.

Als ich an einem Samstagmorgen Ende Juni in das Museum in Aussig komme, ist die Garderobe verlassen, die Cafeteria leer, in dem ganzen riesigen Bau bin ich der einzige Gast. Die Ausstellung «Unsere Deutschen» ist noch nicht eröffnet, fünfzehn Jahre, nachdem sie beschlossen wurde. Es gab Probleme mit der Finanzierung, die Leiterin wurde ausgewechselt, es gab Widerstand von den Nationalisten und den Kommunisten, mal mehr und mal weniger Unterstützung von der Regierung, und jetzt gibt es Corona. Verantwortlich für das Projekt ist seit einigen Jahren Petr Koura, Historiker der Prager Karls-Universität und Spezialist für Erinnerungskultur, ein Hüne mit einer verblüffenden Ähnlichkeit mit Martin Luther.

Das Thema ist weniger heikel als vor fünfzehn oder zwanzig Jahren, sagt er. Die Ausstellung erzählt die gemeinsame Geschichte von Tschechen und Deutschen als Geschichte reicher und schwieriger Beziehungen, und sie spart den Bruch, die Vertreibung, den Endpunkt dieser Geschichte nicht aus. Es gibt eine kleine dunkle Kammer, die Petr Koura den Raum der Scham nennt. Hier werden tschechische Amateurfilme aus dem Sommer 1945 gezeigt. Deutsche mit Koffern, die in Züge verladen werden, Deutsche in Internierungslagern, ihre Gesichter in Großaufnahme, schwarz-weiß, Frauen, Männer, Kinder, Greise, hinter jedem Gesicht eine Geschichte.

Wir zeigen nur rohes Material ohne Ton, ohne Kommentar, sagt Koura. Die Tschechen sollen sich schämen für das, was sie den Deutschen angetan haben.

Schämen sich die Deutschen für das, was sie den Tschechen angetan haben?

Ich komme jetzt durch weniger ländliche Gebiete, laufe durch das Weichbild von Städten, ihre Hässlichkeit von hinten, Plattenbausiedlungen, Autobahnbrücken, immer wieder Braunkohletagebau, ein gigantisches Kraftwerk, Strommasten in allen Richtungen und Größen, Eisenbahngleise, alte Lagerhallen, Reifencenter, ein Fachhandel für Swimmingpools, an dessen Hauswand zwei überlebensgroße Schönheiten im Bikini verblassen, ausgeweidete Autos, und zwischen all dem wuchert das Sommergrün, Brombeerhecken, Brennnesseln und Disteln mannshoch, die Natur auf Augenhöhe, ebenbürtig.

In den Dörfern ist Freitagnachmittag, Familien sitzen unter Dächern im Garten beim Bier, aus der Box tönt Musik. An den Rändern der Orte sind auch hier in den letzten Jahren Neubaugebiete entstanden, propere Einfamilienhäuser mit Blick in die Landschaft, wie in Polen, nur gediegener, hier ist alles echt, Holz ist Holz und Stein ist Stein. Hier gibt es keine eingefallenen Scheunen und verfallenden Herrenhäuser mehr, keine Landstraßen wie Flickenteppiche, hier haben die Straßen Mittelstreifen und Seitenstreifen, alle weiß, alles sauber, und in den Dörfern sind die Bürgersteige mit Steinen verlegt. Die Häuser sind weiß oder grau oder ocker, nicht zitronengelb und mintgrün. Das ist nicht mehr der Osten, das hat kein Geheimnis, kein Pathos.

Ich suche Menschen, die Deutsch sprechen. Was willst du denn? Reden. Sie zeigen mir zwei Frauen auf einer Bank. Frag' die. Zwei Frauen etwas jünger als ich, die eine im Trainingsanzug, schwarzgefärbte Haare, die andere in Jeans, antwortet auf Deutsch, fließend, sie lebt in der Nähe von Dresden, hat einen Deutschen geheiratet, jetzt ist sie hier, weil ihre Mutter gestorben ist. Eine sympathische Frau mit blondem Pagenkopf, sie kam noch zur rechten Zeit, hielt der Mutter im Sterben die Hand. Wie schwer es ist, wenn Eltern sterben. Sie kann verstehen, dass ich jetzt den Weg meines Vaters gehe.

Zu Fuß? Zu Fuß.

Allein? Allein.

Wie wichtig ist für sie die Geschichte?

Die Geschichte ist vergangen. Wir Tschechen haben kein Problem mehr mit den Deutschen.

Und der Zweite Weltkrieg? Hitler?

Hitler war doch gut. Er hat etwas gewollt, hat etwas getan für die Deutschen.

Und die Verbrechen? Der Krieg? Der Holocaust?

Das mit den Juden, dass sie die vergast haben, hat Hitler nicht gewusst. Und wenn schon, das war doch nicht schlimm, keiner mag die Juden, sie haben Jesus Christus umgebracht.

Sie entschuldigt sich, sie habe noch etwas mit ihrer Freundin zu besprechen, eine sympathische Frau mit blondem Pagenkopf, eben haben wir noch über das Sterben unserer Eltern gesprochen, waren wir uns nahe für einen Moment. Und dann das. Woher kommt das, die Sympathie für Hitler, der Antisemitismus? Aus der tschechischen Provinz? Oder aus der Nähe von Dresden? Aber vielleicht macht das auch gar keinen Unterschied.

Als ich nach Křemýž komme, läuten die Glocken, es geht steil bergan zur Kirche, wo Familiengottesdienst gehalten wird, Kinder in Sommerkleidern, mit sauber gekämmtem Haar, leicht verschwitzte Väter, Babys im Maxicosi, vorne am Altar spielt ein Trio, Gitarre, Geige und Cello, draußen wird schon der Grill vorbereitet für hinterher, Bierbänke und lange Spieße mit viel Fleisch.

Ich gehe weiter, gehe durch Europa, so wie es wirklich ist, wo sympathische Frauen denken, dass das mit den Juden doch nicht so schlimm war, gehe durch Europa, wo die Menschen nicht in Metropolen leben, in Berlin, Paris, Warschau, sondern in der Provinz, in kleinen und mittleren Städten, auf dem Land, in Ústí, Křemýž, Bílina.

Auf der Südseite der Mittelgebirge ist es wärmer, die Birnen gelber, die Kirschen reif, und niemand erntet sie, so nehme ich sie zum Frühstück, ich bin jetzt früh unterwegs, obwohl die Tage lang sind, um bald nach sieben auf der Landstraße, in der Frische des Morgens, wenn der Klatschmohn am Rand der Felder leuchtet, so grell und zugleich so schüchtern, wie Schamesröte.

In der Gegend, durch die Ihr jetzt zieht, wird nie gekämpft, Euch treiben die Flüchtlinge voran, die von Osten nachkommen, ihretwegen könnt Ihr nicht bleiben, schon gar nicht umkehren, obwohl

Ihr eigentlich zurück wollt, treibt es Euch jeden Tag weiter nach Westen, wie ein Sturzbach nach schwerem Regen, der Euch immer weiter spült und am Ende im Egerland ausläuft.

Die Obstbäume am Straßenrand standen vielleicht damals schon da, winterlich kahl, die meisten sind uralt und schütter, einige schon abgestorben, andere gerade noch lebendig, jetzt sprießt schwaches Grün zwischen toten Ästen, so bieten sie noch einige wenige Äpfelchen an, wie schlecht rasierte Greise, zerzaust und verwahrlost, aber mit Würde.

Der Wind ist jetzt mein Freund. Immer wenn es heiß werden könnte, weht er mir zart ins Gesicht, weht die Gerüche des Sommers herüber, Lindenblüten, den Honigduft der Akazien, Wolken von Holunder, ich wate durch Holundersirup, den öligen Geruch von Raps, die Schwüle von Gras und Grün, die Würze von gemähtem Heu und den Friedhofsgeruch einer Tuja-Hecke.

Die Dörfer sind freundlich, viele Häuser renoviert, Menschen auf den Straßen, es gibt einen Laden, und dazu noch ein Café oder eine Kneipe, wo ich Schutz suchen kann, wenn es anfängt zu gewittern, mich noch manchmal zu den Trinkern setze, wie damals in der Februarkälte, aber jetzt ist Sommer, die Menschen grüßen sich laut und freundlich, sie stehen zusammen und reden, nicht nur die Trinker, auch junge Leute, Kinder spielen in den Gärten. Einer der Trinker ist Trucker, er spricht etwas Deutsch, seine Mutter war Deutsche, sie starb vor ein paar Jahren, auch hier erinnert sich niemand an die Flüchtlinge, ich bin zu spät.

Nach dem Gewitter bleibt es feucht und warm, die Luft zwischen den Feldern schwer und süß wie Kräuterlikör.

Und immer wieder Kriegsland, in jedem Ort ein Denkmal, sie mahnen und gedenken, in Pesvice: Den Opfern des Krieges, in Údlice: Den Befreiern, mit Sowjetstern, in Březno: den Gefallenen des Zweiten Weltkriegs, in Děpoltovice: Unseren Gefallenen der Heimat 1914–1918, restauriert und die Goldschrift erneuert auf der

Tafel mit den Namen und Regimentsnummern der Gefallenen aus Tüppelsgrün und Kammergrün, Männern mit den Vornamen Karl, Josef, Anton oder Ernst. Der Erste Weltkrieg war ein ordentlicher Krieg, hinterher konnte man die Opfer zählen und auflisten, man kannte ihre Namen, in jedem Dorf, Männer mit Müttern, Schwestern, Ehefrauen, die am Ende des Krieges noch dort lebten, von wo aus ihre Söhne, Brüder, Ehemänner an die Front gezogen waren, Männer mit deutschen Namen, die mancherorts liebevoll nachvergoldet, andernorts überdeckt wurden mit Steinplatten und Aufschriften auf Tschechisch: Den Opfern des Ersten Weltkriegs.

Nach dem Zweiten Weltkrieg gab es hier keine solchen Denkmäler mehr, zu viele namenlose Opfer, zu viel Flucht, Vertreibung, Umsiedlung, niemand mehr da, der derer gedenken wollte, die von hier aus in den Krieg gezogen waren, ein chaotischer Krieg, das Gedenken zu heikel.

Wenn die Menschen mich fragen, woher ich komme und wohin ich gehe, kann ich es ihnen nicht sagen. Różyna und Křižovatka, niemand kennt die Namen der Dörfer, Różyna und Křižovatka, was soll das sein? Sie schütteln die Köpfe. Ich komme von der Oder, sage ich. Aber die Leute schauen noch immer verständnislos. Ist sie Polin? fragen sie.

Es ist Sommer, aber ich bin trotzdem einsam, der Junge ist schweigsam, er vermisst seinen Vater, ich kann mich nicht mit ihm unterhalten, nur spielen, so wie Du immer gern gespielt hast, Schach und vor allem Skat, Du spieltest gut, aber Du hattest auch Glück, egal was wir spielten, Mensch-Ärgere-Dich-Nicht, Mau-Mau oder Skat, Du hattest immer die Sechs, Du hattest immer gute Karten, ein Spielerglück jenseits aller Wahrscheinlichkeit, als wollte das Schicksal Dich für irgendetwas entschädigen.

Es ist Sommer, und sogar die Hunde sind freundlicher, einmal irrt ein junger Schäferhund auf der Landstraße umher, ich winke den Autos, damit sie ihn nicht überfahren, er folgt mir. Der Junge erinnert sich, dass sie auch einen Hund hatten damals in Rosenthal. Er wurde von einem Auto überfahren, einem Taxi aus Brieg, dem einzigen Auto, das es gab weit und breit, als wollte das Schicksal sich über ihn lustig machen.

Der Schäferhund begleitet mich bis zum nächsten Dorf, er läuft voraus und zurück und um mich herum, eine Stunde lang träume ich davon, dass er bei mir bleiben wird, der Hund, nicht der Junge, ich male mir aus, wie es wäre, nicht mehr allein zu sein auf der Landstraße, wie ich den Hund mitnehme nach Berlin, ich male mir die Gesichter meiner Töchter aus, wenn sie die Wohnungstür öffnen, und dort steht er. Aber am Ende des Dorfes macht der Hund plötzlich kehrt und läuft zurück, einfach so, er schaut sich nicht einmal mehr nach mir um.

In jedem Dorf, in dem Euer Treck nächtigte, frage ich, ob sich jemand an die Flüchtlinge erinnert, aber ich finde niemanden, ich bin zu spät, manchmal, selten spricht eine alte Frau noch Deutsch, wie die Gerti, zu der mich die Frauen aus dem Laden begleiten, auf der anderen Straßenseite klopfen sie an ein Fenster, hinter dem zuerst ein Pudel erscheint, weißgraues Strubbelfell, und dann die Gerti mit weißgrauem Strubbelhaar. Bald sitze ich auf ihrer Küchenbank, in der Ecke sitzt ihr Mann, als wäre er gestern gestorben.

Dement, sagt die Gerti.

Sie hat schon lange nicht mehr Deutsch gesprochen, sicher mehr als ein Jahr, die wenigen Male, die sie zu Verwandten nach Deutschland fahren, nach Landshut, nach Finsterwalde, sie spricht Mundart, irgendetwas zwischen Schlesisch und Fränkisch, sie sagt Kährch (Kirche), und hamma.

Als die Deutschen vertrieben wurden, mussten zwanzig Familien aus dem Dorf bleiben, weil sie die Männer in der Grube brauchten, auch Gertis Vater. Die Tschechen nahmen ihm den Hof, sie gaben den Deutschen Häuser im Dorfkern, die Tschechen wohnten auf der anderen Seite, man blieb unter sich. Abends saßen die deutschen Männer zusammen und schimpften über den Kommunismus. Sie dürfe nie erzählen, was da geredet werde, sagte der Vater, aber das hatte sie schon selbst verstanden.

Später, als sie hätten gehen können, wollte der Vater nicht mehr. Denen, die in Deutschland waren, ging es auch nicht gut, die hatten es auch nicht leicht, waren dort die Flüchtlinge, die Fremden. Als Gerti, Jahrgang 1945, in die Schule kam, konnte sie kein Tschechisch, aber die Lehrerinnen halfen, überhaupt ging es gut mit den Tschechen, in der Schule lernte sie ihren Mann kennen, einen Slowaken. Das ist jetzt ihre Familie: die Frau Deutsche, der Mann Slowake und die drei Kinder Tschechen. Trotzdem erinnert sie sich bis heute, wie es war, wenn sie mit dem Vater durch den Ort ging und er zu ihr sagte: Das sind die Leute, die jetzt in unseren Betten schlafen. Laut sagte er das, sie sollten es ruhig hören. Er ging nie wieder in die Nähe seines Hofes. Und auch die gutmütige Gerti, die nie auf dem Hof gelebt hat, kann ihn nicht vergessen. Das ist, sagt sie, so in ihr drin.

Gegen Nachmittag komme ich nach Klein Priesen, heute Malé Březno, wo der Treck im Februar zwei Nächte verbrachte. Das Restaurant am Dorfplatz ist geschlossen, Ruhetag, ich setze mich an einen der Tische im Schatten und esse mein Brot, es ist still. Zwei Jungen kurven auf Mountainbikes herum. Der Junge an meiner Seite schaut ihnen neugierig zu. Eine Frau schiebt einen Rasenmäher über die Straße, sie sieht aus wie ein exotisches Insekt, rosa gefärbte Haare und eine gigantische Sonnenbrille.

Gibt es im Dorf jemanden, der Deutsch spricht?

Was wollen Sie denn?

Reden.

Und worüber?

Über damals, über 1945.

Na los, sagt die Frau zu den Jungs, bringt sie zum Sigi.

Die Garage links neben dem Haus ist gelb gestrichen. Wo früher das Garagentor war, ist jetzt eine Glastür. «Aktion – 100g Hühnerfilet 19,90 Kronen» steht handgeschrieben mit weißer Farbe auf der Scheibe. In dem kleinen Laden riecht es nach Waschpulver und frischen Brötchen, es gibt Zwiebeln, Kartoffeln, Schokoriegel, Bier und natürlich Schnaps. Sigi verkauft den Jungen ein Eis und eine Cola.

Klar könne mer Deutsch rede.

Ein T-Shirt «Pierre Cardin, France, 1950», Shorts, Badeschlappen, eine ausgestreckte Pranke: Ich bin der Sigi. Siegfried. Siegfried Luft.

Im Garten wehen am blauen Schwimmbecken allerlei Flaggen, in einem Beet wirbt eine Laterne für Bier, es gibt eine Hollywood-Schaukel, einen gemauerten Grill, Geranientöpfe, tönerne Frösche und Zeug, sehr viel Zeug.

Auf der Veranda mit dem Saloon-Schild stehen zwei Biertische. In Gurkengläsern, halb gefüllt mit Wasser, schwimmen Zigarettenkippen wie ertrunkene Wespen. Ein Mann im roten Polo-Shirt trinkt Bier aus der Flasche, in der Ecke läuft der Fernseher.

Zu Fuß? Zu Fuß. Allein? Allein.

Sigi sagt, dass er sich nie für die Vergangenheit interessiert hat. Aber jetzt kämen manchmal Leute, die wollten mit seiner Mutter reden über damals, jemand machte sogar ein Interview für das deutsche Fernsehen.

Kann Deine Mutter etwas über die Flüchtlinge erzählen, die damals durch das Dorf kamen?

Sigi lacht: Die kann viel erzählen.

Bald darauf sitzt Pauli Luft, jetzt Pavla Luftová, geboren 1935 in Komotau, jetzt Chomutov am Biertisch. Sie hat kurzes schlohweißes Haar, goldene Ohrringe, eine rotkarierte Bluse und einen Blick wie ein Examen, man muss ihn bestehen.

Ich sag's, wie es ist, ich nehm' kein Blatt vor'n Mund, sagt sie, und das ist wahr. Wo so viel beschwiegen und beschönigt wird, so viel unausgesprochen bleibt, erzählt de Bauli einfach, was sie gesehen hat, in ihrem weichen sudetendeutschen Dialekt, das P wie B, das T wie D. Sie nimmt keine Rücksichten, sie hat so viel erlebt, damals. Die Familie wurde ausgebombt, sie zog die Freundin tot aus den Trümmern des Nachbarhauses, der Vater hängte sich kurz nach Kriegsende auf, dabei hatte er versprochen, zum Mittagessen zu Hause zu sein.

Es war Zufall, dass sie blieben, als die Deutschen vertrieben wurden und alle anderen gehen mussten, die Onkel, Tanten, Freunde. Der letzte Transport fuhr einfach nicht mehr, und so blieben sie zurück. Sie bekam es zu spüren. In der Schule schmierten sie mit Kohle auf ihre Bluse: deutsche Sau, sie warfen sie aus dem Zug. Nicht alle waren so, es gab solche und solche. Später kam sie mit den meisten Tschechen gut aus.

Aber auf Abstand.

Pauli schiebt mit der flachen Hand die Luft von sich fort.

Immer auf Abstand.

Freundinnen hatte sie nie. Sie brauchte auch keine, sie hatte ihren Mann. Und als vor ein paar Jahren eine Frau aus dem Dorf zu ihr kam und sie bat, einen Brief ins Deutsche zu übersetzen, sagte Pauli nein. Das mache sie nicht. Ob die andere sich nicht mehr erinnere, wie das damals war, die deutsche Sau.

Ich sag's, wie es ist, ich nehm' kein Blatt vor'n Mund.

Im April ist der Mann gestorben.

Die Verwandten sind in Deutschland. In Eisleben und Birkenwerder und Braunschweig. Pauli fuhr zu Besuch. Sie hätten ausreisen können 1965 und noch einmal 1980, sie wäre gerne gegangen, aber der Mann wollte nicht. So blieben sie in der Heimat. Und haben sie doch verloren.

Sigi macht den Grill an und legt Würste auf. Er holt Brötchen aus dem Laden und Bier, nimmt Wodka aus dem Regal und schenkt reichlich ein.

Willst Du wirklich noch weiter heute? Kannst auch hier schlafen.

Pauli leert das Glas in einem Zug.

In der Dämmerung geht Pauli mit mir durch Klein Priesen, sie zeigt mir das Dorf, wie es heute aussieht und wie es früher war, in welchem Haus die Kneipe und wo das Scheunentor, vor dem die Tschechen zwei deutsche Bauern erschossen. Vor einer großen Brache unweit des Dorfplatzes bleibt sie stehen.

Hier stand der Maierhof, hier hat Dein Vater damals übernachtet.

Eine Wiese, vor Wochen gemäht, grün, darauf gelbgetrocknetes Gras, in der Ferne jenseits der Straße, wo der Wald beginnt, ein paar runde Ballen.

Ich habe Dich eingeholt. Es ist Montag, der 29. Juni.

Ihr kommt am 22. Februar 1945 nach Klein Priesen, es ist jetzt nicht mehr ganz so kalt, etwas über Null Grad, dabei regnerisch, Ihr bleibt zwei Nächte, Ihr legt auf dem Maierhof einen Ruhetag ein.

Es dunkelt, am Sommerhimmel ziehen letzte helle Wolkenfetzen. Der Wald steht still, als wolle er mir versichern, dass etwas bleibt und nicht alles vergeht, vom Maierhof ist nichts geblieben, kein Mauerrest, keine Fundamente, nicht einmal eine alte Wegplatte. Das Haus, das Euch vorübergehend Zuflucht bot, gibt es nicht mehr.

Hier war es, hier standen die Wagen.

Wir gehen auf die Wiese in Richtung Wald, die Pauli in offenen Sandalen, mit ihrem karierten Hemd, der einzige Mensch, der mich mit Euch verbindet, der sich noch an die Flüchtlinge erinnert, der einzige Mensch auf 500 Kilometern.

Der Maier war der reichste Bauer in Klein Priesen, sein Hof der größte im Dorf, ein Geviert von zweistöckigen Häusern, an denen wohl die Hakenkreuzfahne wehte, ein weiter Innenhof, in dem, dicht gedrängt, die Wagen der Flüchtlinge standen. Der Maier wusste da noch nicht, dass ihm der Hof wenige Monate später nicht mehr gehören, dass auch er bald ein Flüchtling sein würde, unterwegs irgendwo mit nicht mehr als zwei Koffern.

Nach dem Krieg zogen Tschechen in den Maierhof, bis sich dann irgendwann nach der Wende die Landwirtschaft nicht mehr rentierte. Die Häuser verwaisten, der Putz bröckelte, durch die zerschlagenen Fenster zog der Wind. Vor zwei Jahren wurde der Maierhof gesprengt.

Wenn Sigi Deutsch spricht, nuschelt er etwas, als ließe sich der Mund nicht mehr richtig öffnen, ein tastendes Sprechen wie trunken, eine Sprache tief vertraut und fremd zugleich. Deutsch ist die Sprache seiner Eltern, seine Kindheitssprache, die man nur leise oder im Verborgenen sprach, zu Hause, wenn die tschechischen Bekannten nicht dabei waren, eine mündliche Sprache, die Sigi nie schreiben lernte. Heute spricht er mit Pauli Tschechisch.

Er lernte Klempner, arbeitete in der Grube. Als die Wende kam, machte er seine Garage zum Laden, er lief gut, die Leute kamen am Wochenende raus auf's Dorf in ihre Gärten, im Sommer blieben sie die ganze Woche, alle kauften beim Sigi. Er hörte in der Grube auf, obwohl der Vater ihn warnte. Jetzt bekommt er keine Rente, jetzt, da der Laden schlecht geht, weil die Leute bei Lidl und Penny kaufen, weil es billiger ist, aber vielleicht auch, weil sie es ihm nicht gegönnt haben, dass er sich plötzlich dies und das leisten konnte, der Sohn der Deutschen.

Sie kaufen wenig, aber sie kommen gerne zu ihm, es ist behaglich auf seiner Veranda an den Biertischen mit den Gurkengläsern, man fühlt sich wohl beim Sigi mit seinem sonnengebräunten Quadratschädel und dem kräftigen weißen Haar, mit seiner bärenhaften Gutmütigkeit, wenn er die massige Gestalt aus einem Gartenstuhl hebt, um Teewasser aufzusetzen oder noch ein Bier zu holen. Auch ich nehme seine Einladung gerne an, wünsche nur später, dass ich nicht angefangen hätte, über Politik zu reden, während in der Ecke stumm der Fernseher läuft, eine Reportage aus Südamerika, ein Typ reist durch Brasilien, öffnet Avocados, backt Schoko-Bananenkuchen, schlitzt Zuckerrohr, und Sigi mir noch eine Zigarette anbietet und noch einen Schnaps und auch Pauli eine mitraucht.

Sigi interessiert sich nicht für Politik, sagt er, und dabei hätten wir es lieber belassen. Aber dann sagt er, Merkel sei für ihn der neue Hitler. Was Hitler damals nicht geschafft hat, im Krieg, ganz Europa zu knechten, das macht jetzt Merkel mit der EU. Und auch für Deutschland sei Merkel ein Unglück, lässt alle Flüchtlinge rein, lauter Syrer und Afghanen, alles Muslime, sie werden Deutschland umdrehen, sie bekommen alles, Handys und Wohnungen und tun nichts. Sigi sagt das, weil ich ihn nach der Politik gefragt habe, für die er sich nicht interessiert, sagt das, als hätte er es irgendwo aufgeschnappt. Aber es hat ihm eingeleuchtet, das mit den Handys und den Wohnungen und dem Nichtstun. Und wenn ich ihm erkläre, dass die Flüchtlinge nicht arbeiten, weil sie nicht arbeiten dürfen, dass sie keine Erlaubnis bekommen, obwohl sie gerne arbeiten würden, winkt er ab, lassen wir das, er interessiert sich doch nicht für Politik, schenkt noch einmal nach, holt Würste, bewirtet mich, großzügig und warmherzig, obwohl ich doch auch eine Fremde bin, die Tochter eines Flüchtlings.

Im Fernsehen läuft jetzt ein Softporno, er spielt im alten Ägypten, kopulierende Paare in orientalischen Kissenlandschaften, was Sigi aber gar nicht wahrnimmt, weil er sich in Fahrt geredet hat. Er erzählt jetzt von früher, von der Zeit des Kommunismus, nach der er sich zurücksehnt.

Früher war alles besser. Da saß man abends zusammen und redete, jetzt hockt jeder bei sich vor dem Fernseher und tippt auf seinem Handy rum. Früher hatten sie in Klein Priesen ihre eigene Milch und ihr eigenes Fleisch, jetzt weiß man überhaupt nicht mehr, wo was herkommt, früher ging es nicht nur ums Geld, jetzt sollen die Leute immer kaufen, immer mehr, und alles geht nach fünf Jahren kaputt, die Waschmaschine, der Fernseher, damit noch mehr gekauft wird. Früher wurden die Dinge an einem Ort produziert, jetzt fahren die LKWs hin und her, quer durch Europa karren sie alles, und überall wird noch ein Teilchen drangeschraubt. Und auch die Menschen reisen zu viel herum, warum bleiben die Leute nicht zu Hause, hier ist es doch schön.

In der Nacht träume ich vom Fortmüssen und Zusammenpacken, es ist die zweite Art von Alptraum, die ich von Euch geerbt habe, nicht die Flucht, sondern das eilige Packen davor, die Angst, das Wichtigste zu vergessen, ich muss aufbrechen, hastig, ich habe meinen Koffer noch nicht gepackt, meinen Rucksack, ich kann meine Sachen nicht finden, ich bin zu langsam, ich müsste schon lange los sein, aber ich kann nicht schneller, immer wieder vergesse ich etwas, ich weiß, dass es um Leben und Tod geht.

Am nächsten Morgen begleiten mich Sigi und Pauli durch das Gartentor auf die Straße. Sie bleiben dort noch lange stehen, nachdem ich gegangen bin, sie winken immer weiter, auch als ich sie kaum noch sehen kann, stehen noch dort, als ich mich umdrehe und ein letztes Mal zurückblicke.

Ich gehe immer weiter nach Westen, die Sonne im Rücken, bis alles verschwimmt, so viele Dörfer, so viele Städtchen mit Marktplätzen, so viel Asphalt, Wald, Feld, so viel Kamille, gehe weiter, so wie Ihr immer weiter gegangen seid in der Februarkälte, obwohl der Russe längst nach Norden abgebogen war und Euch nicht mehr verfolgte. *Ich wundere mich heute noch, wie geduldig die Menschen alle Belastungen ertrugen. Denn das ging nun so Tag für Tag,* schreibt Gretel Kosok. Dann verstummen ihre Aufzeichnungen. Ab Mitte Februar listet sie nur noch die Namen der Dörfer auf, in denen Ihr übernachtet: Krzemusch, Luschitz, Hochpetsch, Klein-Priesen, Radonitz, Weljau, Voigtsgrün.

Ich verstehe das. Die Menschen auf der Flucht versinken in Apathie. Sie wanken nach Westen. Sie haben keine Hoffnung mehr, jemals anzukommen, wo sollte das auch sein? Du siehst, wie Deine Mutter verschwindet. Sie ist noch da, eine Hülle, aber sie ist nicht mehr Deine Mutter, mechanisch tut sie, was zu tun ist, Pferde einspannen, Pferde ausspannen, Pferde versorgen, noch da, aber nicht mehr anwesend. Du weißt, dass Du keine Fragen und keine Ansprüche stellen darfst, Du musst irgendwie sehen, wie Du durchkommst.

Ich verstehe Deine Mutter, ihre Flucht nach innen, die Härte nach außen. Ich verstehe, dass ich Dich nicht finden werde, auch wenn der neunjährige Junge mich tapfer begleitet. Ich versuche nicht mehr, Dich zu finden, ich bin zufrieden damit, Eure Erschöpfung zu fühlen, gleichgültig und leer zu werden, heimatlos wie Ihr, auch wenn es nur für einige Wochen ist.

Ich gehe in die Museen, weil ich mich dort weniger einsam fühle, ich suche andere, die auch die alten Geschichten zusammentragen, ich hoffe, dass sie Euer Schicksal erinnern, ich will mich weniger einsam fühlen mit der Erinnerung. Es ist meine Aufgabe, Deine Geschichte zu erzählen, Du hast mir das aufgetragen, obwohl nie davon die Rede war, ich soll die Fetzen und Bruchstücke sammeln wie seltene Briefmarken, die Wagen auf dem Marktplatz von Zittau, die Wagen auf dem Maierhof. Es ist an mir, Deine Geschichte zu erzählen, die Welten zu verbinden, das Erbe anzureichern, die Erinnerung zu speichern, zu konservieren, einen Vorrat für kommende Generationen anzulegen, ihn zu horten und zu hüten. Dieses Buch ist Dein Testament. Ich will Deine Geschichte bewahren, damit unsere Kinder sich erinnern können. Sie werden sich kaum erinnern, selten. Ich werde einsam bleiben mit der Erinnerung, ich komme aus einer Vergangenheit, die verborgen ist, und werde alt mit Rätseln und Gespenstern, allein mit den alten Geschichten.

Im Bezirksmuseum von Falkenau spricht mich der Direktor an. Er ist überaus freundlich, sein Deutsch hervorragend, nur möchte er meine Frage nicht beantworten: Warum, frage ich, endet die Ausstellung im Frühjahr 1945? Das Museum ist, wie in Aussig, der zentrale Bau der Stadt, Geschichte ist wichtig, das Renaissance-Schloss im Park, ein kompakter lachsfarbener Bau mit vier runden Ecktürmen, ein weiteres schön renoviertes und mit großer Sorgfalt eingerichtetes Museum. Die Geschichte reicht zurück bis zu den Neandertalern, und dann über das frühe Mittelalter und den Dreißigjährigen Krieg bis zum Zweiten Weltkrieg. Danach bricht sie ab. Die Geschichte von Falkenau endet am 8. Mai mit der deutschen Kapitulation.

Warum? frage ich den freundlichen Direktor.

Man renoviere einen weiteren Flügel des Schlosses, sagt er, dort will man das zwanzigste Jahrhundert unterbringen, aber wann das soweit sein wird, kann er nicht sagen.

Und wie werden Sie die Vertreibung der Deutschen darstellen?

Ja, wie?

Er schweift ab, die Geschichte des Museums, der Bergbau in der Region, das nahegelegene KZ Flossenbürg, die Sonderausstellung.

Und wie werden Sie mit der Vertreibung der Deutschen umgehen?

Es fängt schon damit an, ob man sie überhaupt Vertreibung nennen will, wie es die Deutschen tun, oder eher Aussiedlung, wie die Tschechen.

Und wie lösen Sie das?

Ja, wie lösen wir das?

Der Direktor nimmt sich viel Zeit für mich, er nimmt mich mit in sein Arbeitszimmer, er kocht mir Kaffee. Später wird er mir noch einen Bildband über einen Architekten nach Berlin nachschicken, einen sehr schönen Bildband, nur dass er überhaupt nichts mit meinen Fragen zu tun hat. Der Direktor spricht nicht gern über die Deutschen.

Wir haben hier andere Sorgen, sagt er. Die Arbeitslosigkeit in der Region, Firmenpleiten, der Exodus der Jugend. Das sind unsere Sorgen.

Ganz zum Schluss stellt der Direktor mir noch seinen Kollegen vor, Peter, einen Deutschstämmigen, aus dem Erzgebirge.

Ich habe ihr gesagt, dass die Deutschen kein großes Thema mehr sind, sagt der Direktor, dass wir hier jetzt andere Probleme haben.

Kollege Peter hebt den Blick vom Bildschirm, sieht mich an, lächelt schüchtern. Aber nein, sagt er, die Deutschen sind immer ein großes Thema.

Am 24. Februar übernachtet Ihr in Radonitz, dreißig Kilometer östlich von Karlsbad, heute beginnt hier ein militärisches Sperrgebiet, größer als das gesamte Stadtgebiet von München. Als sie den Truppenübungsplatz nach dem Krieg anlegten, wurden eine Stadt und 76 Dörfer abgesiedelt. Je näher ich dem Sperrgebiet komme, desto stiller sind die Dörfer, es gibt kaum noch Verkehr. Im Dorfladen von Radonitz wissen sie nicht, ob man durch das Militärgelände wandern kann. Früher, als die Russen noch da waren, gab es keine Probleme, sagen sie. Die Russen kamen, schossen und verschwanden dann wieder in ihren Kasernen. Man konnte weiter Pilze sammeln.

Aber jetzt sind die immer da.

Die Leute im Laden sagen: «die», und meinen: die Amerikaner, die Nato.

Sie schicken mich zur Polizei.

Die Polizeiwache von Radonice liegt mitten im Ort, am Platz mit dem Rathaus, der Kirche und der Pestsäule. Sie ist geschlossen und verlassen, niemand öffnet, aber hinter einer Gittertür hängt ein Zettel mit einer Telefonnummer. Ich solle warten, sagt der Typ am anderen Ende der Leitung, er sei in einer Viertelstunde da.

Ich setze mich in der Mittagshitze unter die Pestsäule, bald darauf rattert ein Polizeiwagen über das Kopfsteinpflaster, hält quietschend an, heraus springt ein muskulöser Typ mit Sonnenbrille und Föhnfrisur wie Don Johnson in Miami Vice.

Das können wir hier nicht entscheiden, sagt er entschlossen, da müssen Sie zur Militärpolizei in Žatec. Bis Žatec sind es dreißig Kilometer, ein Tagesmarsch, in die falsche Richtung.

Vergessen Sie's, sagt Don Johnson, man wird Ihnen die Erlaubnis sowieso nicht geben.

Ich glaube ihm sofort. Warum sollte man eine Journalistin ohne Grund durch ein militärisches Sperrgebiet wandern lassen? Ich gebe auf und fahre mit Bus und Bahn um das Gebiet herum, ich scheitere an einem Truppenübungsplatz, wo sie für den nächsten Krieg üben, ausgerechnet, ich verlasse den Zug in Velichov, Welchau, dort habt Ihr Ende Februar die nächste Nacht verbracht, es ist die letzte Woche Eurer Flucht, alle sind zu Tode erschöpft, den Ochsen bluten die Füße, die Pferde sind abgemagert, in den Aufzeichnungen und Briefen klagen die Menschen wenig über ihr eigenes Leid, aber das Herz geht ihnen auf vor Bewunderung und Mitgefühl, wenn sie über die Pferde berichten, für Euren kleinen Fuchs, der, wie ein Freund später schreibt, den ganzen Weg ins Egerland gegangen ist, nachts legen sich die Menschen in die Ställe zu den Pferden und weinen vor Mitleid.

Ich bin Deinen Weg gegangen, meine Beine wissen nun, wie weit er war, ich habe erlebt, wie schwer es immer noch ist, über den Krieg und das Jahr 1945 zu sprechen und dass es selbst dann, wenn gesprochen wird, oft nicht um das Eigentliche geht. Der Drache hat noch immer Macht über die Seelen der Menschen entlang Deines Fluchtwegs, aber seine Macht lässt nach.

Gibt es den Krieg, der alle Kriege beendet? Nie wieder, sagen sie, und nach diesem Krieg meinten sie es wirklich, das war die Hoffnung von 1945, dass der Krieg so grauenvoll gewesen war, der Schrecken so groß, dass die Menschen lernen würden. Nie wieder, nie wieder. Aber die Hoffnung trügt, wir lernen nicht, einzelne vielleicht, Du und die mit Dir neben den Wagen gingen, und vielleicht noch wir, Eure Kinder, die wir Eure Alpträume träumen, aber dann ist auch schon Schluss, und alles ist wieder vergessen. Der Schrecken hält höchstens für zwei Generationen.

Wir sind mit freundlichen Kinderbüchern groß geworden, den Büchern von Astrid Lindgren oder Enid Blyton, Geschichten aus einer überschaubaren Welt mit lösbaren Problemen. Unsere Kinder lesen Bücher, in denen es um Leben und Tod geht, Harry Potter und die Tribute von Panem, Bücher über einen brutalen Wettbewerb, in dem Kinder gegeneinander ums Überleben kämpfen. Es kommt durch, wer die anderen tötet, Bücher, die eine Sehnsucht bedienen nach einem Kampf auf Leben und Tod.

Seltsam, alt zu werden in dieser Zeit. Ihr hattet mit Eurer Kindheit das Schlimmste hinter Euch. Für uns und unsere Kinder könnte es andersherum sein, ein Leben in umgekehrter Reihenfolge, die friedlichen Siebziger, die verschnarchten Achtziger, die euphorischen Neunziger, und jetzt, da wir alt werden, stehen härtere Zeiten bevor. Wir werden die Alten sein, die auf dem Wagen sitzen.

Als Kind versetzte ich mich in Dich hinein, lief neben dem Wagen her und fror. Später war ich die Mutter auf dem Kutschbock, mittendrin, unter der Last, verantwortlich für alle, Kinder, Alte, Pferde. Wenn wir wieder fliehen müssen, werde ich die Alte sein, um die sich die Jungen kümmern. Ich werde die Last sein, zu alt, um zu helfen, ich werde voller Sorge zusehen, wie die nächsten Generationen in den Kampf ziehen. Ich werde die Alte sein, die man auf halbem Weg in den Zug setzt und dann nie wiedersieht.

4

Biographie ist mehr als eine
rein persönliche Angelegenheit.
Joseph Beuys

Wir dürfen davon ausgehen, dass keine Generation imstande ist,
bedeutsamere seelische Vorgänge vor der nächsten zu verbergen.
Sigmund Freud, Totem und Tabu

2015 ist das Jahr, in dem Du achtzig wirst. Es ist das Jahr, in dem Wladimir Putin nicht am G-7 Gipfel in Deutschland teilnimmt, weil Russland nach der Annexion der Krim nicht mehr dazugehört. Es ist das Jahr, in dem die rechten, nationalistischen Kräfte in Polen wieder an die Macht kommen. Du bist jetzt häufig krank, Lungenentzündungen, Blasenentzündungen.

Lass uns im Sommer noch einmal nach Schlesien fahren, sage ich zu Dir.

Unser letzter Besuch mit dem Bus voller Rosenthaler liegt zehn Jahre zurück. Dieses Mal sollen die Kinder mitkommen, ich möchte, dass Du ihnen das Dorf und den Hof zeigst, das Haus, in dem ihr Großvater geboren wurde. Ich versuche mir vorzustellen, was es für sie bedeutet.

Seit jener ersten Reise, als ich elf war, sind mehr als 35 Jahre vergangen. Wieder übernachten wir im Hotel Monopol in Breslau, jenem Monopol, in dem wir damals mit Deinem Bruder Manfred abstiegen, als es nichts als Sülze zu essen gab. Damals war es ein schäbiger alter Kasten, heute ist es ein Fünf-Sterne-Hotel.

Am nächsten Morgen fahren wir nach Rosenthal, dasselbe Programm. Aber dieses Mal hast Du Angst. Du fürchtest, Rosenthal könnte alle enttäuschen, die Kinder und Dich, könnte heruntergekommen sein, verfallen, ein sterbendes Dorf. So sollen sie es nicht sehen, so willst Du Rosenthal nicht sehen, zum letzten Mal. Aber Rosenthal ist nicht öder als vor zehn Jahren, im Gegenteil. Das Dorf liegt behaglich in der Sommersonne, meine Tochter Clara sagt später, sie habe Rosenthal cool gefunden. Sie hatte es sich anders vorgestellt, trister, aber es gibt Kinder und Blumen und frisch gestrichene Häuser. Wieder stellen wir das Auto dort ab, wo früher die Lehmgrube war, gehen die Dorfstraße hinunter bis ganz zum Ende, dann nach links auf den Friedhof, und wieder zurück, es ist fast schon ein Ritual. Marina erinnert sich später vor allem an die Stille, sie findet Rosenthal unglaublich leise, sie kennt Dörfer in Brandenburg, die ähnlich sind, Straßendörfer, in denen es auch ruhig ist, aber nicht so.

Wirklich High Noon, komplette Stille, nur ein oder zwei Menschen, die uns komisch ansehen.

Es ist so ruhig, dass sie glaubt, den Lärm des Krieges hören zu können. Sie gehen die Dorfstraße von Różyna entlang zwischen den Vorgärten, in denen die Rosen blühen, zwei Stadtkinder, pubertierende Mädchen in Hotpants und Tops, nicht widerwillig, aber zurückhaltend und vielleicht ein bisschen ratlos.

Es gab die Erwartung, dass wir irgendwas fühlen, so erinnern sich die Mädchen im Rückblick. Sie fühlen vor allem, wie viel uns dieser Besuch bedeutet, mir noch mehr als Dir, so nehmen sie es wahr. Wie wichtig es mir ist, ihnen Rosenthal zu zeigen.

Du wolltest, dass wir das gesehen haben, sagen sie zu mir.

Es stimmt, und ich wollte vor allem, dass sie es mit Dir sahen. Wie lange würde das noch möglich sein? Es blieb keine Zeit zu warten, bis die Mädchen eines Tages von sich aus beginnen würden, sich für ihre Herkunft zu interessieren, Fragen zu stellen, Orte zu suchen, ich wollte, so erscheint es mir im Nachhinein, eine Brücke zwischen ihnen und Dir und Rosenthal bauen, über mich, über meine Generation hinweg, wollte diese Herkunft in sie einbrennen wie ein Brandmal, damit sie Rosenthal nie vergessen würden, wollte das, gerade weil uns nur ein so schmales Band mit unserer Herkunft verbindet, mit diesem polnischen Dorf, das der Ort unserer Vorfahren war. Mit Różyna, wo heute niemand mehr lebt aus unserer Familie, nicht einmal die entfernteste Tante, dem Ort, an dem nie wieder ein Nachkomme, ein Hoffmann, leben wird.

Seltsam, man kommt in irgendein Dorf und das bedeutet etwas, weil Opa da geboren wurde.

Jan Piwiński ist im vergangenen Sommer gestorben, er war 79, derselbe Jahrgang wie Du. Jadwiga weint, als wir in den Hof kommen. Sie ist fast blind, sie sieht die Mädchen erst, als sie so nah vor ihr stehen, dass sich ihre Nasen beinahe berühren.

Scheen! ruft sie überrascht. So scheen.

Es ist der Besuch, bei dem Dein Elternhaus zum Verkauf steht und wir durch die muffigen, leeren Räume gehen. Du bist trotzdem erleichtert. Es wird schön sein, Rosenthal so in Erinnerung zu behalten, blühend und freundlich, mit seinen etwas zu bunt gestrichenen Häusern.

Wir fahren dann noch an die Oder in der Nähe von Koppen bei der Furt, wo es früher eine Seilfähre gab. Jetzt werkeln zwei junge Männer bei einem Kanu-Verleih, Musik dröhnt aus der Box. Du erzählst den Mädchen die Geschichte mit der Glatzer und der Görlitzer Neiße, die Geschichte von dem großen historischen Irrtum, die leider nicht wahr ist. Ich suche einen Stock und zeichne eine Karte in den feinen Odersand, damit die Mädchen sich die Grenzen vorstellen können.

Das ist doch ungerecht, sagt Marina.

Man könne doch einfach erklären, dass es ein Irrtum war, sagt Clara.

Du lachst: Und dann?

Vielleicht wollte ich Rosenthal so früh in die Töchter einbrennen, weil die Geschichte von der Flucht aus dem Dorf in Schlesien das einzige war, was wir hatten. Diese Fluchtgeschichte, die Du Deinen Enkeln erzähltest mit dem wenigen, an das Du Dich erinnertest, war das einzige, an das wir uns halten konnten. Sie war unser Familienerbe.

Andere erbten Höfe, Häuser, Betriebe, die ihre Großväter gegründet, Grundstücke mit Bäumen, die ihre Urgroßväter gepflanzt hatten, erbten Tischwäsche und Silberbesteck mit Familieninitialen, Bücher mit Ex Libris, erbten Dachböden mit Kisten, in denen sie die Liebesbriefe der Urgroßmutter fanden oder ihr Hochzeitskleid.

In unserer Familie gab es nichts. Es gab keinerlei Besitz, der aus der Tiefe der Jahrhunderte kam, noch nicht einmal ein Fotoalbum, nur ein paar mühsam zusammengesuchte Fotos aus dem Besitz der Schwester Deiner Mutter, die vor dem Krieg nach Franken geheiratet hatte. Es gab nichts, das wenigstens stellvertretend für die verlorene Heimat gestanden hätte, für Jahrhunderte Hoffmannscher Geschichte, keine Granatbrosche, keinen Goldring, keine Schatulle mit Reliquien aus Rosenthal, es gab nichts Heiliges, das irgendwo in der Schrankwand stand, das man nicht anfassen durfte, weil es vielleicht kaputt gehen könnte. Der einzige Gegenstand, der in unserer Familiengeschichte je eine Rolle spielte, war das Oberteil Deines Matrosenanzugs, und das existierte nur in der Erinnerung. Er symbolisierte nichts als den Verlust. Wir erbten nur diese Geschichte.

Clara sagt, dass sie mit der Idee von Heimat als einem Ort nichts anfangen kann, sie findet es komplett egal, an welches Stück Erde man gebunden ist. Sie braucht das nicht, um eine Identität zu haben, sagt sie, sie hat eine Familie. Und Nationalismus sei generell überholt. Aber Deine Fluchtgeschichte ist wichtig für sie, Nachkomme eines Flüchtlings zu sein ist Teil ihrer Identität.

Keine meiner Großeltern kamen daher, wo jetzt Deutschland ist.

Die Flucht war in ihrer Kindheit immer Thema, siebzig Jahre nach dem Ende des Krieges, auch mit ihren Freunden sprach sie darüber, in der Schule.

Die Flucht der Großeltern, das habe ich mit vielen Leuten gemeinsam.

In meiner Kindheit, dreißig Jahre nach dem Ende des Krieges, war die Flucht jenseits von Großmutters Küchentisch nie ein Thema, ich wusste nicht, welche Mitschüler, welche meiner Freundinnen auch aus einer Flüchtlingsfamilie stammten, wir sprachen nie darüber. Ich weiß es bis heute nicht.

Nie hörte ich Dich und Mutter über diese Herkunft reden, nicht über Eure und nicht über die Eurer Bekannten, nicht einmal Eurer engsten Freunde. Sätze wie: Diese kam auch aus Schlesien, oder: Jener kam auch aus Ostpreußen … habe ich nie aus Eurem Mund gehört. Herkunft hat keine Bedeutung, das war Eure Botschaft, und ich akzeptierte sie, obwohl ich fühlte, dass sie nicht wahr ist. Unterschwellig gab es ja immer noch eine andere Botschaft.

Die Geschichte Eurer Flucht existierte losgelöst von meinem Leben, der Schule, den Freunden. Ich glaubte, dass ich die Einzige war, bei der es manchmal an Großmutters Küchentisch um die verlorene Heimat ging, obwohl das unmöglich war an einer Schule in Schleswig-Holstein, wo nach dem Krieg ein Drittel der Bevölkerung Flüchtlinge gewesen waren. Aber auch darüber dachte ich nie nach.

Später wusste ich irgendwie, wer von meinen Freunden zu den Alteingesessenen in Wedel gehörte, die Segler und Seefahrer mit ihren Häusern unten an der Elbe und den großen Familiengräbern auf dem Friedhof, auf denen hinter manchem Männernamen «Kap

Hornier» steht, und die Töchter und Söhne der Handwerksmeister und Ladeninhaber in der Bahnhofstraße. Es war nichts, was mich beschäftigte, das Wissen, wer dazugehört, lag irgendwo im Halbbewussten, ich hatte nicht das Gefühl, dass uns etwas fehlte, was andere hatten. Das wolltet Ihr, Du und Mutter, uns unbedingt vermitteln: dass uns nichts fehlte. Wir hatten doch alles.

Ich bin nicht sicher, ob Du das Wort «alteingesessen» benutzt hast, Du sprachst von «den alten Wedelern». Alteingesessen, so kommt es mir vor, hat einen negativen Beiklang, etwas von alt und breitärschig und unbeweglich. Wir sind die Beweglichen, sie sind die Sesshaften, wir sind die Nomaden, frei, wie ich auf meiner Wanderung – Siehst Du Mutter, ich habe es Dir gesagt, sie ist frei.

Alles, was wir erreichten, hatten wir selbst geschafft, nichts war ererbt. Nichts zu erben, machte auch frei, wenngleich auf eine traurige Art, wir achteten Besitz gering, er galt nichts in Euren Augen. Das war christlich grundiert, aber es passte zu Eurem Flüchtlingsschicksal. Ihr verweigertet die Maßstäbe der Alteingesessenen. Ihr lehrtet uns, Menschen zu verachten, denen Besitz viel gilt. Wir waren nicht arm, hatten Haus und Garten, wir begehrten nicht mehr als wir hatten, es machte frei, zufrieden zu sein mit dem Gegebenen. Ihr lehrtet uns, worauf es ankommt: Familie und Freunde. Werte. Charakter und Leistung. Erwartungen erfüllen, keine Fehler machen, Rücksicht nehmen. Die anderen brauchten nichts zu erreichen, sie hatten ihre Höfe und Betriebe, sie wohnten in großen Häusern, die ihren Familien gehörten, seit Jahrhunderten. Wir mussten leisten für ein bisschen Sicherheit, aber wir klammern uns nicht an Besitztümer, wir wissen, wie vergänglich sie sind, nicht erst im Tod, sondern schon im Leben.

Ich habe nicht gewusst, dass der Tod so schnell kommen würde.

Dass Du nicht mehr lange leben würdest, ahnte ich seit einiger Zeit, spätestens seit Du wegen einer Lungenentzündung nicht zu meinem 50. Geburtstag gekommen warst. Ich sah den Tod in Deinen Augen. Sie hatten seit ein paar Jahren eine unklare Tiefe bekommen, als schautest Du, während Du uns ansahst, zugleich in eine sehr weite Ferne. Ich sah, dass Du es wusstest.

Aber doch nicht so schnell! Es ging Dir ja wieder besser, Du warst wieder zu Hause, hattest vielleicht etwas weniger Energie, aber was Du noch alles konntest und tatest und mir davon erzähltest: Pflaumen pflücken, die Dachrinne reinigen, mit dem Fahrrad in die Kirche. Nur manchmal ist Mutter dann auf dem Rückweg das letzte Stück vorausgefahren, weil sie es nicht ertrug, wie langsam Du geworden warst. Du hast das natürlich bemerkt.

Nur um den Fahrradschuppen schon mal aufzuschließen, sagte sie.

Du warst im August noch bei uns in Berlin und draußen am See, Du hast am Samstag noch die Äpfel geerntet, und am Abend wart Ihr im Konzert. Ich zähle das auf, um zu rechtfertigen, warum ich nicht verstanden habe, als Du am Sonntag mit hohem Fieber ins Krankenhaus gebracht wurdest. Du warst nun schon so viele Male im Krankenhaus gewesen und dann wieder nach Hause entlassen worden. Ich verstand nicht, dass es dieses Mal anders sein würde, obwohl Du am Dienstag die starken Schmerzen bekamst, am Mittwoch keinen Appetit hattest, Du, der immer so gern gegessen hatte, mit Genuss, ich verstand immer noch nicht, als Du am Freitag auf die Intensivstation verlegt wurdest. Warum habe ich es nicht verstanden?

Es war unser Muster, Du hast immer verharmlost. Ich sollte mir auf keinen Fall Sorgen machen. So warst Du: nie klagen, nie fordern, nie erwarten. Du wolltest nicht, dass ich Deinetwegen meine Pläne ändere. Manchmal habe ich protestiert, aber nur selten und vielleicht nicht nachdrücklich genug. Es war auch bequem.

Bist Du sicher? habe ich gefragt. Und Du hast ja gesagt, das gehörte auch zum Ritual. Nein wirklich, Christiane, mach dir keine Gedanken.

Aber dieses Mal hast Du mich so geschont, dass ich fast zu spät gekommen wäre. Ihr wart sehr hart im Nehmen, Du und Mutter, sie vor allem, ich wusste manchmal nicht, wo Mutters Wille aufhörte und Deiner anfing. Warum hast Du nicht gesagt: Wann kommst Du? Ich bin dann gekommen, es war nicht zu spät, nicht auf die allerletzte Minute, anderthalb Tage blieben uns noch, aber es hätte eine Woche sein können. Was hätte ich noch sagen, was noch fragen wollen? Am Sonntag hast Du eine ganze Menge Antworten gegeben, alle auf einmal.

550 Kilometer westlich von Rosenthal kommt der Treck zum Halten. Es ist der 2. März 1945. Die Landschaft wird hier wieder weit, der Blick geht über sanfte Hügel, Felder, kleine Wäldchen, fast wie an der Oder, wo Ihr sieben Wochen zuvor aufgebrochen seid. Auch die Dörfer sind ähnlich, die Höfe wieder größer mit Scheunen und Auszugshäusern, anders als die engen Bergdörfer, durch die Ihr unterwegs gegangen seid.

Die Rosenthaler werden auf die Höfe in Klinghardt und den umliegenden Orten verteilt, sie stellen ihre zu Gerippen gemagerten Pferde in die Ställe in Nonnengrün und Mühlgrün, in Frauenreuth und Unterschossenreuth. Menschen und Tiere sind zu Tode erschöpft, ausgelaugt von der Flucht, jetzt werden sie krank, die Pferde bekommen vor Entkräftung die Druse. Die Menschen beginnen zu arbeiten. Die Rosenthaler kommen gerade zu Beginn der Frühlingsarbeit ins Egerland, die Bauern brauchen jede Hand, die Männer sind im Krieg, auch Großmutter hilft bei der Aussaat, Ihr bekommt Brot und Milch, noch hungert Ihr nicht. Nach Ostern gehst Du wieder in die Schule. Ihr überlebt.

Ich komme an einem herrlichen Sommernachmittag nach Křižovatka, gerade öffnet die Dorfkneipe, es ist Freitag. Kaum dass die Biertische abgewischt sind, sitzen die ersten Gäste unter dem Sonnenschirm, Männer in Unterhemden, das erste Bier fließt, sie kippen die ersten Schnäpse und reißen ihre Zoten, auf meine Kosten.

Zwei junge Männer im Tarnanzug kommen von der Arbeit aus Deutschland, nach Sachsen sind es drei Kilometer Luftlinie, nach Bayern keine zwanzig. Deutschland ist für sie nicht Vergangenheit, sondern Gegenwart. Sie arbeiten in Deutschland, aber sie mögen die Deutschen nicht. Wahrscheinlich haben sie ihre Gründe. Von deutschen Flüchtlingen haben sie nie etwas gehört, und Deutsche, die sich noch an damals erinnern, gibt es hier nicht, sagen sie.

Ich gehe durch das Dorf zur Kirche der Heiligen Katharina aus dem 12. Jahrhundert, jener Kirche, die der Legende nach dem Ritter Klinghardt Orientierung gab, als er sich im Wald verirrte. So bekam das Dorf seinen Namen.

Auch Klinghardt war in meiner Kindheit ein mythischer Ort, der Ort, an dem Eure Flucht endete. Du wusstest nichts über dieses Dorf, keine Erinnerung, nichts, nur den Namen, den Du immer sehr präzise ausgesprochen hast wie mit einer gewissen Verwunderung, als seist Du selbst erstaunt darüber, dass Du dort gewesen sein sollst, im Egerland, wie Du manchmal hinzufügtest, am Ende Deiner Flucht.

Ich schlendere die Dorfstraße entlang, in den Gärten sitzen Leute und trinken Kaffee, ich spreche sie über den Zaun an: Spricht hier vielleicht jemand Deutsch? Sie schicken mich zum Bürgermeister, und der bringt mich zu Maria.

Maria wohnt etwas abseits vom Dorf bei den Witwenhäusern, einer Reihe armseliger Häuschen, gebaut für die Witwen gefallener Soldaten. Hier siedelten die Tschechen nach dem Krieg die wenigen Deutschen an, die noch da waren, als die Amerikaner im Sommer 1945 die Vertreibungen untersagten.

Maria und Schorsch sitzen in der Abendsonne auf der Veranda und verbreiten die Behaglichkeit von Menschen, die mit ihrem Leben zufrieden sind. Menschen mit sehr viel Herz.

Ich darf mich setzen, ein Bier trinken, zum Essen bleiben.

Ein letztes Mal: Zu Fuß? Zu Fuß. Allein? Allein.

Maria wurde 1958 hier geboren, sie hat noch nie etwas von den

Flüchtlingen aus Schlesien gehört, die im Frühjahr 1945 in das Dorf kamen. Ihre Mutter, Jahrgang 1927, ist vor zwei Monaten gestorben, sie hätte sich erinnert, sagt Maria, sie war bis zum Schluss klar im Kopf. Ich bin zu spät gekommen.

Marias Eltern hatten im Sommer 1945 schon ihre Koffer gepackt, aber dann konnten sie doch bleiben. Sie verloren ihren Hof, wurden Wirtsleute, führten viele Jahre lang den Gasthof im Dorf, bauten sich irgendwann ein neues Haus, schön und geräumig, aber abseits bei den Witwenhäusern.

Schorsch mit seinem sauber gestutzten weißen Vollbart, ein Seebär in Böhmen, kam nach der Jahrtausendwende aus der Oberpfalz ins Egerland. Er sah Maria, und alles war klar. Jetzt ist er Rentner, steht jeden Morgen um sechs auf, kocht Kaffee, und dann sitzen sie auf dem Balkon und schauen in das weite Land. Maria und Schorsch sind die glücklichsten Menschen, die ich auf der Wanderung treffe, sie klagen nicht. Nicht über die Tschechen oder die Flüchtlinge, nicht über ihre Nachbarn, die EU oder die neue Zeit. Sie interessieren sich nicht für Politik, Prag ist weit, Berlin und München auch, sie sprechen Deutsch und ihre Enkel Tschechisch. Sie leben in einer Welt ohne Grenzen, sie heiraten und erben in einem Europa, das die Geschichte überwunden hat, und sei es nur für einen glücklichen Moment.

Hinter den Hügeln Richtung Sachsen geht die Sonne unter, im Süden steht der Vollmond, es riecht nach dem Stroh der abgeernteten Felder. Maria geht in die Küche und macht Schnittchen mit Käse und Schinken und Fleischsalat, sie schneidet die Gürkchen zu Fächern und die Radieschen zu Blüten, die Wirtshaustochter. Helmut kommt zu Besuch, der Franke hat eines der Witwenhäuser von seiner Tante geerbt und verbringt hier einen großen Teil des Jahres. Die Leute im Dorf, sagt er, seien zu den Nachkommen der Sudetendeutschen vorne raus freundlich, aber hinter dem Rücken wetzten sie die Messer. Maria sagt, sie habe nie Probleme gehabt.

Willst Du wirklich noch weiter? Kannst auch hier schlafen.

So verbringe ich die letzte Nacht dort, wo Deine Flucht endete. Als ich am nächsten Morgen aufstehe, ist schon der Frühstückstisch gedeckt, Schorsch wird mich zum Bahnhof fahren. Neben meinem Teller liegt eine wunderschöne alte Taschenuhr, ein Schweizer Fabrikat, auf dem metallenen Gehäuse ist eine wilde Pferdeherde eingraviert, auf der Rückseite eine Pferdefamilie mit Fohlen, friedlich grasend unter Tannen.

Ein Abschiedsgeschenk, sagt Schorsch.

Am Abend haben wir über Pferde gesprochen, wie sie die Wagen der Flüchtlinge Hunderte von Kilometern zogen, Schorsch hat mit Behinderten gearbeitet und mit Pferden, er weiß, wie sie heilen und trösten können. Er kann nicht sagen, warum er mir die Uhr schenkt, ein Talisman am Ende meines Weges, das braucht keine Erklärung. Ein Abschiedsgeschenk. Als sei ich lange da gewesen, als sei ich ihre Tochter, als hätte ich ihnen etwas gegeben mit meinem unangemeldeten Besuch.

Meine Suche berührt die Menschen, denen ich begegne, das habe ich immer wieder erlebt, meine Suche nach den alten Geschichten und den alten Wunden, durch meine Fragen kehrt ihre Vergangenheit zurück, es ist, als seien sie dankbar, dass sich jemand interessiert, als sei ich diesen Weg nicht nur für mich gegangen und vielleicht noch für Dich, für unsere Familie, sondern für viele. Noch Monate später werden sie mir schreiben, Maria und Schorsch, Pauli und Sigi, sie werden Fotos und Memes schicken, Piotr, die Museumsdirektoren, Bücher und Aufsätze, per Mail und per Post. Und natürlich Jana, sie schreibt mir oft, sie schickt Fotos von den Jungen und eine Nachricht, als ihr Vater stirbt und einer von Stasias Söhnen an Corona und schließlich Stasia selbst. An Ostern schicken wir uns Pakete wie unsere Eltern und Großeltern, gegenseitig.

Als der Krieg zu Ende geht, seid Ihr noch immer in Klinghardt, Du gehst in die Dorfschule, ohne Schiefertafel, ohne Bücher, es gibt nicht genug Tische und Bänke für so viele Schüler, die Einheimischen und die Flüchtlinge, Du sitzt auf dem Boden, manchmal gibt es Fliegeralarm. In der Nacht zum 19. April seht Ihr aus der Ferne den Luftangriff auf Eger, bis tief in die Nacht leuchtet der Feuerschein der brennenden Stadt. Am 6. Mai rollen amerikanische Panzer in das Dorf, aus den Fenstern der Höfe wehen weiße Fahnen. Der Krieg ist vorbei. Rosenthal gibt es nicht mehr.

Dein Vater Herbert ist bis zum letzten Tag Artillerist in der Festung Breslau, bei einer Einheit in der Nähe des Zoos, dann verliert sich für Jahre seine Spur.

Dein Bruder Manfred ist am 20. April, Führers Geburtstag, wie er bemerkt, von der Marine zum Heer abkommandiert worden. Die Torpedoschule in Mürwik bei Kiel wird aufgelöst und der Marineoffiziersanwärter Hoffmann einem Panzerfüsilierregiment als Oberfeldwebel zugeteilt, die Ausbildung zum Infanteristen dauert zwei Tage. Dann wird Manfreds Einheit auf einen Güterzug verladen und Richtung Berlin in Marsch gesetzt. Sie soll die deutsche Hauptstadt entsetzen, um die sich der Ring der Roten Armee schließt. Sie kommen bis Neustrelitz, dort ist schon der Russe, der übermächtige, Manfreds Einheit macht kehrt und läuft in mehrtägigen Gewaltmärschen zurück nach Westen, sie schlafen kaum, sie essen nicht, sie flüchten vor dem Russen, dem Krieg, dem Drachen, jetzt spüren sie seinen Feueratem im Nacken wie zuvor seine Mutter und Du, sein Bruder, sie schleppen ihre Waffen mit sich, Panzerfäuste und MG-Kästen, bis ganz zum Schluss geben sie ihre Waffen nicht auf, auch nicht, als einige Kameraden unter der Last zusammenbrechen. So tief ist das drin in den jungen Männern, die anderthalb Jahre zum Krieg ausgebildet wurden und nie an die Front kamen.

In der Nacht zum 9. Mai retten Manfred und ein Freund sich in amerikanische Gefangenschaft. Er ist jetzt zwanzig, und er ist von Euch allen am besten durch den Krieg gekommen, ausgerechnet Manfred, der als einziger in der Familie wirklich an den Endsieg

geglaubt hat, der vom Pimpf zum Marineoffiziersanwärter seine ganze Jugend mit dem Hakenkreuz verbrachte, der einzig Überzeugte in der Familie, der sich zum Schluss noch zur Waffen-SS meldete, bereit, sich für Führer und Vaterland zu opfern. Der Krieg endet, ohne dass Manfred einen einzigen Schuss abgegeben hat, ohne dass ein einziges Mal auf ihn geschossen wurde.

Sein Bruder, der Grenadier Gotthard Hoffmann, Wehrnummer Brieg 27/49/1/1, siebzehn Jahre alt, liegt bei Kriegsende schwer verwundet unweit von Dresden in einem Großlazarett.

Deine Großmutter und Dein Onkel Walter sind verschollen.

In den Dörfern im Egerland geht bald nach Kriegsende das Gerücht, dass die Tschechen das Land übernehmen werden. Sie würden, sagt man, den Bauern die Höfe und den Flüchtlingen die Pferde wegnehmen. Anfang Juni machen die Rosenthaler sich auf den Heimweg. So glauben sie jedenfalls.

Sie gehen nicht im Treck, sondern in kleinen Gruppen, die meisten nach Norden über die Grenze nach Sachsen. Sie lassen sich nachts von Einheimischen führen, überqueren ungesehen den Grenzbach, der bald die deutsche Grenze markieren wird.

Auch die Kosoks machen sich zusammen mit den Scholz, Weirauchs, Überschärs und vielen anderen Familien auf den Weg. Eines Tages sind sie verschwunden, Euch hat man nichts von dem Aufbruch gesagt, so bleibt Ihr beide, Du und Mutter, zurück.

Die Rosenthaler ziehen in großem Bogen über Chemnitz, Dresden, Görlitz auf der Autobahn zurück nach Osten, sie kommen gut voran, es gibt Futter für die Pferde, Gras wächst überall, aber die Menschen hungern, man hat den Flüchtlingen schon genug gegeben. Nachts kommen russische Soldaten in die Scheunen und vergewaltigen die Frauen, am Tag plündern sie die dreimal geplünderten Wagen und spannen ihnen die Pferde aus. Die Rosenthaler kommen durch Dresden. Sie sehen, was das für ein Krieg gewesen ist. Sie glauben noch immer, dass sie nach Rosenthal zurückkehren werden, anders können sie es sich nicht vorstellen, sie wissen nichts von Beschlüssen auf Konferenzen, und wenn sie es wüssten, würden sie es nicht glauben. Sie würden nicht glauben, dass in einem Viertel Deutschlands die Bevölkerung ausgetauscht werden soll. Sie laufen weiter, immer nach Osten, bis es irgendwann nicht mehr geht, vielleicht an einer Brücke über die Neiße. Am 1. Juni 1945 sind fünf Divisionen der neuen polnischen Armee an die Oder-Neiße-Linie beordert worden. Sie haben die Brücken über die Oder und die Lausitzer Neiße gesperrt, um die Rückkehr der deutschen Flüchtlinge nach Schlesien und Pommern zu verhindern.

Ihr geht, Du und Deine Mutter, eines Nachts allein über den Grenzbach nach Sachsen. Beim ersten Versuch erwischen Euch die Soldaten, bis zum Morgen sitzt Ihr in einer Arrestzelle auf der Kommandantur in Bad Brambach, dann schickt man Euch wieder zurück. Zwei Nächte später versucht Ihr es wieder und kommt durch, eine Frau mit einem Jungen auf der Suche nach ihrem Mann und den zwei anderen Söhnen, die im Krieg verschollen sind, Pferd und Wagen lasst Ihr in Klinghardt zurück, zwei Menschen und zwei Bündel, das ist alles, was bleibt.

Es ist immer zu früh.

Du hattest seit dreißig Jahren eine künstliche Herzklappe, dazu seit mehr als einem Jahr eine kryptogene Lungenentzündung, chronisch, mal schwerer, mal weniger schwer, die mit hoch dosiertem Kortison behandelt wurde, häufige Blasenentzündungen, gegen die schon so gut wie alle Antibiotika eingesetzt worden waren, und, vor einigen Wochen diagnostiziert: CLL, eine sogenannte Altersleukämie. Es war von einer Therapie zum Aufbau der weißen Blutkörperchen die Rede. Infusionen, die Du drei Mal im Abstand von zwei Wochen bekommen hattest. Ohne Nebenwirkungen, wie Du sagtest. Schließlich das Hämatom, seit Dienstag hattest Du starke Schmerzen im unteren Rücken. Am Donnerstag wurde im MRT eine große innere Blutung diagnostiziert. Als ich am Samstagnachmittag mit dem Arzt spreche, hat er gerade untersucht, ob das Hämatom lebenswichtige Funktionen beeinträchtigt: Harn, Darm, Herz. Nein, erklärt er mir, das sei nicht der Fall. Welche Perspektive es für Dich gäbe, frage ich den Arzt, und er sagt, dass Du, wenn der Körper es schaffe, das Hämatom abzubauen, möglicherweise am Montag auf die normale Station zurückverlegt werden könntest. Er klingt nicht alarmiert, und ich frage nicht nach. Er sagt noch etwas über Blutkonserven und Leukämie und etwas über schlechte Nierenwerte, ich höre vielleicht nicht genau genug zu, höre vor allem den Tonfall, der nicht alarmiert klingt. Warum nicht? Vielleicht bist Du für einen Arzt, der auf der Intensivstation arbeitet, nicht in einem alarmierenden Zustand? Oder ich will nichts Alarmierendes hören? Aber ich bin sicher, dass es keinen Hinweis darauf gibt, dass Du tags darauf tot sein wirst.

Die Aussicht, vielleicht nach dem Wochenende auf die Normalstation zurückverlegt zu werden, gefällt Dir nicht. Anstatt Dir Mut zu machen, verunsichert sie Dich, Du fühlst Dich auf der Intensivstation am richtigen Ort, sicherer, Du weißt, wie krank Du bist.

Ich setze mich an Dein Bett und halte Deine kalte Hand. Ich erzähle von den Kindern, die jetzt draußen in Brandenburg am See sind. Du sagst, wie gern Du immer dort gewesen seist, Du erinnerst Dich daran, wie Du beim letzten Mal mit dem Boot hinausgerudert bist auf den See. Wie schön es dann war, die Riemen einzuholen, die Augen zu schließen und sich treiben zu lassen.

Da ahne ich, wie müde Du bist.

In der Nacht zum Sonntag versagen Deine Nieren.

Der Sommer ist da, der Krieg ist aus, aber für Euch beginnen die dunkelsten Monate der Flucht, es ist die Zeit, über die ich am wenigsten weiß, Du hast nie davon erzählt.

Euer Ziel ist Nordhausen am Harz, wo Nachbarn aus Rosenthal Unterkunft bei Verwandten gefunden haben. Olga versucht nicht, nach Rosenthal zurückzukehren, wir wissen nicht, warum, vielleicht will sie erst ihre Söhne suchen, vielleicht ahnt sie, dass Gotthard irgendwo in der Nähe ist.

Im Harz muss Olga Zwangsarbeit leisten, im Stollen, unter Tage. Es gibt eine Postadresse von Euch im Sommer 1945, Salza bei Nordhausen, Querstraße 7, eine Adresse, wenige Kilometer entfernt vom Konzentrationslager Mittelbau Dora. Ich erinnere mich, wie Dein Bruder Manfred einmal sagte, Eure Mutter sei im KZ gewesen, wie ich mich wunderte: Wie war das möglich, nach dem Krieg? Und wie er es bewusst im Vagen ließ, als sei auch in unserer Familie jemand im KZ gewesen, als gebe es auch in unserer Familie Opfer des Nationalsozialismus, dabei kam Olga ja erst nach dem Ende des Krieges nach Mittelbau, nachdem das Konzentrationslager am 11. April von der US-Armee befreit worden war.

Bis dahin war Mittelbau Dora ein Arbeitslager, die Häftlinge trieben hier seit 1943 Stollen in den Kohnstein für eine unterirdische Rüstungsfabrik, hier wurde Hitlers Vergeltungswaffe, die Raketen V-1 und V-2 montiert, die Wunderwaffe, auf die so viele Deutsche noch bis zum Schluss hofften, 60 000 Häftlinge, von denen jeder dritte die Arbeit nicht überlebte, Vernichtung durch Arbeit.

Ihr kommt Ende Juni oder Anfang Juli nach Mittelbau Dora, am 1. Juli übergeben die Amerikaner den Südharz an die Sowjets, vielleicht haust Ihr in den Lagerbaracken des KZs, schlaft auf den Pritschen, auf denen kurz zuvor noch die Häftlinge gelegen haben, vielleicht nehmen Euch auch die Bekannten in der Querstraße 7 auf, und Olga muss nur zum Arbeiten in den Stollen.

Wo bist Du, während Deine Mutter jeden Tag in das Dunkel einfährt wie in die Hölle, wie um Buße zu tun für die Verbrechen, die an diesem Ort begangen wurden?

Für Olga kommt alles zusammen, Hunger und Dunkel und schwere Arbeit und das Entsetzen, als sie versteht, was das für ein Deutschland gewesen ist, an einem Ort, an dem in anderthalb Jahren 20 000 Menschen zu Tode geschunden wurden, mehr als dreißig Mal so viele, wie Rosenthal Einwohner hatte. Was tun ihr die sowjetischen Soldaten an? Meine Großmutter wird sich von diesem Sommer 1945 nie wieder erholen, sie ist danach eine alte Frau. Und wo bist Du, was tust Du, was bekommst Du mit? Was bekommst Du mit für Dein Leben vom Sommer 1945?

Dein Bruder Manfred wird am 15. Juni aus der Gefangenschaft entlassen. Er macht sich auf den Weg nach Wedel bei Hamburg zu Familie Seliger, zu Paul, dem Seefahrer, es ist die einzige Adresse westlich der Oder, die Manfred kennt. Pauls Tochter Ingrid ist während des Krieges zur Landverschickung in Rosenthal gewesen, Manfred wird sie zwei Jahre später heiraten. Wann versteht Manfred, dass es unmöglich sein wird, nach Rosenthal zurückzukehren?

Rosenthal gibt es nicht mehr, die Rosenthaler wissen das nur noch nicht, aber den Sommer über zieht die Ahnung auf wie eine dunkle Wolke, noch irren sie, betäubt von Krieg und Flucht, durch Ostdeutschland, hoffen, dass sie zurückkehren werden, wollen nicht wahrhaben, was sie schon ahnen.

Im Spätsommer 1945 sind die Rosenthaler verstreut wie ein Topf voller Erbsen, den man verschüttet hat, einige wenige sind nach Rosenthal zurückgekehrt, andere in Meuselwitz bei Görlitz gestrandet, weil sie nicht mehr über die Neiße kamen, sie bleiben zunächst dort, so nah wie möglich an der Heimat, 200 Kilometer westlich von Rosenthal. Später werden sie alle zusammen in Großthiemig in Brandenburg angesiedelt. Die meisten Männer ziehen in die Gefangenschaft, sind vermisst oder verwundet. Sie alle sind jetzt Heimatvertriebene, sie wissen es nur noch nicht.

Rosenthal gibt es nicht mehr, nach dem Ende des Trecks zerfällt die Dorfgemeinschaft, die über Jahrhunderte die Familien getragen hat, man versucht, die Verbindung nicht zu verlieren, mit Briefen und Besuchen, man trägt weiter, jeder, was er weiß, wer noch lebt und wo und wer nicht überlebt hat und wie.

Dein Bruder Gotthard wird Anfang September aus dem Lazarett bei Dresden entlassen, bei Manfreds Unterlagen findet sich eine Bescheinigung, ausgestellt am 31. August 1945 vom Rat der Stadt Dresden auf Russisch, Englisch und Deutsch, gültig bis 7. September 1945. Sie gestattet die Fahrt von Dresden nach Erfurt, permit free Passage by railway, motors or ship, für Gotthard Hoffmann, geb. 18.8.27, in Klammern: (blind), russisch: slepoj.

Blind und entkräftet reist Gotthard nach Erfurt, wo Tante Frieda, eine entfernte Verwandte ihn aufnimmt, sie pflegt ihn, sie liest ihm die Briefe vor, die ihn von Verwandten und Freunden aus

Rosenthal im Spätsommer erreichen, von Kameraden, mit denen er kurz zuvor noch im Lazarett gelegen hat. Sie antwortet für ihn, schreibt an die Freunde, manchmal versucht er es auch selbst, blind, in schiefen Zeilen.

Es ist ja bedauerlich, dass Du das Augenlicht verloren hast und nicht mal den Brief lesen kannst, schreibt Freund Erhard Weirauch im September. Und Gotthards Freundin Gretel Überschär: *Hoffentlich ändert sich Dein Leiden noch. Vielleicht ist es möglich, Dir wenigstens auf das eine Auge das Licht wiederzugeben. Es wäre ja schrecklich, wenn Du mit Deinen achtzehn Jahren vollkommen blind sein solltest. Das ganze Leben so? Nein, Gotthard, das kann nicht sein!*

Gretel hat auch Nachrichten aus Rosenthal: *Es sieht trostlos aus,* schreibt sie. *In unseren Wirtschaften sitzt der Pole. In unserem Hause sind zwei Familien. Wo aber ein Deutscher ist, ist kein Pole. Zu Hause sind: Hennek auf seiner Wirtschaft, Kalisch und Prudlik, Kuge Bernhard mit Familie, Fruhner Kurt, Hoheusel Alfons, Heienbroch Alfred, Franke Max, Bilor Else, Frau Wutschke mit Kindern, Frau Wende, Peisker Horst, Scholz Wilhelm und Frau Jakisch. …*

Gretel geht das ganze Dorf durch, listet die Namen auf und die Schicksale, als wollte sie noch einmal die Gemeinschaft des Dorfes beschwören, sie bewahren in einer Chronik des Elends.

Herr Wende wurde auf Winklers Hof erschossen, Peisker Oma und Tante lagen unter Sagawes Mist, Peisker Gottlieb wurde erschlagen und mit Misthaken herausgezogen. Frau Karl Hilber wurde erwürgt und Frau Kuge ist wohl auch tot. Ferner ist Herr Winkler am 1. Tage in Koppen gefallen, Onkel Gerhard, Herr Janetzky und Schweizer Gerhard verwundet. Herr Janetzky bekommt in Jena einen künstlichen Fuß. Gefallen ist dann noch Bielor Paul. In Koppen wurde auf den Weiden Atzlers Alfons von Kuges Rudi gefunden. Er wurde in Rosenthal beerdigt. Weimann Reinhold und Weirauch Willi wurden Ostern geschnappt und nach Gleiwitz abgetrieben (Seither vermisst). So, nun weißt Du wohl bald genug. Auf Eurer Wirtschaft sitzt auch der Pole.

Zwei Briefe schreibt Gretel Überschär an Gotthard, und beide Male spielt sie an auf eine Geschichte zwischen den beiden, eine kurze, schwere Liebe zwischen zwei Siebzehnjährigen, etwas, das endete, bevor es begonnen hatte mit einem Missverständnis, einer Wunde.

Nun, lieber Gotthard, denkst Du immer noch so schrecklich von mir? Ich kann verzeihen und habe Dir schon lange verziehen. Also, denke doch nicht immerzu daran. Wer weiß, ob wir unsere Heimat, unser schönes Rosenthal noch einmal wiedersehen.

Olga ist im Harz keine achtzig Kilometer von ihrem Sohn entfernt, aber sie finden sich nicht.

Es beginnt das große Suchen. Kinder suchen Eltern, Eltern Kinder, Ehemänner ihre Frauen, Ehefrauen ihre Männer, Rosenthaler suchen Rosenthaler. Gotthard sucht seine Eltern. Die Schlesier Such-Zentrale in Bielatal bei Pirna meldet auf einer Postkarte mit Stempel vom 4.8.45 an Herrn Gotthardt Hoffmann im Hilfskrankenhaus Dresden-Plauen in der Schleiermacherstr. 8, Zimmer 27, IIc, dass am 1. August 1945 die Ermittlungen nach dem Verbleib der Eheleute Herbert und Olga Hoffmann eingeleitet wurden.

Bisher ist die Anschrift der Gesuchten noch nicht in unserer Kartei verzeichnet. Inzwischen wollen Sie für jede gesuchte Person einen Unkostenbeitrag von 1,– RM und 0,48 RM Porto überweisen.

Euer Vater Herbert ist zu diesem Zeitpunkt auf dem Weg in die Gefangenschaft, vielleicht noch in einem Lager bei Breslau, vielleicht schon auf dem Marsch nach Osten, zu Fuß in langer Kolonne, oder mit der Eisenbahn?

Es geht anderthalb Tausend Kilometer nach Osten bis in ein Arbeitslager zwischen Kiew und Charkow. Dort beginnt auch er zu suchen im Frühjahr 1946. Herbert sucht auf russischen Formularen aus billigem Papier in Postkartengröße, in der linken oberen Ecke das Rote Kreuz, rechts der Rote Halbmond. Kriegsgefangenenpostkarte steht da auf Russisch und auf Französisch, ein paar vorgedruckte Spalten, an wen, wohin, Name des Kriegsgefangenen und seine Postadresse, handschriftlich ausgefüllt: Sowjetunion, Moskau. Rotes Kreuz Postschließfach 62/451. Und auf der Rückseite der Text.

Die erste Suchkarte schreibt Herbert am 12. April 1946, fast ein Jahr nach der Kapitulation von Breslau.

Meine liebe Familie, Ihr Lieben alle! Befinde mich in russischer Gefangenschaft und wohlauf. Bin gesund, was ich auch von Euch erhoffe. Hoffentlich seid Ihr alle daheim. Mein größter Wunsch ist, dass wir uns alle bald gesund wiedersehen. Manfred und Gotthard werden wohl auch in Gefangenschaft sein? Macht Euch keine Sorgen, seid recht herzlich gegrüßt von Eurem lieben Papa.

In der zweiten Suchkarte vom 28. April schreibt er, dass er zuletzt am 20. April 1945, also ein Jahr zuvor, Nachricht von Euch erhalten hat, aus Klinghardt, wohl noch nach Breslau. *Was macht denn der liebe kleine Adolf?* – das bist Du – *Der Papa wird schon kommen.* Am 8. Juni schickt Herbert eine weitere Karte, immer sucht er Frau Olga Hoffmann in Rosenthal Kreis Brieg, Schlesien, dieses Mal schafft er nicht mehr als zwei Zeilen. *Bin im Arbeitseinsatz, mir geht es gut, warte auf ein Lebenszeichen.* Die vierte Karte vom 20. August ist an die Suchstelle für Evakuierte in Berlin gerichtet, Herbert sucht weiter nach seiner Frau, nach Dir, nach seiner Mutter Johanna Hoffmann und nach Invalide Walter Hoffmann, seinem Bruder, mit Eisenbahntransport evakuiert, Ziel unbekannt, keine Nachricht über den Verbleib.

Erst Monate später, Anfang 1947, schickt er eine weitere Karte, am 2. Januar, er sucht noch immer, aber er schreibt nicht mehr, kein Text. Es sind fünf Karten, mit denen Dein Vater allmählich verstummt, ein Schwinden von Hoffnung und Kraft wie eine Flamme, die langsam erlischt.

Herbert verbringt die Jahre der Gefangenschaft im Wald, ein Lager, umgeben von Zaun und Stacheldraht, die Kriegsgefangenen hausen in Erdlöchern, mit Holzstämmen überdacht. Im Winter spenden blakende Kienspäne ein kümmerliches Licht und verpesten die Lungen.

Sie hungern. Sie essen, was sie finden können, einmal bekommt Herbert eine Pilzvergiftung, die er kaum überlebt.

Jeden Morgen ziehen sie in den Wald. Sie fällen Bäume und verladen sie auf Bahnwaggons, die Peitschen der Aufseher über den geschorenen Schädeln der Männer, dawaj, dawaj, bystrej, bystrej, schneller, schneller, sie leisten Fron in einem Land, über das die Deutschen hergefallen, durch das sie marschiert sind, sie werden bewacht von Männern, deren Dörfer die Deutschen verwüstet, deren Frauen und Kinder sie ermordet haben.

Sommers wie winters hängt über dem Lager der Harzgeruch des frisch geschlagenen Holzes, Sägespäne und Kiefernnadeln in den Stoppeln auf den Köpfen der Männer, dunkle Flecken von klebrigem Harz an ihren Händen, das dumpfe Schlagen der Äxte, wenn die Gefangenen in die Stämme keilen, der Geruch von Pferdeschweiß und Menschenschweiß, wieder, wie in Breslau, Pferde. Das Schlangenband der Peitsche zischt über Mensch und Tier. Sie ziehen die Stämme an Ketten über den Waldboden zu den Gleisen, sie schuften, die Pferde mager wie die Männer, die sie antreiben, geschunden, das Fell spannt sich über ihren Rippen wie die Haut über der Brust der Männer, in der der Hunger wütet. Die Pferde wehren sich nicht, bis sie entkräftet zusammenbrechen.

Auch die Männer sterben still auf ihren Pritschen.

Laut sterben nur die Bäume, die sie schlagen. Die Bäume haben alles ertragen im Leben, aber dann, im Sterben, werden sie plötzlich laut, brüllen, kurz bevor sie fallen, noch im Stehen, wenn das Holz schon birst, krachen, wenn es bricht, laut wie ein Schrei, die warnenden Rufe der Männer, wie die Luft sirrt, während die

Bäume fallen, immer schneller, je näher sie der Erde kommen, wie der Boden bebt unter ihrem Aufprall, während das Laub noch einmal laut raschelt wie ein Sterbender, der seinen letzten zischenden Atemzug tut. Für einen kurzen Moment ist es still, dann setzen die Äxte wieder ein.

Herbert ist Ende vierzig, einer der Ältesten im Lager. Aber er ist zäh und klar im Kopf, und er kann etwas, was sie hier gebrauchen können, er ist Tischler, und er ist Bauer, er kann mit Holz arbeiten und mit Pferden umgehen. Auch sein Charakter hilft ihm, sein Humor, die Geselligkeit. Man mag ihn, die Deutschen wie die Russen. Im Lager überlebt, wer weiß wofür, wer zu Hause eine Familie hat, die wartet, und wer es schafft, ein Mensch zu bleiben, irgendwie.

Drei Sommer und zwei Winter hält Dein Vater durch, dann verlässt ihn die Kraft.

Am 8. Oktober 1945 erreicht Emma Ossig, genannt Tante Emma, in Berlin-Hermsdorf, eine Nachricht von Euch aus Nordhausen. Tante Emma weiß, dass Gotthard in Erfurt ist, und sie schreibt sofort zwei kurze Briefe, einen nach Erfurt und einen nach Nordhausen, teilt wechselseitig die Adressen mit, damit Mutter und Sohn zusammenfinden.

Liebe Olga! Dein Sohn Gotthard ist im September aus dem Lazarett in Dresden entlassen worden und sehnt sich sehr nach Euch …

Lieber Gotthard! Nun kann ich Dir endlich eine Freude machen. Gestern erhielt ich Nachricht von Deiner Mutter …

Doch Gotthard ist zu diesem Zeitpunkt schon tot. Woran er starb, haben wir nie erfahren. Am 8. Oktober schreibt ihm Freund Werner aus dem Dresdner Lazarett, er dankt für Gotthards Kartengruß vom 24. September, da liegt Gotthard, wie aus der Antwort hervorgeht, wieder im Krankenhaus. Aber warum?

Gotthard stirbt Ende September oder Anfang Oktober, wohl kaum an seiner Kriegsverletzung, eher schon am Typhus, der zu dieser Zeit grassiert, vielleicht an einer verschleppten Blinddarmentzündung oder, auch davon ist die Rede, an einem seltenen Krebs oder woran ein Achtzehnjähriger stirbt im Herbst 1945, den vielleicht der Lebenswille verlässt, weil er den Krieg gesehen und das Augenlicht verloren hat und nicht weiß, ob seine Familie noch lebt.

Am 9. Oktober schickt Freund Max Melz, mit dem Gotthard in Dresden im Lazarett gelegen hat, ein Kondolenzschreiben an Tante Frieda. Gotthard habe schon im Lazarett Erbrechen gehabt, schreibt Max, aber die Ärzte hätten das wohl nicht ernst genommen und die Gefahr nicht erkannt. *Er hat doch immer tüchtig mit uns gegessen und keine Beschwerden geäußert. Ich kann das nicht begreifen.*

Und am 20. November schickt eine Familie Schöne einen Kondolenzbrief an Olga. *Gotthard war ein lieber Junge,* schreiben sie. *Wir freuten uns immer, wenn er uns besuchte, seinen 18. Geburtstag verlebte er im August bei uns. Es sollte sein letzter sein. Im Sommer war er sogar noch mit unseren Kindern baden. Trotz seiner schweren Verwundung sah er immer wohl aus.*

In der Woche vor Deinem Tod ruft das Krankenhaus bei Deinem Hausarzt an. Sie wollen etwas über diesen rätselhaften Patienten erfahren, bei dem Augenschein und Diagnose so weit auseinanderklaffen. Sie werden nicht schlau aus Dir, verstehen nicht, wie ein Schwerkranker so wohl aussehen kann, wohl wie Gotthard, wenige Wochen, bevor er stirbt.

Die Ärzte wissen nicht, ob sie ihrer medizinischen Expertise trauen sollen, die ihnen sagt, dass sie einen Patienten an der Schwelle des Todes vor sich haben, oder dem äußeren Bild dieses recht lebendigen älteren Herrn, braungebrannt und heiter, der mit den Schwestern scherzt und gar nicht so leidend scheint. Sie verstehen nicht, wie es sein kann, dass ein Patient mit einem riesigen schmerzhaften Bluterguss im Leib so wenig klagt.

Eine Hypervitalität, die nicht mit dem Organstatus übereinstimmt, heißt es später in Deiner Krankenakte, der Triumph des Willens bis in den Tod. Die Ärzte können nicht wissen, dass Du genau so gelebt hast, dass Du so überlebt hast, dass dieses Wohlsein Deine Rettung war, auch wenn es nicht mit dem inneren Status übereinstimmte. Am Schluss hat es Dich immer mehr Kraft gekostet, aber im Wohlsein lag stets ein großer Trost. Alles ist gut. Je größer das Leid, desto wichtiger das Wohl.

Die dunkelste Stunde: Die Nachricht vom Tod ihres Sohnes erreicht Olga, als sie noch in den Stollen von Mittelbau Dora einfährt. Jetzt bist Du es, der sie am Leben hält, der dritte Sohn, den sie nicht mehr gewollt hatte.

Ende Oktober erfahrt Ihr durch den Suchdienst des Roten Kreuzes, dass Dein älterer Bruder Manfred am Leben ist. Er hat in Wedel bei Seligers auf dem Sofa einen Schlafplatz gefunden. Er will Euch zu sich holen. Und so macht Ihr Euch Mitte November noch einmal auf die Flucht, über die neue Grenze von der sowjetischen in die britische Besatzungszone in Richtung Wedel. Wieder erwischt man Euch, wieder kommt Ihr erst beim zweiten Versuch durch.

Ihr zieht bei Seligers in eine Dachkammer, Olga arbeitet bei den Optischen Werken I. D. Möller, sie wäscht die frisch geschliffenen Brillengläser, eine ungesunde und anstrengende Arbeit, ein sozialer Abstieg, sie ist jetzt eine verhärmte, zu Tode erschöpfte Frau, die alles verloren hat, Haus und Hof, Freunde, Verwandte, den geliebten Sohn, und lange nicht weiß, ob ihr Mann noch am Leben ist. Du wirst ihre Stütze, ein neunjähriger traumatisierter Junge, den sie an vielen Abenden nicht satt bekommt. Auf einem Foto von 1947 bist Du ein ernstes, früh erwachsenes Kind, mager, mit umschatteten Augen. Eure neue Adresse in Wedel ist Rosengarten 8 a, wie ein fernes Echo von Rosenthal.

Ich habe nicht gewusst, dass Du schon so weit gegangen bist. Es scheint nur noch ein einziger Schritt, ein großer, aber nur noch einer. Mutter zweifelt keine Sekunde daran, dass es richtig ist, obwohl es für sie am schwersten ist. Es ist richtig, sicher. Und trotzdem.

Am Sonntag ziehe ich die Handschuhe nicht mehr an, Mundschutz und Kittel sind in Ordnung, aber jetzt, da ich weiß, dass es unsere letzten Stunden sind, muss ich Dich nicht mehr schützen.

Als ich auf die Station komme, ist der Geistliche da. Die Ärztin nimmt mich zur Seite, sie erklärt mir, dass Deine Aussichten auf ein erträgliches Leben verschwindend gering seien. Als wollte sie sichergehen, dass ich Deine Entscheidung nicht noch einmal in Frage stelle. Aber das tue ich nicht. Nicht jetzt.

Das Sprechen fällt Dir schon schwer. Du musst alle Kraft zusammennehmen, um Deine Sätze herauszubringen, Wort für Wort. Dein Mund ist trocken. Du verabschiedest Dich von allen, Mutter, uns Kindern, den Enkeln, Du bittest alle um Verzeihung, für was auch immer. Als alle gegangen sind, setze ich mich neben Mutter an Dein Sterbebett, im Rücken die Fensterfront, dahinter der weiße Himmel. An der Wand über der Schiebetür am Eingang zeigt die Uhr Deine letzten Stunden an.

Wünscht mir nur, dass es nicht zu lange dauert.

Anfangs herrscht noch Geschäftigkeit, Schwestern kommen und gehen, verbreiten Unruhe, wie geht's uns denn heute. Irgendwann stellt die Ärztin die Monitore aus, die die Parameter Deines Lebens überwachen, sie müssten sonst, jetzt da Du stirbst, ständig Alarm schlagen. Als sie gegangen ist, bleibt ein dunkles Flimmern auf den Bildschirmen, und nur manchmal piepst eines der Geräte noch schluchzend auf, dann schrecken Mutter und ich jedes Mal zusammen, aber Du atmest ruhig weiter, der Alarm erreicht Dich nicht mehr. Du bist auf dem Weg, ruhig und sicher.

Nach der Flucht bekommst Du einen neuen Namen. Als Ihr in Wedel neue Papiere beantragt, lasst Ihr Deinen bisherigen Zweitnamen als Rufnamen eintragen. Fortan heißt Du nicht mehr Adolf, sondern Walter, obwohl Du keineswegs nach dem Größten Führer aller Zeiten, sondern nach Onkel Adolf, dem Bruder Deiner Mutter benannt worden bist. Auf dem Meldeformular ist zu sehen, dass zuerst noch Adolf eingetragen und dann wieder durchgestrichen wurde, vielleicht haben sie Euch im Rathaus in Wedel gesagt, dass es besser so ist.

Und es stimmte ja auch: Den Adolf, der Du in Rosenthal gewesen warst, gab es in Wedel nicht mehr. Du selbst hast es so gewollt. Das war der Grund, warum Du Dich an nichts erinnern konntest, das jenseits der Flucht lag, warum ich nie etwas spürte, wenn Du von Rosenthal oder von der Flucht sprachst, nie ein Gefühl, sei es Angst oder Traurigkeit, Verzweiflung oder Wut. Die erste Hälfte Deiner Kindheit war amputiert worden wie ein abgestorbenes Bein.

Lebendige Erinnerung begann für Dich in Wedel, von Wedel erzähltest Du mit Anteilnahme und Wärme. Vielleicht hatte das Jahr 1945, das Trauma der Flucht, die Erinnerung an Rosenthal ausgelöscht. Aber eigentlich glaube ich, dass Du Rosenthal vergessen hast, weil Du Dich nicht an Rosenthal erinnern wolltest. Du wolltest in Wedel ankommen, Du brauchtest Rosenthal nicht, im Gegenteil, es war Dir hinderlich, es machte Dich zum Flüchtling, vielleicht war es auch der Grund, warum Deine Mutter traurig war und Dein Bruder manchmal aufbrausend. Warum sich erinnern? Rosenthal trennte Dich von den Jungen, mit denen Du am Elbstrand Fußball spieltest. Du wolltest nicht der Flüchtlingsjunge sein, Du wolltest dazugehören. Zwischen dem Adolf der schlesischen Dorfkindheit und dem Jungen Walter, der sich und seine Mutter in Wedel durchbrachte, riss die Verbindung.

Dein erster Freund in Wedel ist Hartwig, der Sohn des Lehrers. Noch heute, mehr als sieben Jahrzehnte später, erinnert er sich an den Moment, als er Dich zum ersten Mal sah.

Ich war im 3. Schuljahr, bald nach dem Krieg, als eine Frau mit einem Jungen an der Hand plötzlich in der Klasse stand.

Die Frau, Deine Mutter Olga, erscheint Hartwig alt, als wäre sie Deine Großmutter.

Aber Walter hat mir sofort gefallen, Walter passte zu uns.

Die Klasse im alten Schulhaus bei der Wedeler Kirche ist schon überfüllt, mehr als sechzig Schüler, und Hartwigs Vater, der Lehrer, wendet einen alten Trick an, um Dich zu prüfen. Er lässt wie aus Versehen seinen Bleistift fallen.

Walter bückte sich, und hastenichgesehen, flink wie ein Wiesel, gab er meinem Vater den Bleistift zurück.

Nach der Schule nahm mein Vater mich beiseite: Kümmere dich um den neuen Jungen, er hat eine Flucht hinter sich.

Er hätte das nicht zu sagen brauchen. Schnell entsteht eine Freundschaft, die nie abreißt, auch später nicht, als Hartwig lange in Südamerika lebt.

Jedes Mal, wenn wir uns sahen, dauerte es nur wenige Minuten, bis die alte Vertrautheit wieder zurück war. Der Kontakt war sofort da.

Habt Ihr manchmal über die Flucht gesprochen?

Über die Flucht sprachen wir nie.

Ostern 1947 wechselst Du in Wedel auf die Mittelschule, Hartwig geht im zehn Kilometer entfernten Uetersen auf das Gymnasium.

Walter war ein glänzender Schüler, eine überragende Begabung, er verstand alles in kürzester Zeit.

Warum kam er nicht auf's Gymnasium?

Das war eine ganz fiese Geschichte.

Wenn ich Dich nach einer Erklärung fragte, sagtest Du, es wäre zu weit, zu kompliziert gewesen, täglich von Wedel nach Uetersen zu fahren, zehn Kilometer, in Wahrheit nicht weiter als von Rosenthal nach Brieg, wo Manfred auf das Piasten-Gymnasium ging, im Sommer hättest Du leicht mit dem Fahrrad fahren können, im Winter mit dem Bus.

Schulleiter der Mittelschule in Wedel ist damals Herr König, genannt King Otto, er weiß, dass Ihr Flüchtlinge seid, Du allein mit Deiner Mutter, völlig mittellos, aber sein bester Schüler, ausgerechnet der Flüchtlingsjunge, begabter, fleißiger, klüger als die Söhne der Einheimischen, von denen viele es nicht auf das Gymnasium schaffen, die Töchter und Söhne der Baumschulbesitzer und Obstbauern. Er will, dass Du in Wedel bleibst.

King Otto geht zu Deiner Mutter, er verspricht ihr Unterstützung, Geld, vielleicht auch Lebensmittelmarken, wenn Du nicht nach Uetersen auf das Gymnasium wechselst. Und Olga willigt ein, was hätte sie dem Herrn Schulleiter erwidern sollen, die Flüchtlingsfrau, die schlesische Bäuerin, die mit ihrem Sohn bei fremden Leuten in einem Zimmer haust, der Mann verschollen, der Junge hungrig, ohne Beziehungen, ohne ein Stück Land, die froh sein muss, irgendwie durchzukommen, was sollte sie sagen, wenn der Herr Schulleiter auf Hausbesuch kommt und vorschlägt, den Sohn trotz hervorragender Leistungen lieber nicht auf das Gymnasium zu schicken?

Walter hätte ein glänzendes Abitur gemacht, sagt Hartwig, er hätte studieren können, was er wollte. Ich könnte King Otto heute noch umbringen.

Niemand kämpft für Dich. Nicht der Lehrer, nicht die Mutter, nicht Dein Bruder Manfred, der gerade sein Abitur nachgeholt hat und nun studieren will. Auch nicht Du selbst.

Walter hat diese Entscheidung klaglos hingenommen, schreibt Manfred in seinen Erinnerungen, *er hat später das Beste daraus gemacht, ein Beispiel dafür, was man erreichen kann, wenn man zielstrebig und verantwortungsbewusst seine Fähigkeiten einsetzt.*

Klaglos, das beschreibt Dich sicher gut, damals und auch später. Du warst immer rasch bereit, Dich abzufinden, genügsam, nichts für Dich zu fordern, keine Ansprüche zu stellen, nicht zur Last zu fallen. Man konnte froh sein, dass man überlebt hatte. Nicht zur Last fallen hieß: rasch die Schule beenden, Geld verdienen, auf eigenen Füßen stehen, den Eltern nicht auf der Tasche liegen. Du hättest so gerne weiter gelernt, Französisch, Englisch, Geschichte, aber Du hast nie damit gehadert. Das konntest Du so gut: zufrieden sein mit dem Gegebenen, mit allem. Du hast das sehr weit getrieben, bis zum Schluss, zu Deiner Entscheidung im Krankenhaus, als nicht zur Last fallen hieß: sterben.

Dein Bruder Manfred studierte Zahnmedizin, das Geld vom Lastenausgleich für Euren Hof in Rosenthal wurde in die Gründung seiner Praxis gesteckt. Später, als er ein Vielfaches von Dir verdiente, zeigte er sich immer großzügig. Er überließ Dir seinen alten Käfer, als er sich den ersten BMW kaufte, und den Schwarzweiß-Fernseher, als er sich einen in Farbe leistete.

Im Frühjahr 1947 erhält Herbert in seinem Waldlager in der Ukraine Nachricht von Euch. Zwei Jahre lang hat er nicht gewusst, ob Ihr noch lebt, nun hält er eine Karte von Euch in den Händen.

Er antwortet. *Ihr Lieben! Karte erhalten. Freude, mir geht es gut. Betet für Gotthard. Wo Oma, Walter? Hoffentlich baldige Heimkehr. Herzliche Grüße Euer Papa.*

Im Sommer entzündet sich eine Verletzung an Herberts rechtem Mittelfinger, er bekommt eine Blutvergiftung. Man hackt ihm die vorderen Glieder des Fingers ab, genau die gleichen, die Du später im Rotor des Rasenmähers verlieren wirst, man hackt sie ihm ab mit dem Beil, wie Herbert selbst die Äste von den Bäumen abhackt oder der Henker einen Kopf. Sie tun das, damit er überlebt. Aber Herbert erholt sich nicht mehr. Als er zu schwach wird, um zu arbeiten, bringen sie ihn zum Sterben auf die Krankenstation, aber ein anderer stirbt schneller, so wird ein Platz frei im Zug nach Westen, zurück nach Deutschland.

Ende 1947 steht Dein Vater eines Abends plötzlich in Wedel bei Seligers auf der Veranda, Manfred hört zuerst die vertraute Stimme, dann sieht er ihn, ein mageres Männchen mit Hungerödemen, so schwach, dass er sich kaum auf den Beinen halten kann. Manfred trägt seinen Vater hinauf zu Euch in die Dachkammer.

Herbert spricht nicht über die Gefangenschaft. Das kann man nicht erzählen, sagt er.

Am Tag nach seiner Rückkehr bringen sie ihn in ein Sanatorium, es braucht Monate, bis er wieder zu Kräften kommt. Was er erzählt, ist das, was er ertragen kann. Was ihn rettete. Die Extra-Rationen Suppe, weil er so schön sang. Wie der Russe sein Brot mit ihm teilte, obwohl er selbst hungerte. Der Russe hatte Herz. Mein Großonkel mütterlicherseits kam nicht aus französischer Gefangenschaft zurück. Todesursache: in der Gefangenschaft verhungert. Herbert verhungerte nicht, er sang abends am Feuer, für den Russen, für die anderen Gefangenen und für sich, sang den Gefangenenchor aus Nabucco. Teure Heimat, wann seh' ich dich wieder.

Am Ende holt der Russe Olga doch noch ein. Er kommt zu ihr im Körper ihres Mannes, Herbert bringt ihn mit, als er aus der Gefangenschaft in Russland zurückkehrt.

Sie päppeln Deinen Vater auf, er wird wieder Tischler, fährt in ein Herrenhaus in der Nähe von Plön und restauriert Intarsien. Jetzt ist es gut, dass er nicht nur Bauer gewesen ist, sondern einen Beruf gelernt hat. Seine Mutter, Deine Großmutter, und sein Bruder bleiben verschollen, der Drache hat sie verschlungen, man weiß nicht wie, nicht wo. Er gibt sie nicht wieder her.

Am schwersten ist Gotthards Tod, der Sohn, der Herbert so

ähnlich war, der Fröhliche, der Bauer, der den Hof übernehmen sollte. Jetzt sind sie beide verloren, der Sohn und der Hof.

Mit der Zeit kehrt die Kraft zurück und Herberts Frohsinn, er fügt sich, er klagt nicht, er wird wieder ein heiterer Mensch, bald kennt man ihn in Wedel, mit jedem hält er ein Pläuschchen, sie mögen ihn, auch hier, seinen weichen schlesischen Dialekt, laden ihn zu den Feiern ein, er amüsiert sich, braucht keinen Alkohol, um fröhlich zu sein, singt wieder, tritt aber nicht in den Wedeler Männergesangverein ein, obwohl sie versuchen, ihn dazu zu überreden wie damals in Rosenthal seine Schwager, die unbedingt wollten, dass er in die Partei eintrat. Damals wie jetzt sagt er, das sei nichts für ihn.

Er singt für sich, sein Lieblingslied: Feierabend.

'’s is Feieromd, ’s is Feieromd, ’s Tochwark is vullbracht, ’s gieht alles seiner Hamit zu, ganz sachta schleicht da Nacht.

Es ist ein beliebtes Volkslied der Vorkriegszeit, aus dem Erzgebirge, es wird gerne auf Begräbnissen gesungen, weil es in der letzten Strophe um den ewigen Feieromd geht. Gar manichs Harz hot ausgeschlogen …

Einmal fällt Herbert auf einem Gang unten in der Marsch eine Reihe von Apfelbäumen ins Auge, die Zweige voller Früchte. Dein Vater geht ins Rathaus. Wer erntet die? Er kann es nicht ertragen, dass die Äpfel am Baum verfaulen, er ist immer noch Bauer, er hat so viel gehungert. Er pachtet die Obstbäume, für ’n Appel und ’n Ei, wie es in Wedel heißt, die Apfelallee, wie wir sie nennen, obwohl es nur ein paar windschiefe Bäume sind an einer unbefestigten Straße mit tiefen Löchern im Asphalt. Die Bäume sind alt, die Stämme morsch, die Kronen seit Generationen nicht mehr ausgeschnitten, die Äste so brüchig, dass sie in guten Jahren unter der Last der Früchte bersten, gelbrote Grafensteiner, einzig etwas süßlich, Boskop natürlich, und eine seltsam birnenförmige gelbgrüne Sorte namens Gelber Richard, die schnell mehlig wird, dazu die kleinen roten Äpfel, die man nicht essen, aber in den Christbaum hängen kann. Und als alle anderen schon Lametta und Glitzerkugeln schmücken, besteht Dein Vater darauf, dass es echte Äpfel sein müssen, seine Weihnachtsäpfelchen wie daheim in Rosenthal.

So lebt er noch fast zwanzig Jahre, hadert nicht, veredelt Obstbäume, erzählt seinen Enkeln von Rosenthal, freut sich darauf, mich im Kinderwagen spazieren zu fahren, geht samstags auf den Wochenmarkt, schwatzt mit den Marschbauern, die dort Äpfel und Kartoffeln anbieten, und fällt auf dem Rückweg tot um an einem Samstag im Oktober, wenige Monate vor meiner Geburt.

Deine Mutter Olga nimmt es schwerer. Sie, die nie hatte Bäuerin werden wollen, vermisst das Dorf und den Hof. Sie kann die Flucht nicht verwinden, bleibt in Wedel fremd, lernt niemanden kennen, sie kommt nie an, reist nie wieder fort, außer einmal mit Herbert zur Kur nach Bad Orb und zur Hochzeit ihres Neffen nach Franken. Nach Herberts Tod nehmt Ihr sie im Sommer manchmal mit nach Travemünde an die Ostsee.

Olga liebt ihre Enkel, aber sie wird nicht warm mit Manfreds Frau, ihrer Schwiegertochter, sie leidet unter dem herrischen Temperament ihres Sohnes, seiner Ruppigkeit, dass er kein Verständnis hat für ihre Traurigkeiten. Gefühle, die man sich selbst verbietet, dürfen sich auch andere nicht erlauben, so ist das damals.

Und auch mit Herbert wird es nie wieder, wie es war. Die Jahre allein, die Jahre der Trennung, in denen sie nicht einmal weiß, ob er noch lebt, lasten auf ihr. Es quält sie, dass er nicht über die Gefangenschaft spricht, dass er dabei bleibt: Das kann man nicht erzählen. Die Gefangenschaft ist tabu, sie steht zwischen ihnen wie ein totes Kind, so wird er ihr im Innersten fremd, auch in der Ehe, etwas Trennendes bleibt.

Abends spielen sie oft Schach. Sie spielen gleich gut, an einem Abend gewinnt sie, am nächsten er. Eine gute Ehe. Aber auch als alle anderen sagen, dass Herbert doch wieder ganz der Alte sei, genau wie früher, heiter und leutselig, weiß sie es besser, besteht sie darauf, dass er ein anderer geworden ist, und das konnte eigentlich nur eines heißen. Der Russe saß ihm im Körper, und für Olga war dort kein Platz mehr.

Du gewöhnst Dich schnell ein, wirst bald in Wedel heimisch, der schlesische Dialekt verschwindet, bald kannst Du Plattdeutsch nicht nur verstehen, sondern sprechen. Bis zu Deinem Lebensende gehst Du in den Gottesdienst «op Platt», der vierteljährlich in Wedel abgehalten wird, ein Beweis Deiner Zugehörigkeit. Dazuzugehören ist das wichtigste.

Du bist rasch beliebt bei den Jungen in Deiner Klasse, kein Außenseiter, Du hast viele Freunde, auch weil Du immer fröhlich bist, Scherze machst, kein Clown, aber ein guter Unterhalter. In Wahrheit geht es Euch schlecht, Ihr hungert, manchmal bittet Deine Mutter Deinen Bruder Manfred um etwas zu essen für Dich. Trotzdem wirkst Du unbeschwert. Das Schreckliche, was Du erlebt hast, ist irgendwohin verschwunden, und wie sehr Du es Dir zu Herzen genommen hast, wird sich erst Jahrzehnte später zeigen. Rosenthal bleibt verloren, aber Du erlaubst Dir nie, es zu vermissen. Mir scheint, Du hast es tatsächlich nicht vermisst, aber wie kann ich das schon wissen? Du musst vergessen, um leben zu können.

Wenn Dein Vater von Rosenthal erzählt, blüht er auf, dann ist er fast glücklich, er kehrt zurück nach Rosenthal in seinen munteren Erzählungen, er ist wieder zu Hause. Er geht mit den Enkeln spazieren und erzählt zu jeder Blume eine Geschichte aus der Heimat, er flicht für sie Haselruten, er erzählt, wie sie in Rosenthal Ostern von Tür zu Tür gingen und wo sie an Weihnachten den Baum schlugen. Deine Mutter erzählt nicht. Am meisten spricht Manfred, er spricht laut, trotzig und wütend, er doziert, jeden Abend, jahrelang, so erinnern sich seine Kinder, die es irgendwann nicht mehr hören können, immer wieder Rosenthal, immer wieder

Schlesien, er schimpft, er schwärmt. Es ist, als führe er Selbstgespräche.

Du erinnerst Dich nicht. Die ersten neun Jahre Deiner Kindheit sind ausgelöscht, Deine Herkunft ist im Dunkeln versunken, verschwunden hinter Deinem eigenen Eisernen Vorhang. So bleibt Rosenthal verloren, aber Du hast nichts verloren. Wer sich nicht erinnert, hat nichts verloren. Wer nichts verloren hat, braucht auch nicht zu trauern. Was man nicht erinnert, kann man auch nicht vermissen. Dabei ging es gar nicht um den Besitz, der Besitz war ja nicht der eigentliche Verlust, sondern das, was sie Heimat nennen, die unzähligen kleinen Vertrautheiten, die Gerüche, Farben, Bilder, wie es sich anfühlt, barfuß über das Kopfsteinpflaster im Hof zu laufen, zu wissen, wo die besten Pflaumen wachsen und der Rodelberg am steilsten ist, das Knarren des Scheunentors, das Gackern der Lieblingshenne, das Wandern des Schattens nachmittags im Hof, die Kraniche im Oderbruch, der Blick über die Felder.

Du fühlst keinen Schmerz. Wenn überhaupt, dann den Schmerz der anderen. Wie sonst kann man sich schützen? Wie anders kann man sich schützen, als immun zu werden gegen den Schmerz?

Ihr habt alles verloren, aber Du willst nicht Opfer sein. Du hast die Flucht überlebt, die Monate, in denen Ihr Getriebene wart, ohnmächtig, ausgeliefert. Du willst nie wieder bedürftig sein. Froh zu sein, bedarf es wenig – das ist Dein liebster Kanon, und alle sagen, wie sehr er zu Dir passt. Du warst immer bereit, froh zu sein und wenig zu bedürfen. Es gibt zwei Wege, nicht bedürftig zu sein: viel zu bekommen oder wenig zu wollen.

Du sprichst etwas Englisch und einige wenige Worte Französisch, Du benutzt sie, wann immer sich die Gelegenheit bietet, weil Verständigung das wichtigste überhaupt ist. Deine Neugier auf Menschen, Deine Freude an zufälligen Begegnungen, die Lust, mit wem auch immer in Verbindung zu treten, ins Gespräch zu kommen, an der Bushaltestelle, der Theatergarderobe, in der Kneipe.

Dein Wunsch nach Zugehörigkeit in jeder Situation, Du bist ständig dabei, Kontakte zu knüpfen, mit dem Kellner im Restaurant, der Bankangestellten, sogar noch mit der Intensivschwester in Deinem Sterbezimmer. Du kommunizierst bis ganz zum Schluss, sogar, als Du Dich schon von allen verabschiedet hast und Dir das Sprechen schon so schwer fällt, als Du schon losgegangen bist in Richtung Tod, hast Du noch einen Scherz für die wuselige Schwester.

Du hast ein großes Talent, Menschen für Dich einzunehmen, es bewahrt Dich davor, allein zu sein, außen vor, isoliert, nicht zugehörig. Ich glaube, ich habe tatsächlich nie jemanden kennengelernt, der Dich nicht mochte. Das muss man erst einmal schaffen. Du versuchst Deinen Charme sogar an den DDR-Grenzpolizisten, das macht Mutter besonders nervös.

Du bist fürsorglich und mitfühlend, Dir entgeht nichts, Sohn einer schwermütigen, traumatisierten Mutter, Du begreifst es als Deine Aufgabe, sie ein wenig aufzuheitern, dafür hast Du überlebt. Du erfasst die Stimmung, sowie Du einen Raum betrittst, Du kannst Ärger mit einem Scherz lösen, mit Deinem hellsichtigen, aber nie verächtlichen Humor, in dem Deine ganze Lebenshaltung liegt: ein wenig Abstand nehmen, aufheitern. Was helfen uns die schweren Sorgen.

Ihr kennt Sehnsucht, Schweigen und Zorn. Was Ihr nicht kennt, ist Trauer. Deine Mutter verwandelt ihre Traurigkeit in Geschäftigkeit. Während die anderen an ihrem Küchentisch sitzen, wuselt sie umher, leert den Aschenbecher aus, holt noch ein Bier aus dem Kühlschrank, wischt ein paar Krümel von der Küchenplatte, macht noch einen Teller Schnittchen, obwohl alle gesagt haben, dass sie keinen Hunger mehr haben. Sie legt all ihre Fürsorge, ihre Zärtlichkeit in die Zubereitung von Essen, sie kocht sehr gut, sie drängt alle ständig zum Essen.

Und wenn Dir etwas fehlt aus der Tiefe Deiner Kindheit, dann ist es die schlesische Küche, die lebendig bleibt in Deiner Leidenschaft für Hefeklöße mit Kirschsuppe und natürlich Mohnkuchen. Das erste, was Deine Mutter anbaut, als Deine Eltern 1948 in Schulau einen Schrebergarten pachten können, ist Mohn, damit Olga ihren berühmten Mohnstreusel backen kann. Er schmeckt herrlich, aber dann doch nie ganz so wie in Rosenthal. Vielleicht liegt es am vielen Regen oder am norddeutschen Boden, auf dem der Mohn anders gedeiht, am Ofen oder an der Butter, irgendetwas stimmt immer nicht, es bleibt ein Mangel.

Nach Olgas Tod versucht sich Mutter hin und wieder an einem Mohnkuchen, um Dir eine Freude zu machen, aber er gelingt nie auch nur annähernd so, wie er bei Deiner Mutter geschmeckt hat, immer ist er zu trocken, zu wenig klitschig, zu wenig süß, fehlt Mohn, ist die Hefe nicht genug gegangen. Mutters Mohnkuchen werden von Dir freundlich anerkannt, Du bist ihr dankbar, natürlich, aber es ist ein unfairer Wettbewerb, anzubacken gegen die Erinnerung an einen idealen Kuchen, es ist klar, dass Mutters Versuche nie auch nur in die Nähe dessen kommen, was Du aus Deiner Kindheit als schlesischen Mohnstreusel erinnerst. Den letzten Mohnkuchen essen Mutter und ich Monate nach Deinem Tod, sie hat ihn auf Vorrat gebacken und in der Gefriertruhe eingefroren, nun taut sie ihn für uns wieder auf.

Nach dem Tod Deines Vaters versinkt Deine Mutter immer tiefer in Schwermut. Sie fühlt sich verfolgt und bedroht, sie bleibt auf der Flucht, vor dem Krieg, dem Drachen, dem Feind, den Menschen, ihren Nachbarn. Die Nachbarn lauern ihr im Treppenhaus auf, sie fallen über sie her, sie lärmen über ihrem Kopf. Olga kämpft, ihr Besen ist ihre Waffe, sie nimmt ihn und klopft von unten mit dem Stiel gegen die Decke ihrer Wohnung, sie ist wütend, sie klopft fest und oft. An der Stelle, wo sie klopft, ist an der Decke ein Fleck.

Olga spricht nicht. Nicht über die Flucht und nicht über Rosenthal. Sie sitzt in ihrem Sessel und löst Kreuzworträtsel. Sie kauft jede Woche den Stern. Einmal zeigt das Titelbild ein Foto aus dem Vietnamkrieg, das berühmte Foto des nackten Mädchens, das schreiend und weinend davonläuft vor einem Himmel, der schwarz ist von den Explosionen der Napalmbomben, hinter dem Mädchen laufen Soldaten mit Maschinengewehren. Als sie das Foto sieht, weint Olga, es ist das erste, das einzige Mal, dass sie weint über den Krieg und die Flucht, über ihr Leben und ihren Sohn, der nicht aus dem Krieg zurückgekehrt ist. Sie ist sehr aufgewühlt, sie kann sich gar nicht wieder beruhigen, aus Trauer wird Wut, Olga schimpft auf den Stern, der das Foto auf den Titel gedruckt hat, wie kann man ein solches Foto drucken, sie wird nie wieder den Stern kaufen.

Olga glaubt, dass alle sie betrügen. Beim Einkaufen kontrolliert sie das Wechselgeld ganz genau, aber selbst, wenn es stimmt, fühlt sie sich betrogen. Und sie ist ja betrogen worden, ihr ganzes Leben ist ein einziger Betrug, betrogen um ihre Kindheit, die Älteste, die nach dem frühen Tod der Mutter die vier Geschwister großzieht, auf dem Hof schuftet unter der Knute des Vaters, betrogen um das Leben in der Stadt, das sie mit Herbert führen wollte, ihr Leben an der Seite eines Tischlers, der Herbert hatte werden sollen, bevor er dann doch den Hof übernehmen musste, und dann, am schlimmsten, betrogen um das Alter, die ruhigen Jahre, den Lohn der harten Arbeit, wenn sie nachmittags auf einer Bank vor ihrem Hof in Rosenthal sitzen wollte unter dem Baldachin, wo jetzt Jadwiga sitzt, die Enkel zu ihren Füßen spielend, sie wollte Mohnstreusel backen und Klöße formen, Hefeklöße und Kartoffelklöße, aber die harte Arbeit würden andere machen, während sie auf der Bank sitzt unter dem Baldachin auf ihrem Hof. Stattdessen sitzt sie allein in einer düsteren Etagenwohnung in der Fremde, sie hat ihren Teil geleistet, mehr als genug, aber das Leben hält nicht Wort.

Olga ist verbittert, aber sie ist meine geliebte Oma, sie liebt mich mit ihrem verhärmten Herzen, sie umsorgt mich, sie kocht herrlich, sie liest mir die Wünsche von den Lippen ab, mit mir ist sie nie ungeduldig, sie hat immer Zeit.

Im Sommer, bevor ich in die Schule komme, stürzt Olga im Treppenhaus auf der Flucht vor den Nachbarn und bricht sich den Fuß. Jetzt kann sie nur noch in ihrem Sessel sitzen, sie kann nicht mehr kochen, sie ist unnütz, ein Großmutterwort, Großmutter über Großmutter, sie muss stillsitzen, sie kann nicht mehr fliehen, irgendwann wird das Dunkel zu mächtig. Und so findest Du sie eines Nachmittags in ihrem Sessel, auf dem Tisch zwischen den Kreuzworträtselheften die leeren Röhrchen mit Schlaftabletten.

Die Straße meiner Kindheit hat die Form eines Hufeisens, ein U, das auch in ihrem Namen steckt, der Dunantstraße. In unserem Viertel sind die Straßen nach guten Menschen benannt, Berta von Suttner, Carl von Ossietzky und Henry Dunant.

Durch die Dunantstraße fährt nur, wer in der Dunantstraße wohnt, es gibt keinen Durchgangsverkehr, wir Kinder können auf der Straße spielen, Brennball und Völkerball und Hinkepott, ich wachse im Schutz des Us auf, in der Geborgenheit einer Straße, die nirgendwohin führt als nach Hause, in einer Siebzigerjahre-Siedlung am Rand von Wald und Wiesen, das Land hat einem Obstbauern gehört, bevor es Baugrund wird, hier bauen Mittelschichtsfamilien mit zwei Kindern, mit dreien sind wir, wie Mutter sagt, schon kinderreich. Häuser mit Gärten, Rasen, Schaukeln und Sandkästen, Freundinnen im Nachbargarten – die ganze heile Welt einer BRD-Kindheit, in der nichts meine Ängste zu rechtfertigen scheint.

Und trotzdem ist da das ständige Gefühl, bedroht zu sein. Für den, der sie sehen kann, ist die heile Welt voller Zeichen des Grauens. Da ist die Mutter, die immer friert, der, wie sie sagt, ihr Leben lang nie wirklich warm gewesen ist – außer bei meiner Geburt –, die jeden Samstagmittag um 12, wenn in Wedel zur Probe die

Sirenen heulen, für Minuten erstarrt, die bis heute nachts mit Krämpfen in den Füßen aufwacht, immer wieder Krämpfe, wie ihre eigene Mutter, deren Krämpfe im März 1945 auf der Flucht beginnen, Krämpfe, die durch nichts zu behandeln sind und bis an ihr Lebensende ein halbes Jahrhundert später nicht aufhören. Mutters ständige Schmerzen, in den Knien, den Schultern, den Zähnen, den Händen, Schmerzen, für die sich oft keine Erklärung finden lässt, so sehr die Ärzte sie auch untersuchen. Mit vierzig kann Mutter kaum noch laufen, es ist, als sei der Krieg ihr in die Knochen gefahren, aber das verstehe ich erst viel später, sie lässt die schmerzhaftesten Therapien über sich ergehen, aber besser wird es erst mit dem Alter. Meine lebhafte, souveräne Mutter kauft sich ein Aquarium und sitzt stundenlang davor, weil das angeblich die Nerven beruhigt. Was ist mit ihren Nerven? Das Aquarium ist ein sicheres Zeichen dafür, dass etwas nicht stimmt.

Und so lauert das Dunkle überall unter der Oberfläche meiner lichten Kindheit. Ich spüre es, aber ich verstehe es nicht, habe keine Chance, es zu begreifen, weil auch Ihr, die Ihr es einzig erklären könntet, es nicht begreift, weil Ihr nicht wisst, was Krieg und Flucht mit Euch gemacht haben. Das ist der Fluch: Krieg und Flucht sind vollkommen verborgen und allgegenwärtig, sie stecken in Euren Körpern und in meinem, in dem Haus in der U-Straße, einem freundlichen, hellen Haus. Etwas Schreckliches ist eingemauert in seine Wände, der Fluch, selbst Clara spürt ihn, meine Tochter, Eure Enkelin. Als sie klein ist, ist das freundliche Haus ihr unheimlich, sie hat dort nachts dieselben Ängste wie ich ein Vierteljahrhundert zuvor.

Dunkel ist das Geheimnis, das den Tod der Großmutter umgibt. Und der Grund für meine eigene schwache Gesundheit, ich bin ein kränkliches Kind, das im Alter von neun Jahren für fünf Wochen zur Erholung in den Harz verschickt wird, um immun zu werden gegen was auch immer, um zuzunehmen, in ein Heim mit Kindern, bei denen zu Hause nicht genug zu Essen auf den Tisch kommt.

Ich esse gut, aber ich nehme nicht zu, als hätte sich der Hunger Eurer Kindheit in mir festgesetzt, im Harz stopfen sie mich voll, es herrscht Esszwang, ich komme zurück, dürr mit dickem Bauch und einer Nagelbettentzündung am Mittelfinger der rechten Hand, dem gleichen, den sie meinem Großvater in der Gefangenschaft abgehackt haben.

Und auch Du, der heitere, der lustige Vater, um den uns die anderen Kinder beneiden, weil Du an Kindergeburtstagen die wildesten Schnitzeljagden organisierst und die lustigsten Scherze machst, auch Du wirst mit Anfang fünfzig schwer krank.

Das Herz.

Und nach der Operation springst Du aus dem Fenster der Klinik, drei Stockwerke tief, wie es scheint, aus heiterem Himmel.

Als ich klein bin, legst Du Dich manchmal abends im Dunkeln auf die Couch im Wohnzimmer und hörst Beethoven. Mir ist das unheimlich, es sind die einzigen Momente meiner Kindheit, in denen Du unzugänglich bist, sonst bist Du ein sehr zugewandter Vater, nicht so wie die Väter meiner Freundinnen, die selten zu Hause sind und wenn, dann übellaunig und überfordert von ihrer Arbeit, so dass die Kinder durch das Haus schleichen müssen. Du hast Zeit für uns, Du tobst mit uns durch den Garten, nichts ist wichtiger als die Familie.

Aber wenn Du Beethoven hörst, darf ich das Licht nicht anmachen, und wenn ich unbedingt im Zimmer bleiben will, muss ich ganz leise sein, obwohl Beethoven sehr laut ist. Es sind die seltenen Momente, in denen ich spüre, dass es auch bei Dir einen dunklen Grund gibt. Woher das kommt, verstehe ich erst sehr viel später.

Du hast überlebt, aber etwas Vitales ist verloren gegangen. Es fällt Dir schwer, Nachkommen zu zeugen, als stecke etwas in Dir, das weiterzugeben Du fürchtest, ich werde erst sechs Jahre nach Eurer Hochzeit geboren, obwohl Ihr Euch so sehr Kinder wünscht. Ihr adoptiert zwei weitere Kinder. Ihr besteht darauf, dass es keinen Unterscheid gibt zwischen leiblich und angenommen. Ihr adoptiert zwei Kinder, wie um immer weiter zu bekräftigen, wie wenig Herkunft zählt und dass ein Neubeginn jederzeit möglich ist. Zwei Kinder, denen Eure Flucht nicht im Körper steckt.

Je älter Du wirst, desto mehr sind Heiterkeit und Frohsinn grundiert von einem unerschütterlichen Pessimismus. Du bist milde im Urteil über andere, aber grundsätzlich skeptisch, Du machst Dir keine Illusionen. Du hast die schlimmstmögliche Wendung immer im Blick. Du siehst das Gute und erwartest das Schlimmste. Mit großer Gelassenheit natürlich. Du weißt, dass das Schlimmste jederzeit passieren kann. Schließlich hast Du es schon erlebt.

Deine Heiterkeit ist nicht aufgesetzt, sie ist wahrhaftig, aber zugleich gibt es tief verborgen noch eine andere Wahrheit, wie eine dunkle Spinne, die in einem hellen Bernstein eingeschlossen ist. Man muss sehr genau hinschauen, um sie zu erkennen. Nur ein einziges Mal in Deinem Leben, nach Deiner Herzoperation, bricht die schwarze Spinne aus, befreit sich aus ihrem bernsteinernen Gefängnis wie die Pest bei Jeremias Gotthelf, ihr Ausbruch trifft uns völlig unvorbereitet, eben hast Du noch Äpfel geerntet, und nun willst Du plötzlich nicht mehr leben.

Sonst hast Du alles im Griff. Du kannst das mit scheinbarer Leichtigkeit, mühelos, es ist alles in Ordnung. Nein wirklich, Christiane, mach' Dir keine Sorgen. Erst jetzt verstehe ich, dass es dabei vielleicht gar nicht um mich ging. Mich zu schonen hieß Dich zu schonen. Es war ja für Dich wichtig, dass alles gut ist. Bis ganz zum Schluss. Das ist überhaupt das wichtigste, alles muss gut sein. Ich lebe gegen die Zweifel an, gegen die verborgene Angst, ich beweise Dir, dass alles in Ordnung ist, alles verrichtet, alles gut.

Was für Euch stimmt, nehme ich als meines an, als sei ich auch geflüchtet in Todesgefahr, als hätte ich auch erlebt, wie alles von einem Tag auf den nächsten verloren gehen kann, als hätte ich auch einen Bruder verloren. Ich lerne die Angst, ich verstehe sie nie, denn sie hat ja keinen erkennbaren Grund, ich weiß nur: Ich bin ein ängstliches Kind. Ich schäme mich dafür.

Ihr könnt mir nicht helfen, meine Angst zu verstehen. Ihr wisst nicht, dass ich sie von Euch geerbt habe. Ihr wisst nicht, warum ich kränklich bin und mein Immunsystem schwach ist. Ihr glaubt, es hilft, mich auf eine Fresskur zu schicken.

Am wichtigsten ist es, normal zu sein. Ohne zu wissen, warum und woher, gibt es eine eingebaute Bremse, ein unsichtbares Seil, das sicherstellt, dass man nicht abhebt. Ein gelungenes Leben heißt: keine Erschütterungen, keine weiteren Brüche, absolute Priorität für das, was man eine gesicherte Existenz nennt, Haus, Garten, Kinder, ein Auto, dazu ein Jahresurlaub an der See oder in den Bergen. Gemeinschaft, Freunde, Lieder am Lagerfeuer, Diskussionen über Gott und die Welt. Sehr viel Fürsorge, auch Fröhlichkeit. Unbedingt willst Du uns, Deinen Kindern, die Schrecken Deiner Kindheit ersparen. Wir sollen haben, was Ihr nicht hattet: eine glückliche Kindheit.

Dein ganzes Leben nach der Flucht, die Familie, lebenslange Freundschaften, Gott, die Verbeamtung, all das ist ein Bollwerk gegen die existentielle Unsicherheit. Du baust ein Haus und verlässt es nie wieder, Du ziehst nie wieder um, auch dann nicht, als man Dir anbietet, anderswo Karriere zu machen, in Bonn oder Brüssel, viel mehr zu verdienen. Du bleibst. Fünfzig Jahre im selben Haus. Nach der Flucht verlässt Du nie wieder den Ort, an dem Du angekommen bist.

Aber Du weißt, dass das nichts zu bedeuten hat, Du gehst Dir selbst nicht auf den Leim, glaubst keinen Moment, dass es Sicherheit gibt. Deshalb gehst Du so leicht über die nächste Schwelle. Du weißt, wie das ist. Du bist schon einmal gestorben.

Wie kann man die Vergangenheit hinter sich lassen? Du vergisst, aber Du gibst mir den vergessenen Schrecken weiter, Du willst das nicht, Du willst mich schützen, mich vor der Vergangenheit bewahren, auch deshalb vergisst Du sie so gründlich. Aber Du lädst sie mir trotzdem auf, ungewollt, sie lastet auf mir wie der Rucksack, der immer schwerer wird gegen Abend.

Du kommst in Wedel an, aber ich bleibe heimatlos. Ich fühle, dass der Bruch nicht geheilt ist, ich kaufe Dir die neue Heimat nicht ab, die Sicherheit, Wedel ist Zuhause, Heimat wird es nie. Du nennst Wedel Heimat, etwas zögerlich, aber Mutter sagt, dass für sie nicht Häuser und Orte Heimat sind, sondern Menschen.

Der Heimatverlust, den Du nicht fühlen kannst, macht mich rastlos, ich verlasse die Stadt, sobald ich mit der Schule fertig bin und lebe die nächsten drei Jahrzehnte nie länger als fünf Jahre an einem Ort. Ich trete das Erbe an, das Du zurückgewiesen hast, ich gehe noch einmal den Weg Deiner Flucht, ich nehme an Deiner Stelle Abschied von Rosenthal, den Abschied, den Ihr nie nehmen konntet. Ich bin krank von dem Heimweh, das Du nie hattest.

Wenn ich nach Rosenthal frage, antwortest Du bereitwillig, aber unbefriedigend. Es ist nicht verboten zu fragen. Das Tabu ist subtil, es wird gesprochen, aber nicht über das, worum es wirklich geht. So wird die Herkunft aus dem Osten zum Lebensthema, muss ich immer wieder zurückkehren nach Rosenthal auf der Suche nach der Herkunft aus einem unbekannten Land, dem Drang folgen, mich immer wieder damit zu beschäftigen, seit früher Kindheit, besessen von Flucht und Krieg, ich lese, ich schaue Dokumentationen, ich frage, frage wieder, ich bleibe gefangen, über Jahrzehnte, eine Kriegsgefangene, in dem Drang zurückzukehren zu der Gefahr, in den Krieg, ins Moor.

Flüchtlinge sind immer ein Thema. Eines Nachmittags sitzt eine dunkelhäutige Familie bei uns im Wohnzimmer, eine Mutter mit vier Kindern in bunten Gewändern und mit Tüchern um den Kopf, Molukken, wir Ihr erklärt, von der gleichnamigen indonesischen Inselgruppe irgendwo bei Papua-Neuguinea. Sie sind über die Kirchengemeinde gekommen oder über die Hilfsorganisation Terre des Hommes, Flüchtlinge, Menschen, deren Heimat Trauminseln mit Palmen und weißen Sandstränden sind, nun verbringen sie trübe Herbstabende in unserem norddeutschen Wohnzimmer, wir haben keine gemeinsame Sprache, nicht ein Wort, aber die braucht es nicht, um ihre Traurigkeit und Sorge zu fühlen. Jetzt sind wir es, die ein Zuhause haben und Menschen aufnehmen, die flüchten mussten und ihre Heimat verloren haben. Wir spielen zusammen, malen Bilder, freunden uns an. Sie bleiben ein paar Tage oder Wochen, genau weiß ich das nicht mehr. Für Euch ist es selbstverständlich, sie aufzunehmen, genauso wie es auch später selbstverständlich ist, Flüchtlingen zu helfen, neben dem Fahrdienst für die Tafel und der MS-Gruppe und dem Dritte-Welt-Stand und der Vormundschaft für einen geistig behinderten Jungen.

Du hilfst Flüchtlingsfamilien aus Bosnien und dem Kosovo bei ihrem Kampf mit der deutschen Bürokratie, und Mutter geht bis heute dreimal pro Woche in die Schule, um Flüchtlingskindern die deutsche Sprache beizubringen. Sie liest mit ihnen die Kinderbücher meiner Kindheit, «Bullerbü» und «Das doppelte Lottchen», sie hilft ihnen, einen Hauptschulabschluss zu schaffen oder den Übergang zum Gymnasium, Mädchen und Jungen aus Afghanistan und Syrien, Indien und Nordmazedonien. Ihr stellt keinen Zusammenhang her zu Eurer eigenen Fluchtgeschichte, nicht bewusst. Ihr denkt immer noch nicht nach über Eure eigene Flüchtlingskindheit. Ihr habt das eigene Schicksal in Hilfsbereitschaft verwandelt. Selbstverständlich heißt selbstverständlich.

Ich sehe den Zusammenhang schon früh. Als ich Korrespondentin in Moskau werde, reise ich in die vom Krieg verwüsteten Gegenden, nach Tadschikistan und Tschetschenien, später nach Afghanistan und in den Irak, ich suche die Front, die Kämpfer, ich verbringe Tage mit ihnen in den Bergen, ich will schießen, sie geben mir eine Makarow-Pistole und eine Kalaschnikow mit abgesägtem Lauf und zeigen mir, wie man sie anlegt. Sie biegen sich vor Lachen, wenn mich der Rückstoß fast umwirft. Ich suche das Leid, ich begegne Männern, deren ganze Familie unter den Trümmern eines zerbombten Hauses blieb, Menschen an der Grenze zum Wahnsinn, denen der Krieg den Verstand raubt wie Onkel Walter, ich verstehe, dass es eine dunkle Anziehung gibt, die aus Eurer Geschichte kommt, ich besuche Flüchtlingslager, Zeltstädte im Niemandsland zwischen Iran und Afghanistan, in denen der Wüstenstaub den Menschen die Augen verklebt und die Zungen schwellen lässt, Lager, in denen jede Nacht Kinder erfrieren, ich spreche mit den Frauen, fotografiere die Kinder, fotografiere ihre Gräber. Während ich im November 2001 eine Geschichte über ein Flüchtlingslager in Afghanistan recherchiere, stirbt in Hamburg meine Großmutter mütterlicherseits, die 1945 mit zwei kleinen Kindern auf einem Schiff aus Gotenhafen über die Ostsee flüchtete. Bei ihrer Beerdigung stelle ich den Bezug her zwischen damals und heute, Ostpreußen und Afghanistan, ihnen und uns. Ich bin jetzt Mitte dreißig, ich habe selbst kleine Kinder. Das halbe Leben habe ich geglaubt, ich sei allein mit meinem Rosenthal, dann verstand ich, dass Vertreibung ein deutsches Schicksal ist. Jetzt weiß ich: Wir sind sehr viele. Doch darin liegt überhaupt kein Trost.

Du gehst nie zu den Vertriebenentreffen, den Schlesiertreffen. Du hast keinen Kontakt zu den Verwandten, den Brüdern Deiner Mutter, die jedes Jahr dorthin fahren. Der Gedanke an Revisionismus ist Dir fremd, rational und emotional, Du willst nichts zurückbekommen, du bist nicht bitter, Du bist nicht Opfer. Deutschland hatte den Krieg begonnen und darf sich nun über dessen Folgen, was auch immer sie sind, nicht beklagen. Du bist zu jung, um Dich persönlich schuldig zu fühlen, aber Schuld spielt trotzdem eine Rolle, für Dich ist selbstverständlich, dass Deutscher zu sein, bis in alle Ewigkeit mit Schuld behaftet sein wird. Du kommst nie auf die Idee, das Unrecht, das Euch angetan wurde, abzukoppeln von dem Unrecht, das die Deutschen getan haben, das eine wird nie ohne das andere benannt, wirklich nie, und Du sprichst von der Vertreibung noch nicht einmal als Unrecht, Du bist von Anfang an für die Ostpolitik, für Dich ist sie kein Verrat an den Vertriebenen, sondern eine überfällige Aussöhnung.

Schuld ist immer ein Thema. Schuld und Vertreibung sind untrennbar verbunden. Wenn von Vertreibung die Rede ist, dem biblischen Wort, wird die Schuld immer mit benannt, Vertreibung ist Strafe für die Sünde, so wie die Vertreibung aus dem Paradies der Inbegriff von Strafe ist. Die Vertriebenen werden bestraft für das, was die Deutschen getan haben, sie bezahlen den Preis, sie nehmen die kollektive Schuld der Deutschen auf sich, sie sind mehr als alle anderen die Leidtragenden des Krieges. Für sie gilt dieselbe Logik, mit der man darüber hinwegsah, dass der jüdische Tuchhändler verschwand: Irgendetwas werden sie sich schon haben zuschulden kommen lassen. Es muss ja Schuldige geben für Deutschlands Verbrechen, und die wurden schließlich im Osten begangen, im Osten waren die Vernichtungslager. Von dort kamen die Flüchtlinge. Das andere, das Fremde, das Unreine, das sind jetzt die Flüchtlinge.

Schuld ist immer ein Thema, man kann nicht von Rosenthal erzählen, ohne von Auschwitz zu erzählen, das 180 Kilometer entfernt liegt. Schuld ist selten offen ein Thema, Schuld wird immer verrechnet. Die Vertriebenen zahlen den Preis, aber dann haben sie auch bezahlt, die Rechnung ist beglichen. Die Schuld ist gesühnt. Sie schließen mit sich selbst einen Pakt des Schweigens. Sie klagen nicht über das, was sie erlitten haben. Dafür brauchen sie auch nicht darüber zu sprechen, was sie getan haben. Sie brauchen sich nicht zu schämen. Man hat bezahlt, und damit muss es jetzt auch gut sein.

Mit Deinen Eltern, mit Olga und Herbert, kann ich darüber nicht sprechen. Als ich dafür alt genug bin, sind sie schon tot. Der Versuch, mit den Großeltern mütterlicherseits zu sprechen, scheitert. Sie wehren das Gespräch ab, ich bekomme keine Antworten.

Und im Hinausgehen höre ich, wie sie zur Mutter sagen, ich sei doch auch ein christlich erzogener Mensch.

Sie ist doch auch ein christlich erzogener Mensch. Ein einziger Satz, der bleibt, über Jahrzehnte, als hätte ich ihn eben erst gehört. Meine sehr christlichen Großeltern, Arztsohn und Pfarrerstochter, fromme ostpreußische Protestanten, die NSDAP wählten und überzeugte Nazis waren, kommen mir mit der christlichen Moral, weil ich gefragt habe, was sie damals gedacht und getan haben. Ich bin jung, höchstens fünfzehn, ich will verstehen, aber sie erklären nichts, klagen stattdessen Vergebung ein, von mir, ihrer Enkelin, verlangen Absolution, ohne dass ich fragen darf, wofür.

Noch Jahrzehnte nach dem Krieg schlafen diese Großeltern schlecht. Sie steht jede Nacht auf wegen der Krämpfe und er schreit im Schlaf. Wenn wir mit den Großeltern verreisen, hören wir ihn nachts schreien, wenn der Krieg ihn einholt, wir kennen die Wunde an seinem Schienbein, aus jugoslawischer Gefangenschaft, die auch vierzig Jahre danach nicht ganz verheilen will, und gruseln uns sommers im Freibad davor, dass er das Hemd auszieht und seinen Bauch entblößt, starren schaudernd auf die tiefen Krater im Fleisch, in dem immer noch die Granatsplitter stecken.

Die Erinnerungen an seine Jugend, an Krieg und Gefangenschaft, gibt Mutters Vater mir zu Lebzeiten nie zu lesen, sie tauchen erst jetzt auf, mehr als ein Vierteljahrhundert nach seinem Tod, vierzig Seiten auf dünnem Butterbrotpapier, als habe er gewünscht, dass sie möglichst bald zerfallen und vergehen, lose Blätter in einem blauen Schulordner, nicht wie Manfreds Erinnerungen in drei Bänden, fest gebunden in mehrfacher Ausfertigung. Vierzig eng beschriebene Seiten, auf denen kein einziges Mal das Wort Jude vorkommt. Drei Jahre an der Ostfront, und kein einziges Mal das Wort Jude, aber ein Kapitel mit der Überschrift: Ich war Nazi.

Ja, das war ich, und zwar aus voller Überzeugung.

Mein Großvater, der Vater meiner Mutter, Jahrgang 1911, trat in die Studenten-SA ein, auch in die NSDAP, der SA-Dienst machte ihm Freude, er marschierte gerne, sang, exerzierte, erinnert sich an riesige Kundgebungen, bei denen Hitler und Goebbels große Reden hielten, an *viel Frohsinn und sehr gute Kameradschaft*. Noch im Sommer 1944, da ist er schon lange an der Ostfront, plagen ihn nicht die geringsten Zweifel. Als das Attentat auf Hitler missglückt, schreibt er nach Hause, man wolle *Gott danken, dass er uns den Führer erhalten hat*.

Am Ende des Kapitels zwei dürre Sätze über das, was er die schrecklichen Untaten nennt, die Gräueltaten. Aber er habe als Soldat nichts erlebt oder womöglich mitgemacht. Nichts erlebt, nicht mitgemacht. Dass er nichts gewusst habe, schreibt er nicht.

Und ganz zum Schluss die Rechnung. *Es hat mir sehr weh getan, die Heimat zu verlieren, doch habe ich das als Abtragung auch meiner Schuld angesehen.*

Als die Nationalsozialisten die Macht übernehmen, ist Dein Bruder Manfred acht Jahre alt, er ist vierzehn, als der Krieg ausbricht, und als er endet, ist Manfred zwanzig. Seine ganze Jugend hat er unter der nationalsozialistischen Propaganda verbracht, er hat geglaubt und begeistert mitgemacht wie die anderen Jungen im Dorf. Jetzt sieht er sich verführt und missbraucht. Er hat von Konzentrationslagern und Zwangsarbeitern gehört, die die Autobahn von Breslau in Richtung Süden bauten, er bekam mit, wie der jüdische Schneider und der jüdische Arzt verschwanden. Aber das Wort Schuld kommt in seinen Aufzeichnungen nicht vor.

Seinen Eltern will er keinen Vorwurf machen, einfachen Bauern ohne politische Bildung, die von früh morgens bis spät abends arbeiteten und nie «Mein Kampf» lasen. Auch Manfred rechnet, aber in seiner Rechnung geht es nicht um seine Schuld, die beglichen wird, er will sich nicht schuldig fühlen, Manfred rechnet auf, Schuld gegen Schuld, die Verbrechen der Deutschen gegen Stalins

Verbrechen und die Verbrechen der Alliierten, darunter die *Vertreibung ganzer Volksstämme*, wie er schreibt, bei der *geschändet und gemordet* wurde. Manfred ist noch Jahrzehnte nach Kriegsende besessen von Krieg und Vertreibung, er ist das Kraftzentrum der Familie, von ihm geht eine Menge Energie aus, positive und negative.

Er ist solidarisch und großzügig, sein Familiensinn hält die Familie zusammen, dank ihm ist die Vergangenheit nie ein Tabu. Mir macht es nichts aus, dass er manchmal aufbrausend ist und man nicht immer versteht, warum er gerade wütend ist. Ich mag sein breites Kreuz und seinen breiten Bauernschädel. Ich liebe und verehre ihn, obwohl ich alles weiß, die HJ und die SS, obwohl ich sehe, dass er seine Frau manchmal nicht gut behandelt und seinen Sohn nicht achtet. Ich kann nicht anders. Ich beginne sogar Pfeife zu rauchen wie er. Und selbst als ich für Rosa Luxemburg schwärme und fast Kommunistin werde, tut das der Herzlichkeit unserer Verbindung keinen Abbruch. Als ich in Moskau heirate, kommt Manfred zur Hochzeitsfeier nach Russland, ins Herz des Bösen. Aber da hat der Kapitalismus schon gesiegt.

Manfred ist der einzige, der die Vergangenheit erträgt. Er ist überhaupt ein großer Realist. Er ist der einzige, der es erträgt, das Entsetzliche als entsetzlich zu begreifen. Wenige Tage vor seinem Krebstod geht er mit mir durch seinen geliebten Garten und erzählt, dass er jetzt stirbt. Ohne Pathos, nüchtern, klar.

Der Fluch von Verbrechen, Krieg und Flucht wirkt weiter in den Familien über Generationen, er pflanzt sich fort in den Söhnen und Töchtern, erst in der dritten Generation wird es besser, nach einem Dreivierteljahrhundert verliert der Fluch langsam seine Macht.

Du hast Dich zurückgelegt, die braunen Hände auf der weißen Bettdecke, nur noch die Kanüle im rechten Arm für das Morphium, falls es nötig sein sollte. Du bist jetzt ganz ruhig, fast erleichtert. Nur einige wenige Male öffnest Du noch die Augen und schaust uns an.

Wünscht mir nur, dass es nicht zu schwer wird.

Es ist still, manchmal Schritte auf dem Gang, das Quietschen der Gummisohlen, das leise Klicken, wenn der Zeiger eine Minute weiterspringt. Die Zeit vergeht langsam. Fünf Minuten sind eine Ewigkeit. Erst ist alles viel zu schnell gegangen, aber jetzt, da es nichts mehr zu tun gibt als zu sterben, scheint die Zeit still zu stehen. Es könne, hat die Ärztin gesagt, zwei Stunden dauern oder zwei Tage, es gibt da keine Erfahrungswerte, jeder stirbt anders.

Zweimal bekommst Du plötzlich starke Schmerzen, ein Anfall von Qual, wir holen dann rasch die Ärztin, sie geben Dir Morphium. Die Schwester schlägt vor, dass wir Dir etwas vorlesen könnten oder Musik hören. Aber Du brauchst keine Ablenkung vom Sterben, Du, der immer auf andere geschaut hat, bist endlich ganz bei Dir. Für uns gibt es nichts zu tun als da zu sein. Bei Dir sitzen und sein. Ich verstehe jetzt, warum sie am Sterbebett singen und Gebete murmeln, ich tue das auch, im Geist, wiegen und einsingen. Nun lässest Du Deinen Diener in Frieden fahren.

Du gehst ruhig und vollkommen furchtlos. Falls Du Angst haben solltest vor dem Sterben und dem Tod, ist sie irgendwo tief verborgen bei den Erinnerungen an Rosenthal und die Flucht, sie kommen keinen Moment an die Oberfläche, die Angst nicht und auch Rosenthal nicht. Es heißt, das Leben würde im Sterben noch einmal im Geist vorbeilaufen wie ein Film, überhaupt heißt es, im Alter erinnere man sich mehr an die Kindheit, lebe in der Vergangenheit. Nichts von dem geschieht Dir. Rosenthal bleibt auch im Sterben verschwunden, wie es immer verschwunden gewesen ist, nichts kommt zurück, Du kehrst nicht in Deine Kindheit zurück, Rosenthal fehlt Dir noch immer nicht.

Ein halbes Jahr später komme ich noch einmal denselben Weg: vom Hauptbahnhof die S-Bahn, Umsteigen in die Regionalbahn,

Ausstieg in Fahrtrichtung rechts. Am Bahnübergang Menschen mit Einkaufstüten. Einfamilienhäuser, Vorgärten, Flieder. Die Auffahrt zum Krankenhaus, die Bank vor dem Eingang, auf der wir saßen und weinten.

Du bist nicht zu Hause gestorben, sondern in einem Krankenhaus in Hamburg, der Ort Deines Todes zufällig und unbedeutend. *Rosenthal – † Hamburg-Schnelsen. Es heißt, alle Menschen wollten zu Hause sterben, noch einmal nach Hause kommen, aber für Dich war das nicht wichtig. Du warst schon wieder auf dem Weg, wie Du wohl immer auf dem Weg gewesen bist trotz Wedel, Deiner flüchtigen Heimat.

Wenn Sie noch Fragen haben, hatte die Ärztin zum Abschied gesagt, melden Sie sich. Sie sei jederzeit gerne bereit zum Gespräch. Die Ärzte auf der Intensivstation kennen das: Angehörige, die sich nicht abfinden können. Zweifel. Hätte man nicht doch noch etwas tun können?

Warum wolltest Du keine Dialyse? Die Nieren hätten wieder gearbeitet, das Hämatom abgebaut, dann wäre es für Dein Herz wieder leichter geworden. Du lebtest seit Jahrzehnten mit der künstlichen Herzklappe, die Ärzte konnten ja nicht wissen, wie gut es Dir damit gegangen war. Sie sahen nur die lange Liste der Diagnosen.

Jetzt, ein halbes Jahr später, zeigt Doktor Kersten mir zuerst das Papier. Überschrift: Todesepikrise. Unterstrichen. Darunter die Liste Punkt Eins bis Zehn. Herz und Nieren vor allem. *1. Cardiac-low-output-Syndrom bei 2. akuter Hypovolämie/akute Blutungsanämie bei 3. spontanem retroperitonealem Hämatom unter oraler Antikoagulation bei 4. Vorhandensein einer mechanischen Aortenklappe, 5. akutes prärenales Nierenversagen, 6. koronare Herzerkrankung, 7. kompensierte Herzinsuffizienz, 8. chronisches Vorhofflimmern, 9. chronische Leukämie und 10. Verdacht auf splenales Marginalzellkarzinom.*

Aber Du sahst immer noch gut aus, es ging Dir nicht schlecht, zu Hause in der Garage standen acht Kisten Äpfel und dufteten. Ich verhandle mit dem Tod, als würdest Du wieder lebendig, wenn ich recht habe. Als könnte ich den Tod überreden, dass er sich getäuscht hat wie Stalin mit der Oder-Neiße-Grenze. Hey, Tod, es war ein Fehler! War es nicht.

Abwärtsspirale, sagt Doktor Kersten. Das Hämatom hat Dich getötet, *ein riesiges linksseitiges retroperitoneales Hämatom, von der linken Leiste nach kranial bis zur Zwerchfellkuppe reichend*, schuld war der Blutverdünner für die Herzklappe, aber den nahmst Du schon seit mehr als dreißig Jahren, nie hattest Du innere Blutungen und jetzt plötzlich, im Krankenhausbett?

Das kann leicht passieren, sagt Doktor Kersten, wenn man sich einmal falsch abstützt, irgendwo gegenkommt, ein Bagatelltrauma.

Wieder so ein Wort, das sehr harmlos klingt.

Wer denkt sich sowas aus? Du stirbst an einem Bagatelltrauma, nachdem Du das große Trauma siebzig Jahre lang erfolgreich in Schach gehalten hast.

Aber es geht ja nicht darum, woran Du gestorben bist, sondern wie. Doktor Kersten erinnert sich sofort an Dich. Als ich ihn kontaktiere, ist ihm gleich klar, um wen es geht.

So wie Ihren Vater habe ich in zwanzig Jahren auf dieser Intensivstation nur sehr wenige Menschen sterben sehen. Bei Bewusstsein, klar. Die allermeisten sind, wenn die Entscheidung ansteht, schon nicht mehr ansprechbar. Und die noch denken können, wollen Therapien. Alles, was möglich ist. So wie Ihr Vater sterben eine Handvoll vielleicht, in zwanzig Jahren.

Doktor Kersten erinnert sich auch noch genau an das Gespräch mit Dir. Er hat Dir noch einmal die Diagnose erläutert, Punkt eins bis zehn, dann die Therapiemöglichkeiten: künstliche Beatmung, Dialyse, kreislaufunterstützende Medikation. Und er erinnert sich an Deine Antwort. Junger Mann, hast Du gesagt, obwohl Doktor Kersten das schon lange nicht mehr ist, junger Mann, das ist ja beeindruckend, was Sie alles können. Aber ich will das nicht.

Ich blättere durch die Papiere. Unter der Überschrift Bilanzgespräch: *Eine Lebensbewahrung mit unklarer Prognose hätte eine Maximierung der intensivmedizinischen Maßnahmen im Sinne von Organersatzverfahren erforderlich gemacht. Diese Maßnahmen wurden vom Patienten vehement abgelehnt. Unter Hinweis auf seine vorliegende Patientenverfügung. Dies geschah im Konsens und mit Akzeptanz durch seine Ehefrau.*

Du hast also Hilfe abgelehnt. Vehement. Ich weiß, dass das die Wahrheit ist, Du wolltest um keinen Preis hilflos sein, nicht noch einmal, nicht bedürftig, um keinen Preis, und wenn es das Leben kostet. Du wolltest nicht um Dein Leben kämpfen. Wie nah Tod und Selbstmord in diesem Moment zusammenrücken, Gehenmüssen und die Bereitschaft zu gehen, die schwarze Spinne zuckt noch einmal in ihrem hellen Gehäuse, Du bist Anfang achtzig, alt, aber nicht uralt, nicht gänzlich lebenssatt, Du hättest gerne noch weitergelebt. Nur nicht so.

Der Patient möchte keine Ausweitung der aktuellen Intensiv-Therapie, er lehnt Reanimation, Dialyse, Intubation und Beatmung ab. Somit Therapiezieländerung im Sinne einer Palliation und AND.

AND heißt: Allow Natural Death. Ein natürliches Sterben zulassen.

Wir verlieren hier, sagt Doktor Kersten.

Er fährt seinen Computer hoch. Deine letzten Stunden in Diagrammen. Ein scharfer Knick kurz nach 13 Uhr, alle Kurven fallen ab.

Hier hat er sich verabschiedet.

Man sieht die zwei Morphingaben um 14.32 Uhr und 15.27 Uhr, die Schmerzattacken, jeweils 2 Milligramm, eine sehr geringe Dosis. Den Morphin-Infusor hast Du gar nicht gebraucht. Nichts in Deiner Krankenakte deutet darauf hin, dass Du etwas anderes gewollt hast als sterben. Kein Kampf. Du hast überhaupt nicht versucht weiterzuleben. Und obwohl ich weiß, dass es richtig war, und mehr als das, es war mutig und groß, obwohl ich das alles verstehe, kann ich mich nicht damit abfinden, lässt sie mich verzweifeln, Deine Bereitschaft, Dich abzufinden, Dich zu fügen.

Allow Natural Death.

Man muss loslassen können, auch wir, sagt Doktor Kersten.

Ihr Vater hat uns bei klarem Bewusstsein aus der Fürsorgepflicht entlassen.

Nach Therapiezieländerung verstarb Herr Hoffmann am 23.09.2018 um 17:37 im Beisein seiner Angehörigen.

Epilog 1

Zwei Jahre nach Deinem Tod fahren unsere Töchter nach Polen, Deine Enkelinnen, zusammen mit zwei Freundinnen, vier junge Mädchen im Auto mit Kochgeschirr und Zelt. Sie sind begeistert von Polen, seiner Natur, den Städten, den Menschen, sie sagen, es sei die schönste Reise ihres Lebens. Sie schwimmen in der Weichsel, sie fahren nach Danzig und in den Badevorort Heubude, wo ein anderer Urgroßvater aufwuchs, sie wollen die Geschichte verstehen, sie besichtigen das Konzentrationslager Stutthof und die Wolfsschanze, sie paddeln auf einem masurischen See, sie fahren nach Warschau und Breslau und wandern auf die Schneekoppe. Sie trinken abends am Lagerfeuer Bier mit jungen Polen, sie werden überall freundlich aufgenommen, sie sagen, sie seien noch nie so herzlich zurechtgewiesen worden wie im Wald von Masuren, wo sie ihr Zelt an einem Seeufer aufschlagen. Der Förster weckt sie am Morgen mit seinen drei Worten Englisch, welcome to Poland, entschuldigt sich, sie sehen, wie unangenehm es ihm ist, sie vertreiben zu müssen, sie sollen sich Zeit lassen mit dem Zusammenpacken, welcome to Poland.

Auf dem Weg nach Süden nehmen Deine Enkelinnen die Autobahn A4, gut fünfzig Kilometer südöstlich von Wrocław passieren sie die Ausfahrt nach Brieg, hier müssten sie abfahren nach Rosenthal, aber sie fahren an der Ausfahrt vorbei, sie biegen nicht nach Rosenthal ab, sie überlegen es nicht einmal ernsthaft. Es zieht sie nichts in dieses schlesische Dorf, das irgendetwas mit ihnen zu tun haben soll. Für meine Töchter ist Rosenthal nicht mehr die verlorene Heimat, weder Paradies noch Fluch. Sie brauchen Rosenthal nicht mehr.

Epilog 2

Im Juni 2021 eröffnet in Berlin das Dokumentationszentrum «Flucht, Vertreibung, Versöhnung», mehr als fünfzehn Jahre hat Deutschland darüber gestritten, ob und wie man des Schicksals von 14 Millionen deutschen Flüchtlingen am Ende des Krieges gedenken soll, fast einem Fünftel der Bevölkerung, bis dahin ist es nur eine Randnotiz der deutschen Geschichte gewesen. Im Deutschen Historischen Museum Unter den Linden nimmt es minimalen Raum ein: eine einzige Vitrine, ein Leiterwagen, ein Koffer, ein paar Fotos, ein Auszug aus den Beschlüssen der Potsdamer Konferenz und drei dürre Absätze Erläuterung.

Doch jetzt ist das Zentrum da, mitten in Berlin, die Ausstellung gut durchdacht, historisch wasserdicht, museumspädagogisch perfekt. Sie zeigt Flucht als Menschheitsschicksal von Armenien bis Myanmar, die Vertreibung der Deutschen klug choreografiert: erst die Räume der Schuld, NS-Herrschaft und Krieg, dann die Räume des Leids. Keine Formulierung, an der es etwas auszusetzen gäbe. Wir müssten, sagt die Bundeskanzlerin zur Eröffnung, die Erinnerung an vergangenes Leid wachhalten.

Vergangenes Leid. Ich gehe durch die Ausstellung, klicke auf Schaubilder, öffne virtuelle Bücher, überfliege Erklärungen, gehe immer schneller, ungeduldig, wie auf der Suche, irgendetwas fehlt, aber was? Ich bin enttäuscht, traurig sogar, was hatte ich erwartet? Ich habe doch schon lange alles verstanden, ich weiß genug. Was ich suche, ist etwas, das berührt, das zu Herzen geht, ich suche, das wird mir in der Ausstellung plötzlich klar, Trost. Ich will getröstet werden.

Aber dies ist ein Dokumentationszentrum, es bleibt auf Distanz, sachlich, steril, diese Ausstellung hat Angst, emotional zu werden, sie ist eine Flucht in die Rationalität, als sei der Verstand das beste Mittel, um sich dem Leid zu nähern. Dem Leid, von dem sie beschlossen haben, dass es vergangen ist. Die Ausstellung bewegt sich durch das historische Minenfeld von Flucht und Vertreibung so souverän wie vorsichtig, kein falscher Schritt, sie hat Angst zu berühren, Gefühle könnten vielleicht gefährlich werden, eine Ausstellung mit Berührungsangst. Flucht und Vertreibung ein Schicksal, das Millionen teilen, nichts Besonderes, eigentlich normal, eine historische Selbstverständlichkeit, und dahinter klingt die altvertraute Botschaft durch: Stellt euch nicht so an.

Ich hatte zu viel erwartet. Wie soll eine Ausstellung trösten? Es bleibt mir nichts, als die eigene Geschichte zu erzählen.

Dank

Dieses Buch ist ein Gemeinschaftswerk. Viele haben dazu beigetragen, ihnen allen bin ich von Herzen dankbar.

Da sind die Menschen in Różyna, vor allem Jana und ihre Familie, die mich aufgenommen haben, ihre Mutter und ihre Großeltern Jan und Jadwiga. Da sind Stasia und Ewa, Magda und Paweł, Kazik und all die anderen. Da sind die alten Rosenthaler, die ihre privaten Erinnerungen festgehalten oder mit mir gesprochen haben. Von ihnen habe ich unendlich profitiert: Margarethe Kosok, Wilhelm Scholz, Elisabeth Weirauch und Berthold Hennek, Rudi Peikert, Karen und Hartmut Roske.

Da sind die Menschen, denen ich auf meinem Weg begegnet bin. Die vielen, die sich auf mich eingelassen haben für ein kurzes oder ein längeres Gespräch, einen Rat, ein Bier, einen Schnaps oder eine Zigarette, die mich in ihre Küchen und guten Stuben eingeladen haben wie Maria in Jesiów oder Gerti in Radonice, mich mit Tee und Kuchen bewirtet, ihre Lebensgeschichten und ihre Weltsicht mit mir geteilt haben. Ich danke besonders Pauli und Siegfried Luft in Malé Březno und Maria und Schorsch in Křižovatka.

Ich danke Krzysztof Rozpędowski, dem Besitzer der Villa Greta, dem Hotelbesitzer in Strzelin und Luk Vanhauwaert, dem Schlossbesitzer in Wleń. Ich danke den Menschen, die mich an ihrem professionellen Blick auf die Vergangenheit teilhaben ließen, Piotr Gierlasiński vom Museum in Dzierżoniów, Petr Koura vom Muzeum Ústí, Michael Rund vom Museum in Sokolov, Hartmut

Müller in Zittau, Professor Martin Schulze Wessel von der Ludwig-Maximilians-Universität in München.

Ich danke meiner Polnisch-Lehrerin Urszula Ptak. Ohne sie wäre dieses Buch so nicht möglich gewesen, sie hat mich viel mehr über Polen gelehrt als die Sprache.

Ich danke meinen Agentinnen Karin Graf und Franziska Günther und meinem Lektor Sebastian Ullrich für mehr als nur professionelle Zusammenarbeit.

Ich danke den Ärzten und Schwestern der Intensivstation des Albertinen-Krankenhauses in Hamburg-Schnelsen, vor allem Dr. Jörg Kersten, dem damaligen Leiter, für das Gespräch nach dem Tod meines Vaters.

Die, denen dieses Buch am meisten verdankt, sind nicht mehr am Leben: mein Vater Walter Hoffmann und mein Onkel, Dr. Manfred Hoffmann, den ich in den neunziger Jahren dazu ermuntern konnte, seine Lebenserinnerungen aufzuschreiben. Auch mein Großvater mütterlicherseits, Herbert Backe, der ebenfalls seine Erinnerungen festgehalten hat, und seine Frau Irmgard waren wichtig für dieses Buch.

Ich danke meiner Familie, an erster Stelle meiner Mutter, für die dieses Buch nicht einfach ist. In zahllosen Gesprächen hat sie ihre eigenen Erfahrungen als Flüchtlingskind beschrieben, sie hat ihre Erinnerungen an meinen Vater und ihre Schwiegereltern mit mir geteilt und dabei den altbekannten Erzählungen immer wieder kostbare Details hinzugefügt.

Ich danke allen, die bereit waren, sich zu erinnern, vor allem Hartwig Timm, dem Schulfreund meines Vaters. Ich danke meinen Cousinen Hanna Bremer und Almut Annies für ihre Kindheitserinnerungen an meine Großeltern Olga und Herbert Hoffmann.

Ich danke meinen Freunden für ihr beständiges Interesse, Nicola Bröcker für kunsthistorische Beratung, den Pinguinen für ihre Freundschaft und ein Schreibkabuff im Saunahäuschen.

Ich danke meinen Töchtern Clara und Marina Guldimann für gemeinsame Reisen gen Osten, für kluge Gedanken und ihre jugendliche Weisheit. Ich danke meinem Mann, Tim Guldimann, für sein unermüdliches Interesse an meiner Familiengeschichte. Es ist alles andere als selbstverständlich für einen Schweizer, dem die Brüche der deutschen Geschichte fremd sind. Ich danke ihm für viele Lektüren, beständige Ermunterung und die nie nachlassende Begeisterung für die ewigen alten Geschichten. Und für so viel mehr.

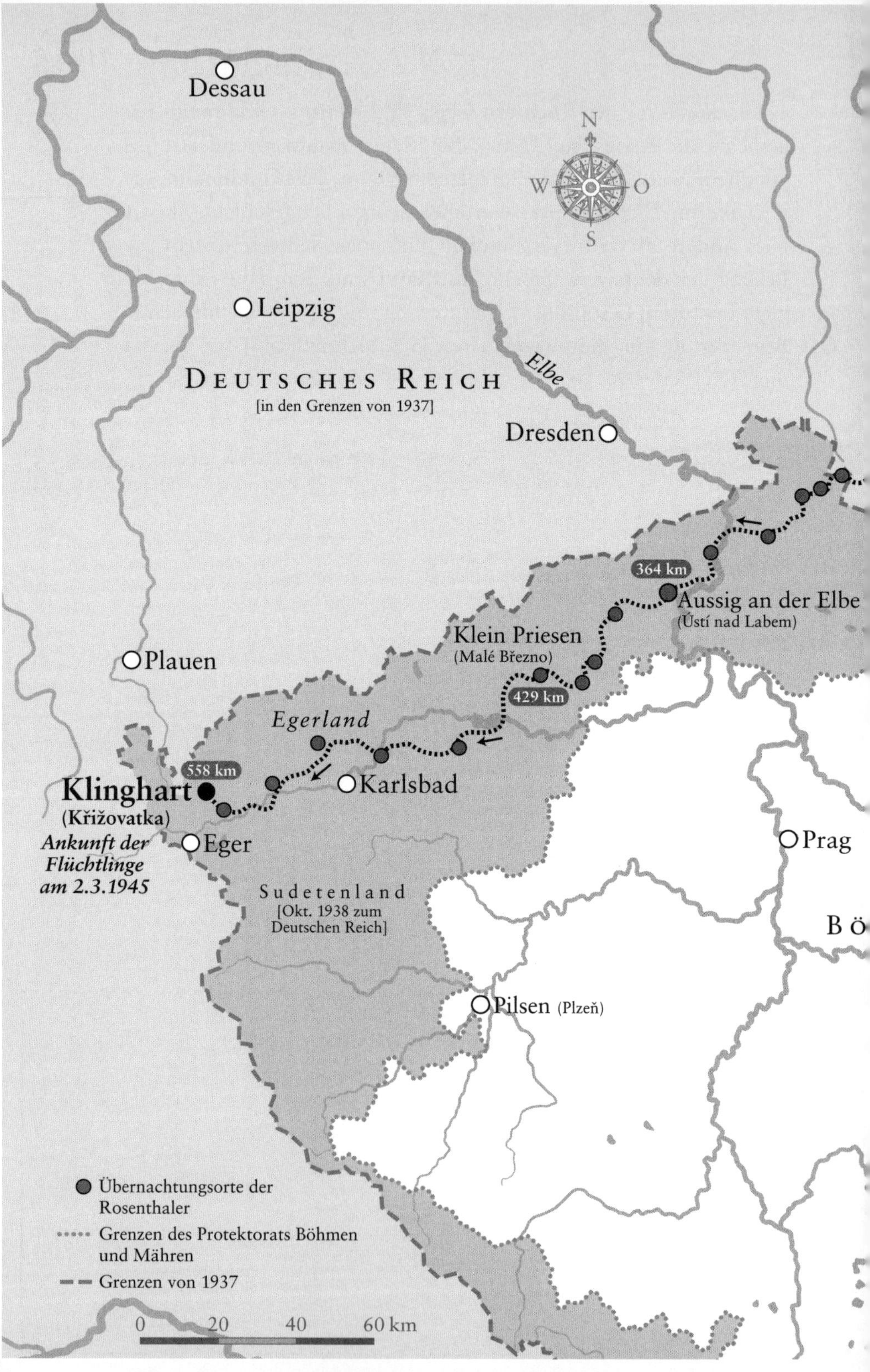

Dessau
N
W
O
S
Leipzig
Elbe
Deutsches Reich
[in den Grenzen von 1937]
Dresden
364 km
Aussig an der Elbe
(Ústí nad Labem)
Klein Priesen
(Malé Březno)
Plauen
429 km
Egerland
558 km
Klinghart
(Křižovatka)
Karlsbad
Ankunft der Flüchtlinge am 2.3.1945
Eger
Prag
Sudetenland
[Okt. 1938 zum Deutschen Reich]
Bö
Pilsen (Plzeň)
Übernachtungsorte der Rosenthaler
Grenzen des Protektorats Böhmen und Mähren
Grenzen von 1937
0
20
40
60 km

Fluchtroute 1945
Görlitz
Greiffenberg
(Gryfów Śląski)
Breslau
Niederschlesien
Beginn der Flucht am 22.1.1945
284 km
226 km
Zittau
Reichenberg
Schweidnitz
(Świdnica)
Rosenthal
(Różyna)
Lossen
(Łosiów)
105 km
52 km
Jeschen
(Jasiona)
Töppendorf
(Kuropatnik)
Reichenbach
(Dzierzoniów)
Olbendorf
(Gnojna)
Königgrätz
(Hradec Králové)
Sudetenland
[Okt. 1938 zum Deutschen Reich]
Pardubitz
(Pardubice)
Protektorat
hmen und Mähren
[März 1939 zum Deutschen Reich]
Iglau (Jihlava)
Dänemark
Schweden
Litauen
Kopenhagen
Vilnius
zu Russland
Minsk
Belarus
Polen
Berlin
Warszawa
Deutschland
Rosenthal
Klinghart
Prag
Ukraine
Tschechische Republik
Slowakei
Wien
Bratislava
Österreich
Ungarn
Rumänien
Budapest

Urgroßvater ⚭ Johanna Hoffmann
1945 auf der Flucht
verschollen

Reinhold Hoffmann
† 1934

Herbert Hoffmann ⚭ Olga Hoffmann
* 1898 / * 1898
† 1966 / † 1973
Bauer und Schreiner / Bäuerin
in Rosenthal / in Rosenthal

Walter Hoffmann
1945 auf der Flucht
verschollen

Manfred Hoffmann
* 1925 in Rosenthal
† 2002 in Lübeck

Gotthard Hoffmann
* 1927 in Rosenthal
† 1945

Christa-Marianne Hoffmann ⚭ Adolf/Walter Hoffmann
* 1940 in Stolp / * 1935 in Rosenthal
† 2018

Christiane Hoffmann
* 1967 in Hamburg